OS PARÂMETROS DE CONTROLO DA PRIVATIZAÇÃO ADMINISTRATIVA

INSTRUMENTOS DE FISCALIZAÇÃO JUDICIAL DA DECISÃO JURÍDICO-PÚBLICA DE PRIVATIZAÇÃO

PEDRO FERNÁNDEZ SÁNCHEZ

Advogado
Docente Convidado da Faculdade de Direito
da Universidade Católica Portuguesa

OS PARÂMETROS DE CONTROLO DA PRIVATIZAÇÃO ADMINISTRATIVA

INSTRUMENTOS DE FISCALIZAÇÃO JUDICIAL DA DECISÃO JURÍDICO-PÚBLICA DE PRIVATIZAÇÃO

OS PARÂMETROS DE CONTROLO
DA PRIVATIZAÇÃO ADMINISTRATIVA
INSTRUMENTOS DE FISCALIZAÇÃO JUDICIAL
DA DECISÃO JURÍDICO-PÚBLICA DE PRIVATIZAÇÃO

AUTOR
PEDRO FERNÁNDEZ SÁNCHEZ

EDITOR
EDIÇÕES ALMEDINA, SA
Av. Fernão Magalhães, n.º 584, 5.º Andar
3000-174 Coimbra
Tel.: 239 851 904
Fax: 239 851 901
www.almedina.net
editora@almedina.net

PRÉ-IMPRESSÃO I IMPRESSÃO I ACABAMENTO
G.C. GRÁFICA DE COIMBRA, LDA.
Palheira – Assafarge
3001-453 Coimbra
producao@graficadecoimbra.pt

Novembro, 2009

DEPÓSITO LEGAL
302296/09

Os dados e as opiniões inseridos na presente publicação
são da exclusiva responsabilidade do(s) seu(s) autor(es).

Toda a reprodução desta obra, por fotocópia ou outro qualquer
processo, sem prévia autorização escrita do Editor, é ilícita
e passível de procedimento judicial contra o infractor.

Biblioteca Nacional de Portugal – Catalogação na Publicação

FERNÁNDEZ SANCHEZ, Pedro

Os parâmetros de controlo da privatização
administrativa : instrumentos de fiscalização judicial
da decisão jurídico-pública de privatização
ISBN 978-972-40-4051-6

CDU 342
    347

NOTA PRÉVIA

O presente estudo corresponde ao Relatório apresentado no seminário de Direito Administrativo do Curso de Mestrado em Ciências Jurídico--Políticas ministrado no ano lectivo de 2006-2007 na Faculdade de Direito da Universidade de Lisboa.

O texto que ora se publica corresponde, sem alterações, ao texto apresentado em Setembro de 2007, pelo que as referências doutrinárias e jurisprudenciais estão actualizadas apenas até essa data.

Na hora da publicação deste estudo, é, antes do mais, devida uma palavra de profundo agradecimento ao regente do referido seminário – o Professor Doutor Paulo Otero – pelo seu constante apoio e, desde logo, pela disponibilidade manifestada bem cedo, ainda durante o Curso de Licenciatura, para me guiar nos primeiros passos da minha investigação académica. O seu olhar atento e a confiança que desde então depositou em mim foram, então, imprescindíveis para o início desta investigação – e ainda hoje continuam a sê-lo, mas agora, posso dizê-lo, para toda a minha carreira profissional.

É igualmente devido um agradecimento à Sérvulo & Associados – Sociedade de Advogados (no momento da elaboração deste estudo, Sérvulo Correia & Associados) por assegurar a implementação *prática* e *real* daquilo que, com tanta frequência, constitui ainda uma mera *declaração de intenções*: a promoção da interligação entre a advocacia e a academia e o reconhecimento da flexibilidade necessária para a realização da investigação académica. Sem as condições oferecidas pela Sérvulo seria, de facto, absolutamente impossível a conciliação da investigação académica aprofundada com o exercício da advocacia ao mais alto nível.

Este reconhecimento à Sérvulo & Associados assume um significado especial (e individual) na pessoa do Senhor Professor Doutor Sérvulo Correia, de quem tive o privilégio de ser aluno em várias cadeiras do Curso de Licenciatura e de receber preciosos conselhos na minha actividade académica e profissional, sendo esta inevitavelmente marcada pelas suas qualidades humanas e profissionais únicas.

Esse mesmo reconhecimento é também devido à Dra. Teresa Serra, com cujo apoio e interesse *pessoal* pude contar de modo contínuo e com cujo olhar atento suportei os momentos menos agradáveis deste percurso. A constante preocupação que demonstrou comigo e a sabedoria dos seus conselhos foram também preciosas para completar este trabalho.

Todavia, entre todos aqueles que contribuíram para a elaboração deste estudo, a mais sentida e destacada palavra de gratidão deve forçosamente ser dirigida ao Dr. João Amaral e Almeida, meu patrono no estágio de advocacia que se realizava no momento da redacção deste Relatório, e a quem – de longe – devo atribuir o maior mérito no progresso e na profundidade da investigação realizada. Foi, de facto, impressionante verificar como, desde o dia 1 de Setembro de 2005 (altura em que com ele comecei a trabalhar), cada dia, cada reflexão e cada trabalho realizados em conjunto me permitiam aprender sempre algo de novo e conhecer o verdadeiro significado do rigor e da seriedade profissionais. Ao Dr. João Amaral e Almeida cabe, por isso, a maior responsabilidade pela preocupação com o rigor e com o empenho que aprendi a impor a cada aspecto da investigação realizada.

Mas tão-pouco posso deixar de expressar a minha gratidão ao Dr. Ricardo Branco e ao Dr. Duarte Rodrigues Silva pela (inesgotável) paciência que demonstraram quando, primeiro, se mantiveram permanentemente disponíveis para – durante intermináveis horas – partilharem dúvidas e enriquecerem esta investigação e quando, depois, aceitaram o (muito pesado) encargo de reverem o texto final do Relatório.

Finalmente, quero dedicar o agradecimento mais sentido à minha mãe, que muito simplesmente tornou possível que eu não desistisse do Curso de Mestrado. Na verdade, é da experiência comum que, em condições normais, a elaboração de trabalhos académicos pode constituir um desafio sério; no meu caso, contudo, a conclusão do Curso tornou-se *praticamente impossível* quando, infelizmente, os problemas médicos surgidos na minha família tornaram verdadeiramente utópica a simples ideia de tentar dormir umas poucas horas em cada noite. À minha mãe devo por isso o agradecimento pelo facto de aceitar ficar sobrecarregada ao ponto de me permitir criar as condições mínimas para concluir esta investigação.

Para criar essas "condições mínimas" foi também imprescindível o apoio do Samuel, que, de dia ou de noite, estava sempre disponível para me ouvir e me suportar nos momentos em que mais perto me encontrava de desistir. A conclusão deste trabalho também é em grande parte devida a ele.

§ 1.º INTRODUÇÃO E RAZÃO DE ORDEM

1.1 Parece hoje incontestável que, após décadas de profundas alterações na Administração Pública própria do Estado social de Direito, o actual Direito Administrativo assiste a uma verdadeira "mudança de paradigma" e a uma transformação dos seus fundamentos básicos[1], não faltando mesmo quem proclame uma "crise de identidade do Direito Administrativo" e uma "descaracterização da função administrativa"[2].

Efectivamente, para satisfação das imposições programáticas de uma Constituição própria de um "Estado de Bem-estar"[3], a Administração Pública recebe um "encargo geral institucional imanente"[4] para a realização da democracia económica, social e cultural, o que pressupõe uma estruturação marcada pelas exigências de desburocratização, desconcentração e descentralização, tal como decorre do artigo 267.º da Constituição[5-6].

---

[1] Afirmando que, se não se verifica ainda uma verdadeira "mudança de paradigma" do Estado Administrativo, é seguro que, pelo menos, se assiste a uma época de "transformação" do Direito Administrativo, cfr. PEDRO GONÇALVES, *Entidades Privadas com Poderes Públicos*, Almedina, Coimbra, 2005, p. 13.

[2] V. PAULO OTERO, *Legalidade e Administração Pública – O Sentido da Vinculação Administrativa à Juridicidade*, Almedina, Coimbra, 2003, pp. 304 e 323.

[3] Para maiores desenvolvimentos sobre o Estado de Bem-Estar no nosso sistema constitucional, cfr. PAULO OTERO, *O Poder de Substituição em Direito Administrativo: enquadramento dogmático-constitucional*, II, Lex, Lisboa, 1995, pp. 525 ss.; *Vinculação e Liberdade de Conformação Jurídica do Sector Empresarial do Estado*, Coimbra Editora, Coimbra, 1998, p. 13.

[4] Cfr. ROGÉRIO SOARES, "Principio da Legalidade e Administração Constitutiva", *Boletim da Faculdade de Direito da Universidade de Coimbra,* 1987, p. 14.

[5] Assim, cfr. BERNARDO DINIZ DE AYALA, *O (Défice de) Controlo Jurisdicional da Margem de Livre Decisão Administrativa*, Lex, Lisboa, 1995, pp. 59 e 60.

[6] Sobre os reflexos da concepção constitucional de Estado social de Direito na definição da natureza da função administrativa, cfr. HARTMUT MAURER, *Droit Administratif Allemand*, tradução de MICHEL FROMONT, L.G.D.J., Paris, 1994, pp. 24 e 25.

Porém, a faceta mais impressiva e marcante dessa "mudança de paradigma" reside precisamente na privatização da Administração Pública – no fenómeno que se vulgarizou como "fuga para o Direito Privado"[7] –, pela qual se assiste a um desenvolvimento da cooperação entre o Estado e os particulares na realização de tarefas administrativas e a uma privatização (*maxime* a uma empresarialização) das formas de organização administrativa e de gestão das funções administrativas[8].

1.2 Ora, não obstante as tendências marcadamente ideológicas que, não raras vezes, influenciam as abordagens ao fenómeno da privatização, parece evidente que, por um lado, algumas tarefas administrativas hoje entregues ao Estado são seguramente prosseguidas com maior eficiência (e, em consequência, contribuem mais para o *bem-estar* da comunidade) se submetidas a um processo de empresarialização e aos princípios da gestão privada[9], pelo que o conceito de "fuga para o Direito Privado" – sempre que, insista-se, desprovido de qualquer carga ideológica – não tem necessariamente de ser encarado sob uma perspectiva negativa.

Mas, por outro lado, é igualmente evidente que outras tarefas administrativas existem cuja privatização se deveu a razões alheias ao bem-estar da comunidade e à maior eficiência administrativa, incluindo, designadamente, a fuga às vinculações administrativas de respeito pelos direitos dos particulares, aos mecanismos de controlo e de responsabilização próprios do Direito Administrativo e ao controlo financeiro e de legalidade das despesas públicas[10].

---

[7] Expressão que se deve a FRITZ FLEINER, *Institutionen des Deutschen Verwaltungsrechts*, 8.ª edição, J.C.B. Mohr, Tübingen, 1928, p. 326. Mas, como impressivamente sugere RAMÓN PARADA, esta "fuga" já é hoje uma verdadeira "debandada" do Direito Administrativo. Cfr. *Derecho Administrativo*, I, 15.ª edição, Marcial Pons, Madrid, 2004, p. 29.

[8] V. SABINO CASSESE, *Le Basi del Diritto Amministrativo*, 2.ª edição, Torino, 1991, pp. 172 ss.; PEDRO GONÇALVES, *Entidades...*, cit., pp. 13 e 14; PAULO OTERO, *Legalidade...*, cit., pp. 304 ss.

[9] Neste sentido, cfr. CHARLES DEBBASCH, *Institutions et Droit Administratifs*, II, 3.ª edição, Presses Universitaires de France, Paris, 1992, pp. 32 e 33.

[10] Neste sentido, cfr. ROLF STOBER, "Die Privatrechtlich organisierte öffentliche Verwaltung – Zur Problematik privatrechtlicher Gesellschaften und Beteiligung der öffentlichen Hand", in *Neue Juristische Wochenschrift*, Beck, München, 1984, p. 452.

Esta vertente do fenómeno privatizador impõe o reconhecimento de que a Ciência do Direito Administrativo deve estar dotada de todos os instrumentos necessários para o controlo e, se for caso disso, para a invalidação dos actos de privatização que desrespeitem as directivas constitucionais sobre a organização e a gestão da função administrativa.

Porém, a experiência indica que, até ao momento, a maior parte desses instrumentos de controlo não foram identificados ou consolidados, deixando o poder judicial com uma capacidade praticamente incipiente para fiscalizar a conformidade dos actos de privatização administrativa com os princípios e regras resultantes da ordem constitucional.

Efectivamente, mesmo nos casos em que a opção de privatização manifestamente se afastou do propósito de aumentar a eficiência administrativa ou, ainda, nos casos em que tal opção era flagrantemente inadequada para alcançar aquele propósito, a ausência de parâmetros operativos para controlo da privatização da Administração Pública deixou aos Tribunais (particularmente ao Tribunal Constitucional) a simples tarefa de identificação de um único grande limite à privatização: a defesa de um "núcleo essencial" da função administrativa ou de uma "reserva de Direito Administrativo", que em caso algum poderia ser afectada pela "fuga para o Direito Privado"[11].

Todavia, é evidente que uma violação de um tal núcleo essencial da função administrativa, a ocorrer, só poderia ter lugar de uma forma progressiva e gradual, através de uma privatização sistemática de pessoas colectivas de Direito Público ou da gestão de funções administrativas; dificilmente poderia *um único acto jurídico-público* proceder, por si só, a uma privatização tão marcante que violentasse de forma imediata e automática aquele "núcleo essencial".

Ora, sucede que são justamente *actos jurídico-públicos* isolados, *sob forma legislativa ou administrativa*, que são objecto de controlo e fiscalização judicial; os Tribunais não controlam *movimentos de privatização*

---

[11] Sobre o conceito de "reserva constitucional de Direito Administrativo", cfr. PAULO OTERO, *Legalidade...*, cit., pp. 815 ss.; EDUARDO GARCÍA DE ENTERRÍA/TOMÁS-RAMÓN FERNÁNDEZ, *Curso de Derecho Administrativo*, I, 11.ª edição, Civitas, Madrid, 2002, pp. 404 ss.; RAMÓN PARADA, *Derecho Administrativo*, I, cit., pp. 29 e 30; SILVIA DEL SAZ, "Desarrollo y Crisis del Derecho Administrativo. Su Reserva Constitucional", in CARMEN CHINCHILLA/BLANCA LOZANO/SILVIA DEL SAZ, *Nuevas Perspectivas del Derecho Administrativo. Tres Estudios*, Civitas, Madrid, 2002, pp. 99 ss.

(mesmo que, no seu conjunto, ameacem a própria sobrevivência da Administração Pública), mas sim *actos concretos de privatização*. Por isso não é de admirar que, colocados perante a tarefa de fiscalizar actos concretos de privatização, os Tribunais se limitassem a confirmar pacificamente que nenhuma reserva constitucional de Administração tinha sido lesada por um acto judicialmente sindicável – mesmo que o movimento de privatização, no seu conjunto, já há muito tivesse ultrapassado as fronteiras que a maioria dos autores havia definido como o "último reduto" da Administração Pública.

Por outras palavras, perante a "avalanche" privatizadora a que se assistiu nas últimas décadas, à qual poucos sectores da função administrativa ainda resistem, a reacção espontânea da Ciência do Direito Administrativo foi a de averiguar o alcance que tal fenómeno poderia ter – e se, no limite, seria admissível, à luz do nosso sistema constitucional, a privatização de toda a função administrativa e a pura extinção da Administração Pública, tal como a conhecemos hoje.

Porém, sem prejuízo do interesse dogmático que a discussão teórica sobre a existência de uma reserva constitucional de Administração Pública e de Direito Administrativo pode suscitar, a experiência tem demonstrado que dificilmente o respeito por tal "último reduto" do Direito Administrativo constitui um parâmetro operativo e eficaz de controlo de actos concretos de privatização, os quais só em condições excepcionais poderiam, isoladamente, ameaçar aquela reserva constitucional.

1.3 Sendo assim, o presente estudo tem por objecto **a identificação e a análise dos diferentes parâmetros** a que o poder judicial pode recorrer como **instrumentos operativos de avaliação da conformidade de actos concretos de privatização com as directivas constitucionais que dirigem a organização e a gestão da função administrativa**. Sem prejuízo de, num momento lógico anterior, tal estudo pressupor a avaliação de uma eventual *reserva administrativa* que em caso algum poderia vir a ser afectada pelos actos de privatização (o que corresponde à identificação dos *limites genéricos* do movimento de privatização da Administração Pública), o enfoque da presente análise deve manter-se nos *limites concretos* e nos *parâmetros* a respeitar *por cada acto de privatização* – o qual, em condições normais, não poderia afectar (pelo menos por si só) uma reserva administrativa absoluta constitucionalmente desenhada e que, por isso, não é controlável através dos parâmetros genéricos classicamente concebidos pela doutrina.

Deve sublinhar-se, no entanto, que o presente estudo não pode, em caso algum, dispensar um apontamento inicial sobre as razões históricas, relativas ao desenvolvimento contraditório ou paradoxal do Direito Administrativo, que justificam o actual movimento de "fuga para o Direito Privado".

Com efeito, o controlo concreto de cada acto de privatização depende, como se verá, da avaliação do *para quê* do acto – o fim que se visa prosseguir com o acto de privatização – e do *porquê* do acto – as razões concretas para a escolha de um meio para alcançar aquele fim.

Logo, só é possível proceder a uma avaliação eficaz e realista dos actos de privatização quando o ponto de partida de tal avaliação não esteja deformado por uma visão ilusória quanto *i)* à própria natureza do Direito Administrativo, *ii)* à sua linha evolutiva e *iii)* às suas características actuais – as quais constituem, afinal, a razão primária para o movimento de fuga *deste Direito Administrativo actual.*

É somente após a identificação rigorosa dos pressupostos justificativos do fenómeno de privatização da Administração Pública que se procederá à determinação dos *limites genéricos* do *movimento geral de privatização* e, acima de tudo, aos *limites concretos* que servem de parâmetros operativos para o controlo do *acto de privatização.*

1.4 Esclareça-se, por último, que, sem prejuízo do indispensável e enriquecedor recurso aos ordenamentos jurídicos que nos são mais próximos e às soluções legais e doutrinárias que neles se consagram – sem o qual, de resto, a presente investigação, que incide sobre uma matéria inolvidavelmente marcada pelas influências daqueles ordenamentos, ficaria mutilada –, nunca se abdicará de dedicar a atenção primordial às soluções que, no ordenamento pátrio, vêm sido oferecidas pelo legislador, pela doutrina e pela jurisprudência, recusando, assim, de modo frontal, o princípio aparentemente estabelecido na nossa Ciência do Direito, segundo o qual "tudo o que vem de fora é melhor" – respeitado mesmo quando aquilo que "vem de fora" é transposto de forma acrítica e inadaptada às especificidades da realidade jurídica nacional e resulta, por isso, num contributo de duvidosa qualidade para o progresso juscientífico.

Partiremos, pois, dos contributos (e das insuficiências) próprios do nosso ordenamento para, com o construtivo auxílio das soluções a ele exteriores, oferecer um (modesto) contributo para o desenvolvimento da Ciência do Direito Administrativo no tocante ao regime de controlo da fuga da Administração Pública para o Direito Privado.

CAPÍTULO I
A *"PRIVATA LEX"* DA ADMINISTRAÇÃO PÚBLICA E A FUGA PARA O DIREITO PRIVADO

§ 2.º FUGA PARA O DIREITO PÚBLICO E FUGA PARA O DIREITO PRIVADO – A GÉNESE DA *"PRIVATA LEX"* ADMINISTRATIVA

2.1 Seguindo a metodologia que acaba de ser delineada, torna-se necessário, antes mesmo de iniciar a identificação dos parâmetros de controlo do acto de privatização, analisar brevemente as razões concretas que justificam a opção de "emagrecimento" da Administração Pública e que, evidentemente, constituirão um parâmetro privilegiado para o efeito de avaliar a conformidade de cada acto de privatização com a ordem constitucional.

Isso implica, em especial, ter bem presentes as razões que justificaram que:

i) Há mais de dois séculos atrás, se assistisse a um movimento precisamente inverso àquele que hoje se presencia: a uma progressiva submissão dos serviços públicos e da prossecução das funções administrativas a um Direito diferente e autónomo daquele a que os particulares se submetiam; e que

ii) Dois séculos depois, aquele movimento se invertesse e o "Direito comum da função administrativa", que se havia autonomizado e diferenciado do Direito Privado, se tornasse pouco atractivo como parâmetro para a organização administrativa e para a gestão do exercício da função administrativa.

Não é difícil compreender a importância deste ponto de partida: apesar do conhecimento cada vez mais profundo sobre as circunstâncias que conduziram à criação do Direito Administrativo e que moldaram as suas características intrínsecas e diferenciadoras do Direito Privado, parece ser ainda bem comum a ideia (ilusória) de que "o Direito Administrativo é quase um milagre, na medida em que existe apenas porque o Poder aceita submeter-se à lei em benefício dos cidadãos. O Direito Administrativo nasce quando o Poder aceita submeter-se ao Direito"[12].

Com este inexplicável "milagre", os princípios da legalidade e da separação de poderes impõem que, "se os órgãos da Administração violam a lei e com isso ofendem a esfera subjectiva dos cidadãos, estes podem recorrer a tribunal para fazer valer os seus direitos frente à Administração. Nasce a preocupação de conferir aos particulares um conjunto de garantias jurídicas, capazes de os proteger contra o arbítrio administrativo cometido sob a forma de ilegalidade: surge, assim, o Direito Administrativo moderno"[13].

Naturalmente, esta descrição utópica do Direito Administrativo, enquanto ramo benevolente para com os direitos dos particulares, nascido com o intuito concreto de proteger os cidadãos anteriormente indefesos face ao poder "despótico" e ainda "não submetido ao Direito", obrigaria a perguntar qual a razão que levaria o Poder a, de forma inopinada e de bom grado, "aceitar submeter-se ao Direito" e, sobretudo, o que teria este novo ramo de Direito de tão sedutor que pudesse justificar um movimento de submissão em massa de serviços públicos que, até então, estariam, aparentemente, num verdadeiro "Paraíso" livre de quaisquer limitações impostas pela juridicidade. Em suma, tal concepção só permitiria a conclusão de que este Direito utópico é, simplesmente, "desconcertante"[14].

Ademais, partindo do princípio de que o Direito Administrativo era, já desde a sua génese, um Direito que visava proteger as posições subjectivas dos particulares, também seria difícil explicar o que teria mudado de forma tão radical na essência e na natureza deste Direito garantístico, ao ponto de, dois séculos depois, se verificar precisamente o mesmo movimento de fuga massiva – mas desta vez no sentido inverso –, transformando este Direito, antes tão "sedutor", num sistema de regras e princípios agora tão "repulsivo" para a organização administrativa e para a gestão das funções administrativas.

---

[12] Cfr. FREITAS DO AMARAL, *Curso de Direito Administrativo*, I, 3.ª edição, Coimbra, Almedina, 2006, p. 160. Esta concepção é, como o próprio Autor expressamente indica, decalcada da visão de PROSPER WEIL, *Le Droit Administratif*, 4.ª edição, Paris, 1971, pp. 5 ss. Na tradução portuguesa, cfr. *O Direito Administrativo*, Coimbra, 1977, pp. 7 ss.

[13] Cfr. FREITAS DO AMARAL, *Curso...*, I, cit., pp. 70 e 71.

[14] Assim, PROSPER WEIL, *O Direito Administrativo*, cit., p. 26.

Como é evidente, esta "ilusão garantística"[15] quanto à génese, à natureza e às razões da autonomização do Direito Administrativo tornaria simplesmente irracional o percurso lógico destinado a determinar o fim (o *"para quê"*) e as razões concretas (o *"porquê"*) dos actos de privatização – justamente os parâmetros principais de controlo de tais actos. Efectivamente, tal ponto de partida equivocado quanto à compreensão do fenómeno da privatização impediria, subsequentemente, a identificação bem-sucedida dos casos em que o fim e, ou, os pressupostos autonomamente eleitos pelo legislador (ou, sobretudo, pelo executivo no exercício de um poder de auto-organização), que presidem ao acto de privatização, são incompatíveis com as directivas garantísticas impostas pela Constituição e que – agora sim – fazem parte da essência e da natureza do Direito Administrativo.

2.2 Afastando, pelas razões expostas, a visão utópica (e fictícia) de um Direito garantístico ao qual o Poder voluntariamente se submete, o ponto de partida para a compreensão e para o controlo do fenómeno da privatização passa pela identificação das razões concretas que conduziram a Administração Pública a aceitar submeter-se ao ramo de Direito do qual hoje pretende "fugir"[16].

É imperioso, para esse efeito, recordar um dos factores mais importantes na evolução da concentração do poder no Antigo Regime, e que acabaria por ser decisivo para a sua própria destruição e para o advento da Revolução Francesa[17].

---

[15] A expressão é de PAULO OTERO, *Legalidade...*, cit., p. 275.

[16] Deve ter-se presente, em qualquer caso, que esta evolução histórica que justifica a consolidação de um Direito comum da Administração Pública após a Revolução Francesa não prejudica o facto de mesmo no Antigo Regime já haver a percepção da necessidade de regras aplicáveis às especificidades administrativas. Cfr., a esse respeito, JEAN-LOUIS MESTRE, *Introduction Historique au Droit Administratif Français*, Presses Universitaires de France, Paris, 1985, pp. 155 ss. Pelo contrário, o que não pode aceitar--se é a perspectiva segundo a qual a obra da Revolução seria, antes de mais, uma "obra de destruição" – pelo menos se tal concepção não for acompanhada do reconhecimento de que, como adiante se verá, os revolucionários procuraram, paradoxalmente, resolver muitos dos problemas que se lhes suscitaram quanto ao exercício do poder estatal pela simples cópia de alguns dos fundamentos básicos e das instituições do Antigo Regime, não havendo, em caso algum, uma "tábua rasa" ou uma "ruptura total com o passado". Cfr. JEAN RIVERO, *Direito Administrativo*, Almedina, Coimbra, 1981, p. 27.

[17] Para uma análise detalhada das circunstâncias que rodearam a queda do Antigo Regime e, subsequentemente, a autonomização do Direito Administrativo, cfr., em espe-

Com efeito, durante o Antigo Regime, algumas corporações nobiliárquicas, que haviam sido progressivamente apartadas das responsabilidades administrativas, organizaram-se em "parlamentos" judiciais que, excedendo o papel típico de tribunais, pretendiam erigir-se como instrumento de luta política contra a concentração do poder real[18]. Foi justamente esse "governo de juízes", que reivindicava um "direito de concorrer com o soberano na formação da lei"[19], que despoletou a queda do Antigo Regime ao opor-se às reformas dos ministros fisiocratas e ao convocar os Estados Gerais de 1789[20].

Por razões evidentes, logo que os revolucionários alcançaram o poder tiveram a preocupação primordial de impedir que o "governo de juízes", que tanto havia obstaculizado a concentração do poder real, pudesse agora constituir um incómodo na implementação da sua própria concepção de Estado[21]. Isto é, conforme LAUBADÈRE/VENEZIA/GAUDEMET, o mesmo corpo de "juízes políticos" que havia obstruído as reformas impostas pelo monarca constituía agora um "rival do poder administrativo"[22].

---

cial, EDOUARD LAFERRIÈRE, *Traité de la Juridiction Administrative et des Recours Contentieux*, I, 1.ª edição, reimpressão, Paris, 1989; ANDRÉ DE LAUBADÈRE/JEAN-CLAUDE VENEZIA/ /YVES GAUDEMET, *Traité de Droit Administratif*, I, 14.ª edição, LGDJ, Paris, 1996, pp. 305 ss.; JEAN-MARIE AUBY/ROLAND DRAGO, *Traité de Contentieux Administratif*, I, 3.ª edição, 1984, pp. 385; ALEXIS DE TOCQUEVILLE, *O Antigo Regime e a Revolução*, Editora Fragmentos, Lisboa, 1989; GARCÍA DE ENTERRÍA/TOMÁS-RAMÓN FERNÁNDEZ, *Curso...*, I, cit., pp. 504 ss. Em Portugal, cfr. MARIA DA GLÓRIA GARCIA, *Da Justiça Administrativa em Portugal – Sua Origem e Evolução*, Lisboa, 1994, pp. 305 ss.; VASCO PEREIRA DA SILVA, *Para um Contencioso Administrativo dos Particulares – Esboço de uma Teoria Subjectivista do Recurso Contencioso de Anulação*, Almedina, Coimbra, 1989, pp. 20 ss.; *Idem*, *Em Busca do Acto Administrativo Perdido*, reimpressão, Almedina, Coimbra, 2003, pp. 11 ss.

[18] Cfr. GARCÍA DE ENTERRÍA/TOMÁS-RAMÓN FERNÁNDEZ, *Curso...*, I, cit., p. 505; VASCO PEREIRA DA SILVA, *Para um Contencioso...*, cit., p. 21. Sobre o exercício das próprias funções da Administração activa pelos "parlamentos", cfr., com maior desenvolvimento, FRANÇOIS BURDEAU, *Histoire du Droit Administratif*, Presses Universitaires de France, Paris, 1995, pp. 33 ss.; JEAN-MARIE AUBY/ROLAND DRAGO, *Traité de Contentieux Administratif*, I, cit., pp. 385-387.

[19] Assim o afirmou expressamente, em 1771, o "parlamento" de Toulouse. Cfr. GARCÍA DE ENTERRÍA/TOMÁS-RAMÓN FERNÁNDEZ, *Curso...*, I, cit., p. 505.

[20] Cfr. VASCO PEREIRA DA SILVA, *Para um Contencioso...*, cit., p. 21.

[21] Cfr. DUPUIS/GUÉDON/CHRÉTIEN, *Droit Administratif*, 9.ª edição, Armand Colin, Paris, 2004, pp. 31 e 32.

[22] Cfr. LAUBADÈRE/VENEZIA/GAUDEMET, *Traité...*, I, cit., p. 306. Sustentando que os revolucionários não quiseram mais do que reagir ao intervencionismo judicial dos par-

É, de resto, bem significativo o teor do preâmbulo da legislação revolucionária sobre o contencioso administrativo, onde se pode ler que "a Nação não esqueceu o que se deve aos Parlamentos; só eles resistiram à tirania (...). A nossa magistratura estava constituída justamente para resistir ao despotismo; mas este já não existirá a partir de agora. Esta forma de magistratura não é, pois, necessária"[23]. Conforme bem aponta VASCO PEREIRA DA SILVA, os revolucionários diziam, por outras palavras, que "estão muito agradecidos pela actuação dos parlamentos no Antigo Regime, mas não querem que ela se venha a repetir no futuro, pois, agora, são eles que detêm o poder, pelo que uma tal actuação dos tribunais já não é mais necessária"[24].

Isso justificou que a imunidade judicial do executivo fosse concretizada no artigo 13.º da Lei de 16-24 de Agosto de 1790, que dispunha que "as funções judiciais são distintas e permanecerão sempre separadas das funções administrativas. Os juízes, não poderão, sob pena de alta traição, perturbar de qualquer maneira as operações dos corpos administrativos, nem convocar perante si os agentes da Administração por motivo atinente às funções destes"[25].

2.3 Perante tal "desconfiança" face ao papel que os Tribunais poderiam desempenhar no período pós-revolucionário[26], é totalmente paradoxal que a solução que os revolucionários encontraram para salvaguardar o seu poder tenha sido precisamente a mesma que o monarca havia encontrado no Antigo Regime para resistir aos parlamentos e garantir a concentração do poder real.

---

lamentos, CHARLES DEBBASCH, *Institutions et Droit Administratifs*, I, 4.ª edição, Presses Universitaires de France, Paris, 1991, p. 62. Reconhecendo que a vocação expansiva dos poderes "parlamentares" era incompatível com os princípios políticos dos revolucionários, cfr. FRANÇOIS BURDEAU, *Histoire du Droit Administratif*, cit., p. 44.

[23] *Apud* GARCÍA DE ENTERRÍA/TOMÁS-RAMÓN FERNÁNDEZ, *Curso...*, I, cit., p. 505.
[24] Cfr. VASCO PEREIRA DA SILVA, *Para um Contencioso...*, cit., p. 23.
[25] *Apud* SÉRVULO CORREIA, *Direito do Contencioso Administrativo*, I, Lex, Lisboa, 2005, pp. 43 e 44. Para uma síntese do debate, ocorrido durante o ano de 1790, e que viria a culminar nesta redacção e na fixação legislativa das competências contenciosas dos Tribunais judiciais, cfr. AUBY/DRAGO, *Traité de Contentieux Administratif*, cit., I, pp. 379-381.
[26] Cfr. PHILIPPE FOILLARD, *Droit Administratif*, 10.ª edição, Orléans, Paris, 2005, p. 292.

Com efeito, tal como sustenta ALEXIS DE TOCQUEVILLE, o rei tinha encontrado a fórmula ideal para contrariar a independência dos "parlamentos" através da criação, "para o seu uso particular, ao lado deles, [de] uma espécie de tribunal mais independente"[27]. Tratava-se do Conselho do Rei, criado, ainda no século XIV, como tribunal privativo que concentrava as competências consultivas e contenciosas respeitantes a toda a acção política e administrativa do Estado, e que podia ser bem qualificado como o "depositário mais directo da vontade real"[28].

Foi justamente essa a solução que os revolucionários encontraram para defender o seu poder das investidas dos tribunais: através da criação do Conselho de Estado enquanto tribunal privativo da Administração. Ao lado da "Administração activa" é criada, pelo artigo 52.º da Constituição revolucionária do Ano VIII, uma "Administração consultiva" que recebe competências consultivas e contenciosas e que subtrai os litígios resultantes do exercício do poder administrativo ao controlo judicial[29].

De resto, a demonstração inequívoca da coincidência entre os órgãos dos "Antigo" e "Novo" Regimes resulta, de forma bem impressiva, do facto de os juízes do Conselho de Estado, formados no Antigo Regime, recorrerem às mesmas técnicas, processos e terminologia jurídica que eram utilizados nos julgamentos anteriores à Revolução[30]. Era, com efeito, na experiência do Antigo Regime que os mesmos juízes se apoiavam para o controlo dos vícios que passaram a ser designados por "incompetência", "violação de lei" e "vício de forma" – os quais ainda hoje servem de parâmetro para a actuação dos Tribunais Administrativos[31].

---

[27] Cfr. ALEXIS DE TOCQUEVILLE, *O Antigo Regime...*, cit., p. 122.

[28] Cfr. EDOUARD LAFERRIÈRE, *Cours Théorique et Pratique de Droit Public et Administratif*, I, 4.ª edição, Cotillon, Paris, 1854, p. 178.

[29] Cfr. LAUBADÈRE/VENEZIA/GAUDEMET, *Traité...*, I, cit., p. 307. Ainda que, para SÉRVULO CORREIA, não se verificasse uma total similitude entre ambos os órgãos, visto que o Antigo Regime não conhecia a separação de poderes e o dualismo jurisdicional. Cfr. *Direito do Contencioso Administrativo*, I, cit., p. 45, em especial nota 3.

[30] V. MARIO NIGRO, *Giustizia Amministrativa*, 6.ª edição, Il Mulino, Bologna, 2002, p. 30.

[31] Neste sentido, cfr. GILLES LEBRETON, "L'Origine des Cas d'Ouverture du Recours pour Excès de Pouvoir d'après les Remontrances des Parlements au XVIIIème Siècle", in *Revue de Droit Public*, 1986, n.º 6, p. 1607.

A génese da justiça administrativa pode pois ser resumida através da descrição lapidar de TOCQUEVILLE: "Nesta matéria nós não fizemos mais do que encontrar uma fórmula, ao Antigo Regime pertence a ideia"[32-33].

2.4 Ora, perante o surgimento de um novo Direito processual para o enquadramento dos litígios envolvendo a Administração Pública, parece lógico concluir que estavam criadas as condições para a eliminação daquele que foi considerado como o "único aspecto perturbador" da "imunidade decisória do executivo", a saber, "a sujeição da sua actividade às mesmas normas substantivas que pautam a actuação dos particulares"[34].

Por outras palavras, assistia-se à "inevitabilidade lógica" de criação de um Direito substantivo de privilégio, gerado como mera consequência do Direito Processual Administrativo que o antecedeu. Para preservar a conformidade com a ordem jurídica de uma conduta do Poder que, submetida ao Direito comum, seria incontornavelmente inválida, o administrador-juiz elabora um novo sistema de normas jurídicas que, num momento imediatamente subsequente, ele próprio irá aplicar para julgar a Administração na qual ainda está integrado e para a qual serve como juiz privativo[35-36].

---

[32] Cfr. ALEXIS DE TOCQUEVILLE, *O Antigo Regime...*, cit., p. 123.

[33] Por isso se tem de excluir a concepção segundo a qual a obra da Revolução seria, antes de mais, uma "obra de destruição", que se destinava a fazer "tábua rasa" do Antigo Regime e a uma "ruptura total com o passado". Cfr. JEAN RIVERO, *Direito Administrativo*, cit., p. 27.

Conforme GUY BRAIBANT/BERNARD STIRN, querendo reagir contra a centralização do poder real, os revolucionários não fizeram mais do que reforçar e potenciar a centralização administrativa cujo processo se havia iniciado vários séculos antes. Cfr. *Le Droit Administratif Français*, 5.ª edição, Presses de Sciences Po et Dalloz, Paris, 1999, p. 28.

[34] Assim, PAULO OTERO, *Legalidade...*, cit., p. 279.

[35] Cfr. PAULO OTERO, *Legalidade...*, cit., p. 279.

[36] É, por esse motivo, dificilmente igualável a fórmula lapidar que RENÉ CHAPUS encontra para descrever a razão da existência do Direito Administrativo: este ramo de Direito nasce de um princípio e obtém a consagração num aresto – nasce do princípio de que a Administração não deve ser julgada pelos Tribunais judiciais e é consagrado pelo *arrêt Blanco*, no qual o Tribunal de Conflitos reconhece que a Administração «não se pode reger pelos princípios estabelecidos no Código Civil para as relações entre particulares»; «ela tem as suas regras especiais que variam consoante as necessidades» da tarefa administrativa prosseguida. Cfr. *Droit Administratif Général*, I, 12.ª edição, Montchrestien, Paris, 1998, p. 2.

Assim, na sequência do papel exercido por um Conselho do Rei que admitia mesmo a derrogação individual da lei perante cada caso concreto, é o Conselho de Estado que, com o intuito de, pelo menos, evitar tal *derrogabilidade singular* das normas de Direito comum pelo executivo, cria um novo conjunto de regras e princípios jurídicos que substituem, *de forma geral e abstracta*, o Direito comum por um Direito substantivo de privilégio: o *Direito Administrativo Substantivo*[37].

Tal Direito de privilégio, cuja essência é a *desigualdade* entre as partes que conformam uma relação jurídica, nasce com o intuito de uniformizar um *sistema de autotutela*, pelo qual a Administração tem a capacidade jurídica, enquanto sujeito de direito, para tutelar as suas próprias posições jurídicas, *maxime* através da imposição coerciva de pretensões inovatórias sobre a esfera jurídica de terceiros, sem necessidade de recurso à tutela judicial[38].

Através deste *sistema de autotutela*, o administrador-juiz derroga o *sistema comum de paz jurídica*, pelo qual qualquer sujeito de Direito que pretenda alterar uma situação de facto existente (*status quo*) não pode, por via de regra, fazê-lo pelos seus próprios meios, submetendo tal pretensão a uma valoração judicial no âmbito de uma pronúncia declarativa; no caso de não acatamento voluntário de tal pronúncia declarativa pelo seu destinatário, o sujeito de Direito continua a depender da força coerciva imposta pela autoridade judicial no âmbito de uma pronúncia executiva[39].

Pela derrogação do *sistema comum de paz jurídica*, a Administração recebe, no âmbito deste Direito de privilégio, o poder de definição unilateral e autoritária do Direito no caso concreto (*poder de autotutela declarativa conservativa* e *agressiva*) e o poder de imposição coerciva da definição declarativa do Direito a que procedeu (*autotutela executiva*), acompanhados de prerrogativas especiais no âmbito das relações contratuais ou no âmbito da responsabilidade civil[40].

---

[37] Cfr. SABINO CASSESE, "La Costruzione del Diritto Amministrativo", in SABINO CASSESE (org.), *Trattato di Diritto Amministrativo – Diritto Amministrativo Generale*, I, Giuffrè, Milano, 2000, pp. 50 e 51.

[38] Assim, GARCÍA DE ENTERRÍA/TOMÁS-RAMÓN FERNÁNDEZ, *Curso...*, I, cit., p. 509.

[39] V. GARCÍA DE ENTERRÍA/TOMÁS-RAMÓN FERNÁNDEZ, *Curso...*, I, cit., pp. 491 e 492.

[40] Cfr. GARCÍA DE ENTERRÍA/TOMÁS-RAMÓN FERNÁNDEZ, *Curso...*, I, cit., pp. 512--517; PAULO OTERO, *Legalidade...*, cit., p. 280.

Logo, bem diferente de um "milagre" que "existe apenas porque o Poder aceita submeter-se à lei em benefício dos cidadãos", isto é, um Direito que "nasce quando o Poder aceita submeter-se ao Direito"[41], só se pode concluir, de forma bem realista, que o Direito Administrativo nasce como "Direito de prerrogativas especiais da Administração"[42]. Por outras palavras, é puramente fictícia a concepção segundo a qual o Direito Administrativo "nasce com a preocupação de conferir aos particulares um conjunto de garantias jurídicas, capazes de os proteger contra o arbítrio administrativo cometido sob a forma de ilegalidade"[43]; antes, ele pode ser descrito, de modo lapidar, como o "direito do desequilíbrio"[44], pelo qual a Administração se submete a uma *privata lex*[45].

---

[41] Cfr. FREITAS DO AMARAL, *Curso...*, I, cit., p. 160.
[42] Assim, PAULO OTERO, *Legalidade...*, cit., p. 281.
[43] Cfr. FREITAS DO AMARAL, *Curso...*, I, cit., pp. 70 e 71.
[44] Cfr. LAUBADÈRE/VENEZIA/GAUDEMET, *Traité...*, I, cit., p. 13.
[45] *Idem, ibidem*, p. 12.

§ 3.º "FUGA PARA O DIREITO PRIVADO" – UMA "PRIVATA LEX" REPULSIVA

3.1 Como se depreende da descrição que se acaba de fazer, o movimento de "publicização" massiva do Direito aplicável à Administração Pública, ocorrido a partir do final do século XVIII, só pode ser explicado pela concepção de Direito privilegiado e adaptado à prossecução de uma actividade administrativa submetida a uma *"privata lex"*. Esse movimento de "publicização" seria, efectivamente, irracional e incompreensível se se traduzisse num simples processo de súbita auto-submissão do Poder a um conjunto de regras destinadas a salvaguardar os direitos dos particulares.

Mas, como atrás se antecipou, o estudo do nascimento desta *"privata lex"*, quando realizado no âmbito de uma investigação que tem por objecto a compreensão e o controlo do fenómeno da privatização, não se destina à simples correcção dos (graves) equívocos que ainda hoje resultam da "ilusão garantística" sobre a génese do Direito Administrativo. Pelo contrário, é a compreensão dos factores que tornaram este ramo de Direito tão "sedutor" como Direito comum da função administrativa, e que conduziram àquele movimento de "publicização", que permite, agora, a identificação dos factores que desencadearam a inversão desse fenómeno e a "fuga para o Direito Privado" – avaliando subsequentemente a sua conformidade (e, se for caso disso, quais as condições para tal conformidade) com o sistema constitucional vigente.

3.2 Assim, a evolução do Direito Administrativo Processual e (apenas subsequentemente) do Direito Administrativo Substantivo permite esclarecer o que levou a que a "fuga para o Direito Público" fosse substituída pela "fuga para o Direito Privado". Essa substituição resulta, em primeira linha, do advento daquilo que já se classificou como os "milagres" da Justiça Administrativa: o Direito e os Tribunais Administrativos[46]. Contudo, ao contrário do que pretendia significar a doutrina francesa com tal expressão, não é a simples existência de um Direito Processual Administrativo e, subsequentemente, de um Direito Administrativo Substantivo que pode ser atribuída a um milagre – esses não são mais do que os frutos da imunidade judicial do executivo e da criação de uma "*privata lex*" da Administração.

Antes, o que pode ser qualificado como milagre é o facto de o *juiz privativo* da Administração ter construído e sedimentado a sua total independência face à "Administração activa" – erigindo-se como verdadeiro Tribunal – e, sobretudo, o facto de o mesmo *juiz privativo* transformar o Direito de privilégio da Administração no Direito que visa a conciliação da actividade de prossecução do interesse público com a tutela dos direitos e interesses dos administrados[47].

Efectivamente, não deixa de ser surpreendente a evolução radical de um órgão que foi criado à imagem e semelhança do antigo Conselho do Rei, para exercer o papel de "tribunal privativo" do executivo[48], cujas pronúncias originariamente em pouco se identificavam com verdadeiras decisões "judiciais". Pelo contrário, a "Justiça Administrativa" consubstanciava-se na mera produção de actos jurídicos que já chegaram a ser qualificados, *mutatis mutandis*, como "*Decreto-Lei – Sentença*"[49].

Com efeito, no âmbito de uma "*justice retenue*" (jurisdição reservada), as decisões dos recursos interpostos contra os actos dos ministros (que exercem o papel de administradores-juízes[50]) cabiam, em última instância, ao Primeiro Cônsul, o qual ouvia o Conselho de Estado a título

---

[46] Cfr. PROSPER WEIL, *O Direito Administrativo*, cit., p. 7.

[47] No sentido de que se assistiu a um "duplo milagre" de *i)* criação do Direito Administrativo e de *ii)* transformação de um "quase-tribunal" num verdadeiro "tribunal", cfr. VASCO PEREIRA DA SILVA, *Em Busca...*, cit., p. 35.

[48] Sobre a "transformação radical" da natureza do Conselho de Estado, desde órgão dependente do executivo a órgão jurisdicional independente e "atento censor do governo e da Administração Pública", cfr. SABINO CASSESE, "La Costruzione...", cit., pp. 21 e 22; AUBY/DRAGO, *Traité de Contentieux Administratif...*, cit., I, pp. 233 ss.

[49] A expressão, ainda que adaptada ao sistema constitucional espanhol, é de EDUARDO GARCÍA DE ENTERRÍA, *Hacia una Nueva Justicia Administrativa*, 2.ª edição, Civitas, Madrid, 1992, p. 28.

[50] Neste sentido, cfr. JACQUELINE MORAND-DEVILER, *Cours de Droit Administratif*, 9.ª edição, Montchrestien, Paris, 2005, p. 23.

meramente consultivo[51-52]. Por outras palavras, no âmbito do brocardo, no qual repousava todo o sistema de separação de poderes, segundo o qual "julgar a Administração ainda é administrar", o poder de julgar a Administração tinha de pertencer, em última instância, ao Chefe do Executivo[53].

De resto, mesmo quando, através da Lei de 28 de *Pluviôse* do Ano VIII, foram atribuídos aos Conselhos de Prefeitura poderes próprios de decisão imperativa para a respectiva esfera provincial[54], a "*justice déléguée*" (jurisdição delegada) não era mais do que a excepção na "Justiça Administrativa", uma vez que aqueles poderes se restringiam à jurisdição expressamente atribuída por normas relativas a matérias especificadas[55].

Contudo, a correcção jurídica e o equilíbrio das pronúncias emitidas pelos juízes do Conselho de Estado – recorde-se: os mesmos juízes formados sob o Antigo Regime – conduziram a um extraordinário aumento do prestígio e da autoridade deste órgão, cujas consultas eram quase sempre homologadas pelo executivo[56]. E esse factor terá sido decisivo para

---

[51] Cfr. GARCÍA DE ENTERRÍA, *Hacia una Nueva...*, cit., p. 28; SÉRVULO CORREIA, *Direito do Contencioso Administrativo*, I, cit., p. 45; VASCO PEREIRA DA SILVA, *Em Busca...*, cit., p. 30.

[52] Como bem sublinha JACQUELINE MORAND-DEVILER, estes "decretos-leis – sentenças" eram redigidos pela comissão de contencioso do Conselho de Estado que praticamente exercia o papel de mero "assessor jurídico" do Governo – ainda que, como se verá, pela notável qualidade do trabalho de "assessoria", o executivo quase sempre respeitasse a opinião dos seus "assessores". Cfr. *Cours de Droit Administratif*, cit., p. 24.

[53] Por isso sublinha PHILIPPE FOILLARD que, logo que os tribunais judiciais foram descartados, o administrador era, em simultâneo, parte e juiz do mesmo litígio administrativo, ou, sob outra perspectiva, o ministro era o "juiz comum do contencioso administrativo". Cfr. *Droit...*, cit., p. 292.

[54] Cfr. GARCÍA DE ENTERRÍA, *Hacia una Nueva...*, cit., p. 28. Sustentando que, ao contrário do Conselho de Estado, os Conselhos de Prefeitura foram criados *ab initio* como órgãos jurisdicionais em sentido próprio, DUPUIS/GUÉDON/CHRÉTIEN, *Droit...*, cit., p. 34.

[55] Neste sentido, SÉRVULO CORREIA, *Direito do Contencioso Administrativo*, I, cit., p. 46.

[56] Cfr. JACQUELINE MORAND-DEVILER, *Cours de Droit Administratif*, cit., p. 24; FREITAS DO AMARAL, *Direito Administrativo*, (lições policopiadas), IV, Lisboa, 1988, p. 88; VASCO PEREIRA DA SILVA, *Para um Contencioso...*, cit., p. 28.

que, pela lei de 24 de Maio de 1872, se suprimisse aquela homologação do Governo, "delegando-se" na (até então) "Administração consultiva" o poder de decisão dos litígios administrativos[57-58].

É certo que não seria até ao célebre *arrêt Cadot*, de 1889, que o recurso perante o Conselho de Estado deixaria de ser visto como um "recurso hierárquico" da decisão do "*ministro-juiz*", perante quem os administrados deveriam apresentar, em primeira instância, os seus pedidos[59]. Contudo, com o prestígio e a autoridade conquistados até então, o Conselho de Estado conseguira aumentar progressivamente o alcance dos poderes de pronúncia através das consultas formuladas com base no *recurso por excesso de poder* (para o respeito pela distribuição das competências legais dos órgãos administrativos)[60] e no *recurso contencioso* (para o respeito dos direitos individuais legalmente protegidos)[61]. À medida que o Conselho de Estado alargou o âmbito do *recurso por excesso de poder* para incluir o controlo de vícios diversos do vício originário de incompetência, esse meio processual aproximou-se do *recurso contencioso*, acabando por originar uma fusão que resultaria na criação do *recurso de anulação de actos administrativos*[62], cuja admissibilidade dependia da simples lesão de interesses legalmente protegidos (e não apenas de direitos subjectivos) por actos administrativos.

3.3 Ora, estes factores assumiriam uma importância marcante na *transição estruturante* de um Direito de privilégio da Administração para

---

[57] Cfr. RENÉ CHAPUS, *Droit du Contentieux Administratif*, 9.ª edição, Montchrestien, Paris, 2001, pp. 61 e 62; LAUBADÈRE/VENEZIA/GAUDEMET, *Traité...*, I, cit., p. 308; GARCÍA DE ENTERRÍA, *Hacia una Nueva...*, cit., p. 29.

[58] A criação da "*justice déléguée*" não era uma novidade de 1872: já em 1849, durante a Segunda República, o Conselho de Estado havia recebido o poder de decisão em última instância sobre o contencioso administrativo. Contudo, esse poder foi-lhe retirado com a instauração do Segundo Império, logo em 1852, pelo que apenas a partir de 1872 a "*justice déléguée*" se consolidaria em França. Cfr. SÉRVULO CORREIA, *Direito do Contencioso Administrativo*, I, cit., pp. 46 e 47.

[59] Cfr. LAUBADÈRE/VENEZIA/GAUDEMET, *Traité...*, I, cit., p. 308.

[60] De resto, este meio processual já havia sido criado pela lei de 7-14 de Outubro de 1790.

[61] Cfr. MARIA DA GLÓRIA GARCIA, *Da Justiça...*, cit., p. 303.

[62] EDOUARD LAFERRIÈRE, *Traité ...*, II, cit., pp. 379 ss.; MARIA DA GLÓRIA GARCIA, *Da Justiça...*, cit., pp. 303 e 317.

um Direito de conciliação das necessidades colectivas com as posições subjectivas dos administrados – e, em simultâneo, para um *Direito genericamente ineficiente para a prossecução do interesse público.*

Com efeito, uma vez que as pronúncias do Conselho de Estado resultavam da invocação, por particulares, de lesões das suas posições subjectivas, o direito substantivo que era pretorianamente (e não legislativamente) fixado ia sendo modelado com base na resposta às necessidades de tutela dos particulares – e não com base nas especificidades do interesse público que a Administração devia prosseguir.

Isto é, na medida em que *era emitido por um órgão judicial* e, portanto, *no âmbito da fase "patológica" de resolução de litígios*, o Direito Administrativo substantivo deixava de regular, *pela positiva*, a actividade administrativa de prossecução de interesses públicos, destinando-se, em lugar disso, a *reprimir a conduta administrativa lesiva de posições subjectivas*[63].

Deste modo, é certo que, por um lado, começavam a desenhar-se os traços caracterizadores de um Direito que – agora sim – podia ser definido como o conjunto de regras e princípios que garantem a "síntese constante entre os interesses gerais da colectividade e os direitos e interesses legítimos dos cidadãos"[64], combinando as normas de privilégio que conferem especiais prerrogativas à Administração – afinal, o objectivo primário que presidiu à sua génese – com normas que garantem as posições subjectivas dos administrados[65].

Mas, por outro lado, o desenvolvimento pretoriano de um ramo de Direito *no âmbito de pronúncias judiciais repressivas da actividade administrativa*, emitidas na *fase patológica da prossecução dos interesses públicos,* também permitia adivinhar a sua futura *ineficiência congénita* para o desempenho da função para que, afinal, havia nascido: a função de Direito de privilégio do executivo. Poderia dizer-se, por isso, que, ainda que tivesse surgido como Direito de privilégio, a sua evolução jurisprudencial transformou o "Direito da Administração" em

---

[63] MARIA DA GLÓRIA GARCIA, *Da Justiça...*, cit., p. 316.
[64] Cfr. FREITAS DO AMARAL, *Curso...*, I, cit., p. 161.
[65] Conforme BERNARDO DINIZ DE AYALA, está em causa uma "clivagem entre as duas vertentes que dão corpo ao moderno Direito Administrativo", a saber, "os imperativos de prossecução (eficaz) do interesse público" e a "necessidade de salvaguardar os direitos e interesses dos particulares". Cfr. *O (Défice de) Controlo...*, cit., p. 15.

"Direito contra a Administração"⁶⁶, modificando radicalmente a sua natureza.

Portanto, mais do uma inexplicável e "miraculosa" "transformação de Direito da Administração em Direito Administrativo"⁶⁷, a progressiva *subjectivização* da *"privata lex"* da Administração, pela qual o "Direito Administrativo vai deixando de ser o direito dos privilégios especiais da Administração para se tornar no direito regulador das relações jurídicas administrativas"⁶⁸, pode ser racionalmente compreendida como o simples reflexo de uma construção jurisprudencial de um ramo de Direito no qual a vertente substantiva sempre evoluiu por mero arrastamento da respectiva vertente processual⁶⁹.

3.4 Sendo assim, o aparente "milagre" de submissão do Poder ao Direito correspondeu, em rigor, à limitação gradual da actividade administrativa em favor de um reforço da sua vertente garantística, o que transformaria radicalmente a natureza e a essência da *"privata lex"* da Administração, alterando-a de Direito *"sedutor"* do Poder para Direito *"repulsivo"* do Poder.

Com efeito, o resultado de mais de dois séculos de progressiva subjectivização da *"privata lex"* da Administração consiste, a um tempo, na institucionalização e sedimentação de formas de controlo da discricionariedade administrativa, no aumento dos meios de reacção dos administrados às lesões dos seus direitos e interesses legalmente protegidos e na potenciação do alcance dos poderes de pronúncia do juiz administrativo.

Mas, a outro tempo, consiste ainda – porque esses também foram os instrumentos que a Ciência do Direito Administrativo encontrou para o desenvolvimento da vertente garantística da *"privata lex"* – na rigidificação e burocratização dos procedimentos destinados à aquisição de bens e serviços pela Administração – mesmo no âmbito da sua gestão privada –, à escolha do seu co-contratante privado, à aquisição e alienação de património e, em geral, à realização de qualquer despesa pública e à gestão da sua autonomia orçamental.

---

⁶⁶ A expressão é de ALEJANDRO NIETO GARCÍA, *Estudios Históricos de Administración y Derecho Administrativo*, Instituto Nacional de Administración Pública, Madrid, 1986, p. 173.
⁶⁷ Assim, VASCO PEREIRA DA SILVA, *Em Busca...*, cit., p. 37.
⁶⁸ *Idem, ibidem*, p. 37.

Ademais, no caso do sistema constitucional português, a consolidação daquela vertente garantística de um sistema administrativo próprio de um Estado de Direito democrático resultou, em especial, na atribuição da protecção máxima que o sistema jurídico pode oferecer às garantias dos administrados: na atribuição de *protecção jusfundamental* aos *direitos substantivos* de i) informação procedimental, ii) acesso aos arquivos e registos administrativos e iii) fundamentação dos actos que afectem direitos e interesses legalmente protegidos, bem como aos *direitos processuais* de i) reconhecimento de direitos ou interesses legalmente protegidos, ii) impugnação de actos administrativos lesivos, iii) determinação da prática de actos administrativos devidos, iv) adopção de medidas cautelares adequadas e v) impugnação de normas administrativas lesivas[70].

É incontornável, portanto, retirar deste quadro constitucional a conclusão – absolutamente paradoxal face à génese do Direito Administrativo – de que os particulares se encontram hoje incomparavelmente mais protegidos através da aplicação do Direito de privilégio da Administração do que através do próprio Direito comum que, aparentemente, tanto obstaculizava a prossecução do interesse público e a cuja submissão a Administração se pretendia subtrair após a Revolução de 1789[71].

Como é evidente, esta evolução subjectivista do Direito Administrativo acabaria por resultar num movimento inverso àquele que ocorrera aquando da sua génese: a uma tentativa de fuga em massa de uma actividade cada vez mais "artilhada" de vinculações e de garantias dos administrados[72].

À medida que o Direito Administrativo passava a corresponder a uma realidade bem distinta de um "simples repositório de prerrogativas de

---

[69] Cfr. RENÉ CHAPUS, *Droit Administratif Général*, I, cit., p. 2.

[70] Cfr. artigo 268.º da Constituição. No sentido de que tais direitos dos administrados recebem protecção análoga aos direitos, liberdades e garantias, cfr., entre outros, e ainda que com divergências de pormenor, JORGE MIRANDA, *Manual de Direito Constitucional*, IV, 3.ª edição, Coimbra Editora, Coimbra, 2000, p. 152; GOMES CANOTILHO/VITAL MOREIRA, *Constituição da República Portuguesa Anotada*, I, 4.ª edição, Coimbra Editora, Coimbra, 2007, p. 374; VIEIRA DE ANDRADE, *Os Direitos Fundamentais na Constituição Portuguesa de 1976*, 3.ª edição, Almedina, Coimbra, 2004, p. 199.

[71] Assim, JOSÉ CARLOS LAGUNA DE PAZ, "La Renuncia de la Administración Pública al Derecho Administrativo", *Revista de Administración Pública*, n.º 136, 1995, p. 204.

[72] A expressão é de PAULO OTERO, *Legalidade...*, cit., p. 283.

autoridade"[73], a Administração Pública respondeu, por sua vez, através da rejeição daquele que deixou de ser um Direito de privilégio, optando pela sua auto-submissão ao Direito comum que regula as relações entre particulares.

3.5 Ora, tal como se havia antecipado, a contextualização do fenómeno de privatização da Administração Pública, num quadro que historicamente evoluiu de uma "fuga para o Direito Público" até uma "fuga para o Direito Privado", permitiu-nos recolher os dados imprescindíveis para a identificação de parâmetros operativos de controlo da privatização da Administração Pública.

Com efeito, partindo do princípio de que *i)* o controlo cabal da "fuga para o Direito Privado" não se esgota com a mera garantia de respeito por um "núcleo essencial" da função administrativa, regulado pelo Direito Administrativo, e que *ii)* a operatividade de tal controlo depende, essencialmente, da avaliação da constitucionalidade e da legalidade *de cada acto concreto de privatização*, daí resulta que a identificação dos fins prosseguidos com os actos de privatização e dos interesses públicos seleccionados como pressupostos de cada acto de privatização assume uma relevância decisiva enquanto parâmetro privilegiado de controlo do "esvaziamento" da Administração Pública.

a. Em concreto, é incontestável que a Constituição atribui a relevância máxima, no quadro de um "Estado de Bem-estar" que visa a realização da democracia económica, social e cultural, ao *dever de organização da Administração Pública e de gestão da função administrativa* de acordo com a *estrutura que permita à prossecução mais eficiente do interesse público* [cfr. n.º 1 do artigo 266.º da Constituição], impondo, em especial, a *desburocratização*, a *descentralização*, a *desconcentração* e a *racionalização de meios* [cfr. n.os 1, 2 e 5 do artigo 267.º da Constituição][74].

Nessa perspectiva, a circunstância de a *progressiva subjectivização* do Direito Administrativo e de o gradual aumento das garantias dos administrados terem sido historicamente alcançados à custa de uma correspon-

---

[73] *Idem, ibidem*, p. 283.

[74] Neste sentido, cfr. PAULO OTERO, *Conceito e Fundamento da Hierarquia Administrativa*, Coimbra Editora, Coimbra, 1992, pp. 362 ss.; BERNARDO DINIZ DE AYALA, *O (Défice de) Controlo...*, cit., pp. 59 e 60.

dente *perda da eficiência* na prossecução do interesse público e da *racionalização* dos meios e dos procedimentos utilizados na satisfação das necessidades colectivas tem de ser vista como uma forte *razão de peso positiva* na avaliação da conformidade dos fins e dos pressupostos de cada acto de privatização com as normas constitucionais[75]. Essa *razão de peso* é meramente ponderada – mas não suprimida – com a *razão de peso contrária* resultante da eventual redução das garantias dos direitos fundamentais dos administrados que possa resultar da opção de privatização.

b. Ademais, da análise histórica a que acima se procedeu resulta igualmente que o *peso relativo* a atribuir ao princípio da eficiência na organização administrativa tem de ser reforçado, no âmbito da mesma ponderação tendente à avaliação dos actos de privatização, pelas conclusões apresentadas quanto às deficiências que resultam do desenvolvimento pretoriano do Direito Administrativo. Efectivamente, tendo evoluído na sequência de pronúncias emitidas na *fase patológica* da prossecução da função administrativa, o Direito Administrativo foi construído na perspectiva (*repressiva*) da defesa dos administrados face às lesões de condutas administrativas ilegais, sem solucionar, em contrapartida, as necessidades (*positivas*) de prossecução do interesse público.

c. Pelo contrário, a circunstância de o aumento das garantias dos administrados se ter consolidado de tal forma no sistema jurídico ao ponto de receber hoje protecção jusfundamental constitui, por sua vez, uma *razão de peso contrária* à opção de privatização, sempre que a avaliação dos efeitos do acto de privatização permita concluir que os direitos fundamentais substantivos e processuais dos administrados são intoleravelmente ofendidos pela supressão do regime jurídico-público de regulação de um determinado âmbito da função administrativa – ainda que a opção de privatização resultasse em benefícios evidentes ao nível da eficiência na satisfação das necessidades colectivas.

Resulta evidente, pois, que a análise da génese e da evolução histórica da "*privata lex*" da Administração, enquanto ponto de partida do

---

[75] Sobre o recurso aos instrumentos jusprivatísticos como instrumento (positivo) de aumento da eficiência administrativa, cfr. CHARLES DEBBASCH, *Institutions et Droit Administratifs*, II, cit., pp. 32 e 33.

estudo do fenómeno da privatização administrativa, permite a identificação dos parâmetros adequados para a avaliação da conformidade de cada acto de privatização com o sistema constitucional, que agora se desenvolverão, e, em especial, a determinação dos valores constitucionais que correspondem a *razões de peso* favoráveis ou contrárias à *opção jurídico-pública de privatização*.

§ 4.º ÂMBITO DO REGIME DE CONTROLO DA PRIVATIZAÇÃO ADMINISTRATIVA

4.1 Antes ainda de iniciar a identificação dos parâmetros de controlo da privatização administrativa, importa esclarecer qual o exacto âmbito de aplicação que será atribuído a tal regime de controlo. Isto porque a experiência tem demonstrado que a resposta da Administração à subjectivização do seu Direito de privilégio se concretiza em instrumentos *formal e materialmente diversos* para alcançar a mesma meta: o afastamento da respectiva *"privata lex"* e a auto-submissão alternativa ao Direito Privado.

Efectivamente, na busca do Direito mais eficiente para a satisfação das necessidades colectivas no Estado de Bem-estar, a Administração Pública solicita a cooperação de particulares no exercício de funções administrativas, habilita-os ao exercício de poderes de autoridade, atribui uma natureza jurídica diferenciada às pessoas colectivas responsáveis pela realização de tarefas administrativas e actua no mercado concorrencial nas vestes de Estado-empresário, ao passo que submete a prossecução de diferentes aspectos do mesmo interesse público a regimes diversos.

Por conseguinte, o fenómeno de privatização objecto da presente investigação, cujos parâmetros de controlo se pretende agora identificar, abrange as seguintes realidades[76-77]:

---

[76] Naturalmente, o conceito de *privatização* é polissémico e presta-se às mais variadas tipologias e classificações. Contudo, a tipologia aqui apresentada tem uma *natureza funcional* e é dirigida ao objectivo de garantir a abrangência suficiente para um regime de controlo da privatização da Administração Pública que evite lacunas susceptíveis de admitir fraudes à lei constitucional. Para tipologias alternativas do fenómeno de privatização da Administração Pública, cfr. PAULO OTERO, *Legalidade*..., cit., p. 304; PEDRO GONÇALVES, *Entidades*..., cit., pp. 152 ss.; SEBASTIÁN MARTÍN-RETORTILLO, "Sentido y Formas de la Privatización de la Administración Pública", in *Os Caminhos da Privatização da Admi-*

a) Privatização das *formas de organização da Administração Pública*: a alteração da *natureza jurídica* das entidades que prosseguem a função administrativa, através da transformação de pessoas colectivas de Direito Público em pessoas colectivas de Direito Privado ou da criação *ex novo* de pessoas colectivas de Direito Privado para prossecução de interesses públicos determinados[78];

---

nistração Pública – IV Colóquio Luso-Espanhol de Direito Administrativo, Coimbra, 2001, pp. 19 ss.

[77] Precisamente porque a tipologia aqui apresentada é meramente *funcional* e dirigida a um controlo cabal e abrangente do fenómeno de privatização da Administração Pública (incluindo por isso formas de *privatização directa* e *indirecta*), tal tipologia já não pode abranger manifestações não controláveis através da fiscalização de *actos de privatização*. Não inclui, por isso, fenómenos de *privatização de facto* (também designada por privatização *dissimulada* ou *implícita*), pela qual se assiste a um "processo silencioso" de desocupação pública, através da renúncia "silenciosa", pelo Estado, à prossecução de certas tarefas de interesse público, forçando os particulares a intervir para compensar a omissão das entidades públicas. Tal fenómeno pode resultar do puro e simples abandono de tarefas públicas ou de uma qualidade deficiente dos serviços prestados. Cfr. PEDRO GONÇALVES, *Entidades...*, cit., p. 154.

Uma vez que tal "privatização silenciosa" não decorre de uma "decisão pública de abdicação" sob a forma de acto jurídico-público, não existindo, pois, qualquer acto de privatização que possa ser fiscalizado, o regime de controlo da privatização da Administração Pública exposto no presente estudo não abrange tal fenómeno. Existe, é certo, uma omissão que pode ser juridicamente relevante; todavia, procura-se, na presente investigação, identificar, de modo sistemático, os instrumentos de reacção contra actos jurídico-públicos sob forma legislativa ou administrativa, não se discutindo, assim, os meios de reacção contra omissões juridicamente relevantes. É que, neste último caso, a relevância da omissão só pode resultar do eventual incumprimento de uma tarefa administrativa cuja satisfação corresponde a uma incumbência constitucional específica de uma entidade pública (em princípio, uma entidade de base territorial). Pelo contrário, no caso de reacção contra uma decisão jurídico-pública de privatização, o incumprimento de uma incumbência constitucional específica de satisfação de uma tarefa administrativa será (eventualmente) apenas um dos parâmetros de fiscalização judicial, sempre e quando represente o reflexo da decisão de privatização, mas não se arvora, em qualquer caso, no objecto autónomo do processo judicial, sendo, quando muito, uma causa de pedir desse processo.

[78] Está pois em causa uma *privatização formal*, pela qual se privatizam os *sujeitos* que prosseguem o interesse público, criando uma "Administração Pública sob forma privada". Cfr. SABINO CASSESE, *Le Basi...*, cit., pp. 172 ss.; PAULO OTERO, *Legalidade...*, cit., pp. 304 ss.

b) Privatização da *gestão* ou do *exercício de uma função administrativa:* a atribuição do exercício de um interesse público determinado a uma entidade privada (que já existe ou que pode ter sido criada, por iniciativa privada[79], para o efeito). Tal atribuição pode revestir um *carácter precário,* através de uma privatização contratualizada que pode, no limite, extinguir-se a todo o tempo, ou um *carácter permanente,* através da inscrição da tarefa de prossecução de um interesse público determinado no objecto social de uma entidade privada[80-81];

c) Privatização do *Direito aplicável pela Administração Pública*: além da aplicação corrente do Direito Privado por entidades privadas que prosseguem interesses públicos – por mero efeito da sua natureza privada –, resultante dos fenómenos referidos em a) e b), as próprias entidades públicas optam pela sua auto-submissão ao Direito Privado[82] – na sua gestão pública e privada –, o que sucede, designadamente, quando se afasta o regime típico da função pública em favor da aplicação do regime do contrato individual de trabalho;

---

[79] O que a distingue das entidades privadas criadas por iniciativa pública e que, por isso, se integram no âmbito da *privatização formal* enunciada em a).

[80] Neste caso encontramo-nos perante uma *privatização material*, pela atribuição de tarefas públicas a actores privados, que tanto pode ser *total* (abandono completo da execução de uma tarefa pública pelo Estado, sem prejuízo, evidentemente, da responsabilidade última que este assume pela satisfação das necessidades colectivas) ou *parcial* (execução de uma tarefa partilhada entre a iniciativa pública e privada). Cfr. PEDRO GONÇALVES, *Entidades...*, cit., p. 153.

[81] Este fenómeno é inverso àquele que se verifica com a atribuição a particulares de poderes de auto-regulação de determinadas actividades que assumem determinada relevância pública. Neste último caso não se está perante uma simples privatização do exercício de poderes públicos, uma vez que aquilo que se assiste é precisamente à publicização de tarefas que eram antes exclusivamente privadas e que, em virtude do interesse público a elas subjacente, sofrem uma ingerência estatal que pode incluir o seu reconhecimento público, a "legalização" dos seus princípios básicos (que haviam sido gerados no âmbito do Direito Privado) e a fiscalização dos organismos de controlo de tal actividade. Obviamente, esta "publicização material" de tarefas (até então) privadas não prejudica o facto evidente de que, uma vez mais, os particulares são chamados a exercer funções públicas. V. VITAL MOREIRA, *Administração Autónoma e Associações Públicas*, reimpressão, Coimbra Editora, Coimbra, 2003, p. 45.

d) Privatização da *propriedade dos meios de produção*, pela alienação de participações sociais de uma entidade empresarial que prossegue interesses públicos, o que, não alterando a *natureza* de tal entidade (que já era privada), pode resultar na perda da titularidade da maioria do capital social ou, sobretudo, do poder de gestão da prossecução dos interesses públicos afectados, resultando na sua *transferência para o sector privado da propriedade dos meios de produção*.

4.2 Estes quatro fenómenos não correspondem, contudo, a mais do que a uma *privatização directa* ou *stricto sensu* da Administração Pública, pela qual um acto jurídico-público[83] tem por *efeito directo e imediato* a *alteração formal da natureza jurídica de uma entidade pública* ou da *titularidade do poder de gestão de um determinado interesse público*.

Ora, o regime de controlo dos actos de privatização tem forçosamente de incidir também – sob pena de criação de uma grave lacuna no controlo de constitucionalidade da privatização da Administração Pública – sobre o fenómeno de *privatização indirecta* ou *lato sensu*, que se verifica sempre que um acto jurídico-público, *sem reflexos formais na natureza pública de uma entidade administrativa ou na titularidade do poder de gestão de um determinado interesse público*, é susceptível de provocar a *alteração substancial do Direito estatutariamente aplicável* a tal entidade.

A título de exemplo, se o Governo aprova, no exercício da sua qualidade de órgão superior da Administração Pública [*cfr. artigo 182.º da Constituição*], a transformação de uma pessoa colectiva de Direito Público de base institucional numa pessoa colectiva de Direito Público de base

---

[82] Fala-se então num "Direito Privado Administrativo" (*Verwaltungsprivatrecht*). Cfr. WOLFF/BACHOF/STOBER, *Direito Administrativo*, I, Lisboa, 2006, p. 292.

[83] Mesmo quando a produção dos efeitos jurídicos determinados pelo acto de privatização depende dos instrumentos próprios do Direito Privado (*v.g.*, a transmissão de participações sociais através dos instrumentos de Direito Societário), a decisão de privatização é tomada sob a forma de um acto jurídico-público que incide sobre a organização e estruturação da Administração Pública ou o exercício da função administrativa, sendo tal acto invariavelmente submetido às vinculações impostas pela ordem constitucional. Cfr. SÉRVULO CORREIA, *Legalidade e Autonomia Contratual nos Contratos Administrativos*, Almedina, Coimbra, reimpressão, 2003, p. 549; PAULO OTERO, *Vinculação...*, cit., pp. 258 e 259.

empresarial[84], tal mudança não consubstancia, só por si, um acto de privatização *stricto sensu*, uma vez que aquela alteração institucional não provocou qualquer alteração na *natureza jurídico-pública* de tal entidade. A pessoa colectiva de Direito Público submetida ao fenómeno de *empresarialização* não perde, por efeito disso, a sua natureza pública[85].

Porém, a manutenção formal da natureza pública da entidade empresarializada esconde um fenómeno de *privatização indirecta* do Direito estatutariamente aplicável à gestão de tal entidade (ainda) pública. Com efeito, enquanto *"privata lex"* da Administração, o Direito Administrativo constitui o parâmetro primário de enquadramento da actividade de interesse público atribuída às pessoas colectivas de base "burocrática" ou institucional, bem como da gestão pública e privada de tais entidades[86].

De resto, o próprio legislador optou por, pedagogicamente, descrever na Lei Quadro dos Institutos Públicos (Lei n.º 3/2004, de 15 de Janeiro) as principais vertentes da aplicação da *"privata lex"* da Administração às entidades administrativas de base burocrática. Assim, prevê-se, no artigo 6.º da Lei Quadro, que a actividade e a gestão de tais entidades seja submetida, designadamente, ao Código do Procedimento Administrativo; ao regime da função pública[87]; ao regime da administração financeira e patrimonial do Estado; ao regime das empreitadas de obras públicas; ao regime da realização de despesas públicas e da contratação pública; ao regime das incompatibilidades de cargos públicos; ao regime da responsabilidade civil do Estado; às leis do contencioso administrativo; e ao regime de jurisdição e controlo financeiro do Tribunal de Contas.

O legislador pretendeu, assim, submeter o exercício de actividades tipicamente administrativas e burocráticas ao Direito cujo objecto é a conciliação da prossecução do interesse público com as garantias dos administrados.

---

[84] Hoje uma Entidade Pública Empresarial – cfr. artigo 23.º do Decreto-Lei n.º 558/ /99, de 17 de Dezembro, alterado pelo Decreto-Lei n.º 300/2007, de 23 de Agosto.

[85] Aliás, é evidente que, mesmo que a *empresarialização* incidisse sobre um serviço público, antes integrado na Administração Directa do Estado, autonomizado e dotado de personalidade jurídica por efeito do mesmo acto jurídico-público, tal fenómeno de *mera descentralização* tão-pouco provocaria uma *privatização em sentido estrito* da nova Entidade Pública Empresarial.

[86] Cfr. FREITAS DO AMARAL, *Curso*..., I, cit., p. 378.

[87] Ainda que tal regime seja previsto a par do regime do contrato individual de trabalho – cfr. alínea b) do n.º 2 do artigo 6.º da Lei n.º 3/2004, de 15 de Janeiro.

Pelo contrário, a decisão de empresarialização de uma entidade administrativa, não prejudicando a respectiva natureza (formalmente) pública, implica, em qualquer caso, a privatização do Direito estatutariamente aplicável a tal entidade empresarial. Com efeito, exercendo a sua actividade num mercado livre e concorrencial, a entidade administrativa empresarial não pode, pelo menos na sua actividade corrente, dispor das prerrogativas de poder público que as demais empresas, que com ela concorrem, também não dispõem. Tal discriminação entre os agentes económicos consubstanciaria um ataque à liberdade de iniciativa económica e à liberdade de concorrência, pela qual algumas empresas (aquelas submetidas a um regime de Direito Administrativo) teriam a faculdade de exercer poderes de autoridade sobre as suas concorrentes[88].

Por isso, sem prejuízo de aspectos concretos da sua gestão que não dispensam o regime próprio de Direito Administrativo[89], a lei estabelece que tais entidades empresariais "regem-se pelo direito privado"[90-91].

Daqui decorre forçosamente que qualquer decisão que, *sem alterar a natureza pública de uma entidade administrativa, impõe a sua empresarialização* corresponde, afinal, a um *meio indirecto de submissão da prossecução de um interesse público determinado ao Direito Privado*. É, portanto, um *instrumento de afastamento da "privata lex" da Administração*, pelo que deve, como tal, ser submetido ao regime de controlo da constitucionalidade dos actos de privatização (*directa* e *indirecta*).

Este é, pois, o alcance do *conceito funcional de privatização* e o conjunto de manifestações *formal e materialmente diversas* a que a Adminis-

---

[88] Assim, v. PAULO OTERO, *Vinculação*..., cit., pp. 265 e 266.

[89] Em especial os aspectos relativos ao respectivo controlo governamental, submetido ao regime específico de superintendência e de tutela do Direito Administrativo, bem como ao controlo orçamental e do plano de actividades. Cfr. artigos 29.º, 31.º e 32.º do Decreto-Lei n.º 558/99, de 17 de Dezembro, alterado pelo Decreto-Lei n.º 300/2007, de 23 de Agosto.

[90] Cfr. n.º 1 do artigo 7.º do Decreto-Lei n.º 558/99, de 17 de Dezembro, alterado pelo Decreto-Lei n.º 300/2007, de 23 de Agosto, aplicável às entidades públicas empresariais por força da remissão constante do n.º 1 do artigo 23.º do mesmo diploma.

[91] A mesma solução foi recentemente estabelecida para as entidades públicas de natureza empresarial de âmbito local. Nos termos do artigo 6.º da Lei n.º 53-F/2006, aplicável às novas "entidades empresariais locais" por força da remissão constante do n.º 1 do artigo 34.º do mesmo diploma, aquelas entidades regem submetem-se às "normas aplicáveis às sociedades comerciais", prevendo-se mesmo no n.º 1 do artigo 10.º a sua sujeição "às regras gerais de concorrência, nacionais e comunitárias".

tração recorre para alcançar a mesma meta: o afastamento da respectiva *"privata lex"* e a auto-submissão alternativa ao Direito Privado. Em consequência, também esse será o alcance do âmbito de aplicação do regime de controlo de constitucionalidade da privatização da Administração Pública que seguidamente se descreverá[92].

---

[92] Deve ainda esclarecer-se que este controlo judicial – justamente por privilegiar o controlo dos fins do acto de privatização – não pode abranger os casos em que a opção quanto à alteração entre a titularidade pública e privada dos meios de produção é presidida por razões estritamente políticas. Com efeito, sendo certo que a conjuntura que rodeou a aprovação da Constituição de 1976 conduziu a uma certa "contradição constitucional" entre a apropriação pública e a privatização dos meios de produção (cfr. PAULO OTERO, *Vinculação...*, pp. 151 ss.), não é possível conceber a opção entre nacionalização e privatização de um conjunto de meios de produção como duas faces da mesma moeda ou como duas soluções alternativas para a prossecução do mesmo fim constitucionalmente relevante.

Efectivamente, o acto de privatização objecto da presente investigação corresponde a uma opção autonomamente seleccionada pelo legislador para alcançar um fim constitucionalmente vinculado: garantir uma prossecução mais eficiente do interesse público. Em contrapartida, as nacionalizações ocorridas após a Revolução de 1974 (e cristalizadas pela Constituição até à Revisão de 1989) correspondiam a uma opção estritamente política de prossecução do fim ideologicamente marcado de "apropriação colectiva dos meios de produção" e de "transição para o socialismo". Na verdade, em boa parte dos casos elas constituíam um simples instrumento de "punição" de uma pretensa conivência do poder económico com o regime político anterior, não sendo minimamente orientadas por critérios de eficiência económica (como, de resto, viria a ser confirmado pelos resultados económicos desastrosos que as empresas nacionalizadas recorrentemente apresentaram até à sua reprivatização).

Sendo assim, o regime de controlo dos actos de privatização objecto da presente investigação, quando dirigido à fiscalização da conformidade da opção de privatização com o fim constitucionalmente vinculado de eficiência administrativa, só poderia ser usado para o controlo do "reverso da medalha" (isto é, para o controlo da transferência de meios de produção para o sector público de propriedade ou da atribuição de natureza pública a uma entidade até então privada) quando o respectivo acto de transferência correspondesse a uma opção dirigida à prossecução do fim da eficiência administrativa. Exclui-se do presente regime de controlo, portanto, qualquer acto de *nacionalização* dos meios de produção em sentido próprio, isto é, um acto de natureza política alheio a critérios de estrita eficiência administrativa e, ou, económica – e, em consequência, qualquer correspondente acto de privatização que, paralelamente, seja ditado por razões de natureza política, incluindo, em especial, as opções políticas de privatização para simples devolução dos bens nacionalizados aos antigos proprietários.

CAPÍTULO II
OS PARÂMETROS CLÁSSICOS DE CONTROLO DA PRIVATIZAÇÃO ADMINISTRATIVA

§ 5.º A PUBLICIZAÇÃO DO DIREITO PRIVADO ADMINISTRATIVO

5.1 Tal como resulta da tipologia do fenómeno de privatização administrativa acima exposta, uma das principais manifestações da "fuga para o Direito Privado" corresponde à privatização substantiva do Direito aplicável pela Administração Pública, através da qual as entidades públicas adoptam o Direito Privado como parâmetro primário de regulação da sua actividade pública e privada.

Mas, naturalmente, também as restantes manifestações do fenómeno de privatização – nomeadamente a privatização das formas organizativas da Administração Pública e a privatização do exercício material das tarefas administrativas – comportam, em si mesmas, a mesma opção de privatização do Direito aplicável ao exercício das tarefas administrativas. É que, como acima se expôs, a alteração da natureza jurídico-formal de uma entidade administrativa ou da titularidade da gestão dos interesses públicos implica, correspondentemente, a obrigação de adopção, a título principal, de um Direito estatutariamente aplicável aos particulares que actuam num mercado de livre concorrência e que não podem, por isso, exercer, na sua gestão corrente, prerrogativas de autoridade que resultem na distorção de tal concorrência e na eliminação do princípio da igualdade que preside às relações inter-privadas.

Essa circunstância pode justificar que os primeiros ensaios tendentes à identificação de parâmetros de controlo da privatização administrativa incidissem justamente sobre o controlo desta última manifestação da fuga para o Direito Privado – no controlo da *privatização do Direito aplicável* pela Administração Pública –, atribuindo um papel secundário ao controlo da *privatização organizacional* e *material* da Administração.

Na verdade, deve ter-se em mente que a explicação histórica para o tradicional enfoque do estudo da privatização administrativa nesta única manifestação do fenómeno privatizador encontra-se, uma vez mais, na época anterior à génese do Direito Administrativo – mas, desta vez, resulta da perspectiva germânica do Direito aplicável à Administração Pública.

Com efeito, tal análise histórica permite concluir que, ainda na era absolutista, os teóricos germânicos recuperaram do Direito Romano a teoria da separação entre o *Estado*, enquanto entidade dotada de poder soberano, e o *Fisco*, enquanto património público separado do Estado[93].

Desenvolvendo tal tese, o Fisco era considerado como pessoa colectiva distinta do Estado, dotada de capacidade jurídica de Direito Privado, susceptível de estabelecer relações jurídicas patrimoniais com os particulares e de por estes ser judicialmente accionada[94]. Criava-se assim uma *ficção jurídica* pela qual se separava o Estado (que só tem poder soberano e não tem património) do Fisco (que só tem património e não tem poder soberano), em ordem a permitir que o monarca – insusceptível de ser responsabilizado juridicamente – pudesse, afinal, celebrar relações contratuais com os particulares e comparecer em juízo sem, com isso, afectar a legitimidade de um poder real cuja vontade era concebida como fonte de direito e digna de obediência[95].

Como afirma ROGÉRIO SOARES, esta construção aparentemente "bizarra e artificial" era, na verdade, a forma menos má ("o único remédio") que os teóricos encontraram para salvaguardar os direitos dos particulares que contratavam com o Estado[96].

5.2 Naturalmente, esta visão "positiva" da Teoria do Fisco só pode ser aceite desde que não arraste consigo o mesmo efeito pernicioso que também resultou da fantasiosa "concepção garantística" do Direito Administrativo francês, a saber, distorcer o ponto de partida para a compreensão do fenómeno da privatização e impedir a identificação dos factores que conduziram a Administração a recorrer ao Direito Privado.

---

[93] Cfr. ENTERRÍA/FERNÁNDEZ, *Curso...*, I, cit., p. 367.
[94] Cfr. SÉRVULO CORREIA, *Legalidade...*, cit., p. 388, nota 99.
[95] Cfr. BERNHARD KEMPEN, *Die Formenwahlfreheit der Verwaltung*, Franz Vahlen, München, 1989, pp. 77 ss.; GARRIDO FALLA, *Tratado de Derecho Administrativo*, I, 10.ª edição, Tecnos, Madrid, 1987, pp. 78 e 79; MARIA DA GLÓRIA GARCIA, *Da Justiça...*, cit., p. 156.
[96] Cfr. ROGÉRIO SOARES, *Interesse Público, Legalidade e Mérito*, Coimbra, 1955, p. 61.

Com efeito, aceitando o pressuposto de que esta ficção jurídica, ainda que "hipócrita"[97], teria sido construída para o singelo efeito de tutelar a posição dos particulares que se relacionavam com o Poder, depressa nos depararemos com o mesmo problema que resulta da concepção garantística da génese do Direito Administrativo francês: o de explicar o que levaria o Poder soberano, que se constitui como fonte de direito válida para os súbditos e é juridicamente irresponsável, a subitamente aceitar a sua sujeição ao Direito e a admitir um desdobramento "esquizofrénico" da sua personalidade jurídica[98] para o efeito de ser accionado judicialmente ao se relacionar com os particulares. E mais difícil ainda seria explicar por que razão tal auto-responsabilização jurídica e tal auto-submissão ao Direito se deveriam, afinal, ao propósito "benevolente", por parte do mesmo Poder soberano, de oferecer aos particulares a possibilidade de exigir uma compensação pelas lesões resultantes das actuações do Estado (*rectius*, do Fisco)...

Como é evidente, esta nova concepção garantística das relações patrimoniais entre o Poder e os particulares não tem a menor correspondência com a realidade que motivou tal desdobramento "esquizofrénico". Pelo contrário, corroborando o princípio de que a privatização administrativa antecedeu em muito a própria existência de um Direito de privilégio da Administração, é inegável que, mesmo quando o Estado moderno impunha aos súbditos a sua concepção de poder absoluto e criador único de Direito, a sua posição soberana não dispensava o recurso, em maior ou menor medida, à colaboração e à contratualização de relações jurídicas com os particulares[99].

Evidentemente, esta dependência face à técnica da contratualização entre sujeitos em posição de igualdade, dotados de direitos e deveres mútuos, era intrinsecamente incompatível com aquela concepção de Poder absoluto, soberano e intangível, juridicamente irresponsável e incapaz de ser titular de obrigações jurídicas[100]. Mas, mais do que uma contradição

---

[97] V. RAMÓN PARADA, *Derecho Administrativo*, I, cit., p. 248.
[98] V. MARIA JOÃO ESTORNINHO, *A Fuga Para o Direito Privado*, Almedina, Coimbra, 1999, pp. 25 e 26.
[99] Cfr. RAMÓN PARADA, *Derecho Administrativo*, I, cit., p. 248.
[100] Essa concepção havia sido desenvolvida por JEAN BODIN, que, no seu tratado *Les Six Livres de la Republique*, Paris, 1576, proclamava como decisivo para a legitimidade do poder do Estado o pressuposto de que o soberano nunca estivesse submetido à lei, pois que,

dogmática, esta concepção do Poder era muito perniciosa para os próprios interesses de um Monarca, que por razões óbvias, não encontraria nenhum particular disposto a iniciar uma relação contratual com uma entidade a quem nunca poderia accionar em caso de litígio e de quem nunca poderia obter uma compensação face a uma eventual lesão das suas posições subjectivas.

Por isso, ao contrário de uma submissão "altruísta" do Poder ao Direito, a Teoria do Fisco permitiu conceber as bases teóricas e dogmáticas necessárias ao exercício de um *direito de opção*, por parte do Poder, entre *i)* o recurso a instrumentos de imposição autoritária da sua vontade soberana e *ii)* o recurso a instrumentos contratualizados de prossecução do interesse público – sem que tal *direito de opção* acarretasse a perda da legitimidade do poder real ou a imunidade da "dignidade régia"[101]. De facto, através desta ficção, o Poder tinha a capacidade jurídica para solicitar a colaboração dos particulares no exercício de tarefas públicas – e, especificamente, para oferecer condições atractivas aos particulares com vista ao estabelecimento de relações contratuais que oferecessem a estes últimos garantias mínimas de respeito pelas suas posições subjectivas – sem que, com isso, se pudesse admitir que – pelo menos formalmente – o monarca tivesse sido accionado judicialmente e que o Poder absoluto pudesse ser juridicamente responsável perante os seus súbditos[102]. Em

---

pela natureza das coisas, não pode emitir-se uma lei para si próprio. Para BODIN, se o príncipe tem o poder de reformular e rejeitar as leis dos seus antecessores, por maioria de razão também terá o poder de afastar as suas próprias leis. Cfr. Livro I, Capítulo X.

[101] Cfr. MARIA DA GLÓRIA GARCIA, *Da Justiça Administrativa...*, cit., p. 156.

[102] Por isso mesmo não acompanhamos a concepção de MARIA JOÃO ESTORNINHO, que, para o efeito de proclamar a "morte" do contrato administrativo, critica veementemente a concepção de Administração contratualizada do Direito francês e, em contrapartida, louva a preocupação que os teóricos alemães sempre mostraram com a salvaguarda dos direitos dos particulares. Para a Autora, enquanto que os teóricos franceses procuravam impedir que a Administração se "comprometesse demasiadamente através da celebração de contratos com os particulares", na Alemanha "o principal problema foi sempre o de assegurar que o particular não fosse prejudicado pela celebração de contratos e que nestes fossem respeitadas as garantias anteriormente previstas de forma minuciosa para a prática dos actos administrativos que agora vinham substituir". Cfr. *Requiem pelo Contrato Administrativo*, reimpressão, Almedina, Coimbra, 2003, p. 48.

Porém, como resulta do exposto, a preocupação dos teóricos alemães era tão-somente a de encontrar um enquadramento dogmático que permitisse ao Poder prosseguir, da forma

suma, pode afirmar-se que é a necessidade de independência ou irresponsabilidade jurídica da pessoa do monarca que "empurra a doutrina a outorgar ao Fisco" a personalidade jurídica[103].

5.3 Ora, é certo que, durante o século XIX, os teóricos alemães procuraram consolidar, de forma progressiva, a ideia de que o Estado é uma pessoa jurídica una e que, nas suas relações com os particulares, aparece investido com direitos e deveres recíprocos[104]. E se, afinal, o próprio Estado soberano também se podia relacionar com os particulares, pareciam desaparecer, então, as razões para sustentar aquela ficção jurídica que concebia o Fisco como entidade juridicamente autónoma e dotada de capacidade jurídica de Direito Privado.

Porém, nem por isso esta concepção ficaria abandonada ou inutilizada; pelo contrário, a Teoria do Fisco assumiria, a partir do final da primeira metade do século passado, um papel decisivo na forma como a doutrina administrativista viria a compreender e reagir ao recurso, pelo Estado, a formas de actuação jurídico-privadas.

Com efeito, a concepção do *"Fiskus"*, que foi aproveitada, primeiro, como técnica de autonomização do património do Estado, viria, subsequentemente, a representar a base da compreensão da actuação do Estado enquanto sujeito de Direito Privado. Perfilhando o pressuposto, já aceite pelo Estado pré-constitucional, de que o interesse público pode (e deve) ser prosseguido (também) através do recurso à cooperação e à contratualização com os particulares, aquela concepção do Fisco permitiu, a partir dos anos 50 do século XX, consolidar a ideia de que, quando recorria às formas de actuação do Direito Privado, a Administração estaria dotada da mesma autonomia privada que assiste aos particulares. O mesmo é dizer que, no âmbito da actividade "fiscal", a Administração estaria imune ao Direito de privilégio que, entretanto, se submetera ao já referido processo de subjectivização e que, em consequência, já se encontrava

---

mais eficiente possível, aquele conjunto de tarefas para as quais necessitava da colaboração dos particulares, sem que, com isso, a sua legitimidade e a imagem de intangibilidade da "dignidade régia" pudessem ser afectadas.

[103] Assim, SANTAMARÍA PASTOR, *Fundamentos de Derecho Administrativo*, I, Editorial Centro de Estudios Ramón Areces, Madrid, 1988, p. 829.

[104] Cfr. ENTERRÍA/FERNÁNDEZ, *Curso...*, I, cit., p. 368.

"artilhado" com vinculações públicas para salvaguarda dos interesses dos administrados[105].

Ora, é esta circunstância que permite compreender os motivos que levaram a que as primeiras tentativas para parametrizar e delimitar o fenómeno de privatização administrativa visassem o *controlo do Direito substantivo aplicável pela Administração*. Com efeito, se com a subjectivização do Direito Administrativo se procurava a conciliação da prossecução do interesse público com as garantias dos administrados, então o recurso à concepção do Estado enquanto "*Fiskus*", que mais não era do que uma forma de atribuir à Administração a opção de actuar segundo os instrumentos de Direito Privado para uma prossecução mais eficiente do interesse público, não poderia ser usada agora como mero instrumento de fuga às vinculações jurídico-públicas que o ordenamento jurídico progressivamente lhe impôs[106].

De facto, a opção de prossecução mais eficiente do interesse público não podia transformar-se, afinal, na opção de aceitação ou rejeição das vinculações constitucionais e legais, conduzindo a um "défice de Estado de Direito"[107]. Pois, nesse caso, estaria encontrada a "forma elegante" de, sem nunca recorrer a uma conduta desconforme com o Direito, o executivo atingir a meta de construir um "espaço de livre arbítrio" para o exercício do poder administrativo[108].

5.4 Reconhecendo que o recurso ao "*Fiskus*" tanto podia consubstanciar um instrumento (positivo) de potenciação da eficácia administrativa como um instrumento (negativo) de fuga às vinculações jurídico-públicas, a doutrina admitiu que o controlo da "fuga para o Direito privado" não podia passar pela resposta *radical* de proibição pura e simples da liberdade de escolha entre uma actividade administrativa e uma actividade "fiscal"[109].

---

[105] Neste sentido, cfr. SÉRVULO CORREIA, *Legalidade...*, cit., p. 388, nota 99.

[106] Cfr. INGO VON MÜNCH/DIRK EHLERS, "Verwaltung und Verwaltungsrecht im democrtischen und sozialen Rechtsstaat", *in* HANS-UWE ERICHSEN/WOLFGANG MARTENS (org.), *Allgemeines Verwaltungsrecht*, 9.ª edição, Berlin/New York, 1992, pp. 1 ss.

[107] Assim, ROLF STOBER, "Die Privatrechtlich...", cit., pp. 453 e 454.

[108] V. FRITZ OSSENBÜHL, "Daseinsvorsorge und Verwaltungsprivatrecht", in *Die Öffentliche Verwaltung*, Stuttgart, 1971, pp. 513 ss.

[109] Cfr. DIRK EHLERS, "Rechtsstaatliche und prozessuale Probleme des Verwaltungsprivatrecht", in *Deutsches Verwaltungsblatt*, Carl Heymanns, Köln/Berlin, 1983, pp. 430 ss.

Antes, a resposta moderada e equilibrada face às necessidades de conciliação dos interesses públicos e privados teria de consistir na criação de uma liberdade de escolha parcialmente vinculada pela obrigação de "publicizar" ou "administrativizar" o Direito Privado aplicado pelo "Fisco", conformando a actividade "fiscal" através da aplicação de determinadas normas gerais de Direito Público[110].

Nesta medida, a primeira grande solução para o controlo da privatização administrativa consistiu na criação de um "Direito Privado Administrativo" (*Verwaltungsprivatrecht*), pelo qual, admitindo-se que a Administração mantém aquela liberdade de escolha entre o recurso a instrumentos jurídico-públicos ou jurídico-privados para a prossecução das tarefas públicas que lhe estão atribuídas, tal opção acarreta a aplicação de normas gerais de Direito Público que, independentemente do instrumento escolhido, sempre conformarão a actividade administrativa[111].

A "descoberta" do "Direito Privado Administrativo" que, pelos vistos, terá sido realizada em simultâneo por HANS WOLFF e WOLFGANG SIEBERT[112], acabaria por levar a doutrina a propugnar a distinção entre:

i) A até então conhecida "actividade fiscal", no âmbito da qual a Administração recorre aos instrumentos de Direito Privado nas mesmas condições e circunstâncias que qualquer particular faria – caso em que, precisamente por não prosseguir qualquer tarefa administrativa, a Administração também está sujeita ao mesmo Direito a que qualquer particular se deveria submeter; e

ii) A actividade submetida ao "Direito Privado Administrativo", na qual a opção de recurso aos instrumentos de Direito Privado é um simples meio de prosseguir de forma mais eficiente as tarefas públicas que lhe estão atribuídas[113].

Por outras palavras, conforme sustenta GIANNINI, aceitando-se a regra de que a Administração Pública pode utilizar instrumentos privados para a prossecução dos interesses públicos, poderia tal fenómeno privatizador

---

[110] *Idem, ibidem*, p. 422.

[111] Cfr. SÉRVULO CORREIA, *Legalidade*..., cit., p. 389, nota 99; SANTIAGO GONZÁLEZ--VARAS IBÁÑEZ, *El Derecho Administrativo Privado*, Montecorvo, Madrid, 1996, pp. 103 ss.

[112] V., neste sentido, a análise histórica de MARIA JOÃO ESTORNINHO, *A Fuga...*, cit., pp. 121 ss.

[113] Cfr. SÉRVULO CORREIA, *Legalidade*..., cit., pp. 389 e 390, nota 99.

dividir-se entre os casos de "actividade administrativa de Direito Privado", nos quais a Administração continuaria a prosseguir o interesse público, mesmo recorrendo a formas privadas, e os casos de "actividade privada da Administração", nos quais a Administração recorreria ao Direito Privado para exercer os fins próprios de qualquer particular[114].

Esta distinção permitiria manter o controlo da fuga para o Direito Privado no estrito âmbito daquilo que seria exigido pelas necessidades de protecção dos administrados; isto é, a publicização do Direito Privado aplicado pela Administração teria lugar apenas quando, por estar ainda em causa a prossecução material de tarefas administrativas, tal actuação jus-privatística pudesse constituir um meio de fuga às vinculações públicas.

Poderia afirmar-se, pois, que a Administração Pública tinha a capacidade jurídica para, em abstracto, recorrer a três grandes formas de actuação e de relacionamento com os administrados:

i) Prossecução de tarefas materialmente administrativas através do recurso ao seu Direito de privilégio, optando pela utilização dos instrumentos de Direito Administrativo e, em consequência, aceitando a plenitude das vinculações jurídico-públicas;
ii) Prossecução de tarefas materialmente administrativas através do recurso a instrumentos de Direito Privado, o que despoletaria a aplicação do "Direito Privado Administrativo"; e
iii) Recurso a instrumentos de Direito Privado para actuação no mercado nas mesmas condições e circunstâncias que os demais particulares – isto é, no exercício da sua actividade "fiscal" –, pelo que, não estando em causa a prossecução de tarefas materialmente administrativas, tal actividade seria estritamente regulada pelo Direito Privado[115].

---

[114] O Autor segue, neste âmbito, a doutrina introduzida na Itália por AMORTH. Cfr. MASSIMO GIANNINI, *Istituzioni di Diritto Amministrativo*, Giuffrè Editore, Milano, 1981, pp. 460 e 461; *Diritto Amministrativo*, II, 2.ª edição, Giuffrè Editore, Milano, 1988, pp. 777-779.

[115] Para um dos criadores do "Direito Privado Administrativo" (SIEBERT), a actuação administrativa até poderia, com maior rigor, ser dividida em cinco grandes domínios: *i)* aplicação normal do Direito Privado, entre privados; *ii)* actividade fiscal que, embora subordinada ao Direito Privado, ainda poderia reconhecer alguns privilégios do Fisco; *iii)* aplicação do Direito Privado Administrativo através do recurso ao Direito Privado para a prossecução de tarefas materialmente administrativas, na qual a prossecução do interesse

5.5 Este primeiro instrumento de limitação à fuga para o Direito Privado continha em si mesmo, porém, uma contradição insanável quanto ao alcance que oferecia ao "Direito Privado Administrativo". Efectivamente, a distinção entre a actividade administrativa submetida ao "Direito Privado Administrativo" e a actividade "fiscal" da Administração pressupunha, como se viu, uma outra distinção prévia: a identificação dos casos em que a Administração recorria ao Direito Privado como instrumento de prossecução do interesse público e aqueloutros em que recorria ao Direito Privado para a prossecução de fins idênticos aos dos particulares, sem exercer, então, qualquer tarefa administrativa[116].

Feita esta distinção, só faltaria identificar, afinal, quais os casos em que a Administração actua sem que os seus fins tenham sido predeterminados por uma norma de natureza jurídico-pública e sem que o interesse público presida à sua actuação. Isto é, seria necessário vislumbrar um conjunto de actividades (mesmo que em casos meramente pontuais) nas quais a Administração actuasse exactamente nos mesmos moldes e nas mesmas condições em que qualquer particular actuaria, fazendo seus os fins prosseguidos pelos particulares no âmbito da sua liberdade e autonomia da vontade.

Ora, é precisamente essa tarefa que concebemos como impossível: o princípio da prossecução do interesse público – que a Constituição portuguesa também acolheu no seu artigo 266.º–, pode ser qualificado como o "norte da Administração Pública"[117], ou o seu "princípio motor", posto que ela "actua, move-se, funciona para prosseguir o interesse público. O interesse público é o seu único fim"[118]. Na verdade, este é um "imperativo indissociavelmente ligado à lógica do fenómeno estadual", o qual impõe que o "perfil" (e os instrumentos) da actividade administrativa seja irrelevante para o efeito de dispensar a Administração de prosseguir um fim público em qualquer das suas manifestações e de garantir a

---

público implicaria, só por si, um "efeito modificador" nas relações jurídico-privadas; *iv)* Administração soberana, mas não autoritária; e *v)* Administração soberana e autoritária. Cit. *in* MARIA JOÃO ESTORNINHO, *A Fuga...*, pp. 123 e 124.

[116] Assim, GIANNINI, *Diritto...*, cit., p. 777.

[117] Cfr. MARCELO REBELO DE SOUSA/ANDRÉ SALGADO DE MATOS, *Direito Administrativo Geral*, I, 2.ª edição, Dom Quixote, Lisboa, 2006, p. 205.

[118] Assim, FREITAS DO AMARAL, *Curso de Direito Administrativo*, II, 4.ª reimpressão, Almedina, Coimbra, 2004, p. 33.

"observância de um fim positivamente determinado pelo Ordenamento Jurídico"[119].

Logo, mesmo quando estabelece relações contratuais com os particulares para satisfazer necessidades da sua gestão corrente, em nenhum caso se admitirá que os fins então prosseguidos são idênticos aos fins dos particulares, pois que a Administração nunca actua para a satisfação de fins livremente seleccionados para o desenvolvimento autónomo da sua personalidade e para a valorização de uma dignidade individual própria. Significa isso, portanto, que, conforme WOLFF/BACHOF/STOBER, mesmo quando recorre ao Direito Privado, a Administração não está em posição de igualdade com os demais sujeitos privados, uma vez que, também aí, ela é "Administração Pública", servindo "interesses comuns de todos os membros da colectividade"[120]; não pode, em consequência, estar sujeita a uma actividade "fiscal" puramente privada e livre de qualquer vinculação jurídico-pública[121].

5.6 Na verdade, o clássico equívoco quanto ao âmbito de aplicação do Direito Privado "publicizado" e quanto à (pretensa) existência de uma actividade "fiscal" livre de quaisquer vinculações jurídico-públicas é indissociável do alcance atribuído a uma eventual *autonomia privada* das pessoas colectivas de Direito Público.

Com efeito, muitos dos Autores que, como GIANNINI, sustentam a possibilidade de a Administração prosseguir fins idênticos aos dos particulares e de, como mera consequência lógica disso, aplicar o mesmo Direito Privado "puro" que os particulares aplicam[122], admitem que a actuação ao abrigo de normas de Direito Privado resulta da plena capacidade de direito privado de que as entidades públicas também gozam[123]. A sua "autonomia privada plena" consistiria, assim, numa capacidade jurídica plena para auto-regulamentar a sua esfera jurídica através do recurso aos mecanismos que o Direito Privado lhes proporciona[124].

---

[119] Cfr. SÉRVULO CORREIA, *Legalidade...*, cit., pp. 591 e 592.
[120] Cfr. WOLFF/BACHOF/STOBER, *Direito Administrativo*, I, cit., p. 306.
[121] V. DIRK EHLERS, "Rechtsstaatliche...", cit., p. 424.
[122] Cfr. GIANNINI, *Istituzioni...*, cit., p. 460; *Idem, Diritto...*, cit., p. 777.
[123] Cfr. GIANNINI, *Diritto...*, cit., pp. 496 ss.
[124] Cfr. GUIDO GRECO, *I Contrati dell'Amministrazione tra Diritto Pubblico e Privatto – I Contratti ad Evidenza Pubblica*, Giuffrè Editore, Milano, 1986, pp. 24 ss.

Ora, tal como a doutrina pacificamente tem reconhecido, a autonomia privada[125] corresponde a uma liberdade genérica na selecção dos fins que permitem a realização individual de cada pessoa humana como ser livre e digno. Para o livre desenvolvimento da personalidade de cada ser humano, a ordem jurídica atribui um "espaço de liberdade jurígena" pela "permissão genérica de produção de efeitos jurídicos"[126], concedendo à vontade individual o papel de auto-ordenação da vida social privada[127], ou de "autogoverno da sua esfera jurídica"[128], pois que o Estado não se lhe pode substituir na determinação dos fins que garantem a realização de cada pessoa humana – mesmo para impor o que aos seus órgãos se afigura ser a melhor opção para o próprio bem de cada indivíduo[129].

Pode dizer-se, na verdade, que à liberdade inerente ao ser humano e à dignidade individual de cada pessoa subjaz uma margem de *arbitrariedade*[130]; a autonomia pessoal inclui um "núcleo irredutível"[131] que protege uma "liberdade emocional", a qual se consubstancia, também, num direito de ser irracional, ilógico ou arbitrário[132]. É essa autonomia "arbitrária" privada, enquanto decorrência do personalismo ético[133], que permite a cada ser humano desenvolver livremente um projecto de vida sem

---

[125] Enquanto **auto**-fixação da disciplina (**nomos**) jurídica vinculativa dos interesses de cada ser humano. V. ANTUNES VARELA, *Das Obrigações em Geral*, I, 10.ª edição, 4.ª reimpressão, Almedina, Coimbra, 1998, p. 232; LUIGI FERRI, *La Autonomia Privada*, Madrid, 1969, pp. 12 ss.

[126] V. MENEZES CORDEIRO, *Tratado de Direito Civil Português*, Parte I, Tomo I, 3.ª edição, Almedina, Coimbra, 1999, p. 392.

[127] Cfr. CARVALHO FERNANDES, *Teoria Geral do Direito Civil*, I, 4.ª edição, Universidade Católica Editora, Lisboa, 2007, p. 90.

[128] Assim, CARLOS ALBERTO DA MOTA PINTO, *Teoria Geral do Direito Civil*, 4.ª edição, Coimbra Editora, Coimbra, 2005.

[129] V. OLIVEIRA ASCENSÃO, *Direito Civil – Teoria Geral*, I, 2.ª edição, Coimbra Editora, Coimbra, 2000, pp. 13 e 14.

[130] V. VIEIRA DE ANDRADE, *Os Direitos Fundamentais...*, cit., p. 277;

[131] Cfr. GOMES CANOTILHO, *Direito Constitucional e Teoria da Constituição*, 7.ª edição, Almedina, Coimbra, 2003, p. 1293.

[132] Naturalmente, isso não prejudica os limites colocados à arbitrariedade privada e que se destinam a impedir discriminações que atinjam intoleravelmente a dignidade humana dos afectados por tal arbitrariedade. Assim, v. VIEIRA DE ANDRADE, *Os Direitos Fundamentais...*, cit., p. 278; GOMES CANOTILHO, *Direito Constitucional...*, cit., p. 1294.

[133] Neste sentido, cfr. PEDRO PAIS DE VASCONCELOS, *Teoria Geral do Direito Civil*, 4.ª edição, Almedina, Coimbra, 2007, pp. 11-14.

abdicar da sua espontaneidade na realização dos fins pessoais que livremente elegeu.

Mas é justamente essa autonomia privada que a Administração não dispõe. Conforme sublinha RHINOW, não se pode reconhecer à Administração uma "autonomia" para o exercício daquela "arbitrariedade" privada; mesmo quando varia nos instrumentos (públicos ou privados) de prossecução dos seus fins, aquilo que é prosseguido é sempre um particular interesse público legalmente definido ou admitido[134]. É que, como é óbvio, o recurso a instrumentos jusprivatísticos pela Administração não consubstancia o exercício de um "núcleo irredutível" de "autonomia pessoal" para o livre desenvolvimento da personalidade individual[135].

Como afirmam, de forma bem expressiva, GARCÍA DE ENTERRÍA/ /TOMÁS-RAMÓN FERNÁNDEZ, a arbitrariedade ínsita à autonomia privada é tão grande que qualquer particular pode, querendo, delapidar o seu património, usá-lo para favorecer os seus amigos, assumir os riscos que bem entender e seleccionar livremente as pessoas com quem pretende contratar; já o Estado não o pode fazer porque está impedido de actuar arbitrariamente, porque tem a obrigação de promover a liberdade e a igualdade, porque está vinculado aos direitos fundamentais, porque tem limitações orçamentais e está submetido ao Tribunal de Contas, porque maneja os fundos que são dos contribuintes e não dele próprio, porque tem de actuar objectiva e imparcialmente e porque tem de submeter-se ao controlo judicial[136].

Logo, mesmo na "actividade fiscal", os fins prosseguidos pela Administração integram-se na satisfação de necessidades colectivas, e não na prossecução dos fins individuais da entidade que recorre a instrumentos jusprivatísticos. Como sublinha ALBERTO ROMANO, a autonomia que o ordenamento reconhece à Administração é *intrinsecamente finalística*: a sua concessão depende de uma vinculação finalística à prossecução de interesses colectivos, e é nisso que consiste a sua justificação jurídica[137] –

---

[134] Cfr. RENÉ RHINOW, "Verfügung, Verwaltungsvertrag und privatrechtlicher Vertrag – Zur Problematik der administrativen Handlungsformen", in *Festgabe zum Basle Juristentag*, 1985, p. 320.

[135] Cfr. WALTER MALLMANN, "Schranken nichthoheitlicher Verwaltung", *VVDStRL*, 1961, pp. 173 ss.

[136] Cfr. ENTERRÍA/FERNÁNDEZ, *Curso...*, I, cit., p. 406.

[137] Cfr. ALBERTO ROMANO, "Diritto Amministrativo – Introduzione", in MAZZAROLLI/ /PERICU/ROMANO/ROVERSI MONACO/SCOCA (org.), *Diritto Amministrativo*, I, 4.ª edição, Monduzzi Editore, Bologna, 2005, pp. 9 e 10.

o que implica a inexistência de qualquer fronteira entre o Direito Privado da Administração e o Direito Privado da "Administração Fiscal" e, em consequência, qualquer barreira à publicização de todos e cada um dos aspectos do regime de Direito Privado aplicado pela Administração.

5.7 De resto, urge notar que, mesmo quem admite, hoje, a autonomia privada da Administração Pública, também reconhece, em contrapartida, que a ordem constitucional limita o seu alcance para salvaguardar a publicização do Direito Privado da Administração, pelo que o apelo à autonomia privada administrativa como fundamento da subtracção às vinculações jurídico-públicas não poderia corresponder a mais do que um grave equívoco.

Efectivamente, o "conceito depurado de autonomia privada" foi evoluindo, ao longo das últimas décadas, no sentido de uma progressiva restrição da liberdade pessoal através das vinculações impostas pela ordem jurídica[138]. No estágio final dessa evolução, pode afirmar-se que a autonomia privada corresponde agora a "uma esfera de licitude em cujo âmbito a actuação do sujeito não sofre predeterminação normativa"[139].

Esta evolução permitiu que alguns Autores passassem a sustentar que, destinando-se a autonomia privada a presidir a um tráfego jurídico predominantemente participado por seres humanos e por pessoas colectivas privadas que realizam os fins específicos dos seres humanos, tal autonomia pode beneficiar qualquer entidade administrativa que, por alguma razão, deva tomar parte nesse tráfego.

Por outras palavras, conforme sublinha SÉRVULO CORREIA, ainda que a autonomia privada fosse concebida como resposta a postulados filosóficos inaplicáveis a entidades públicas sujeitas ao princípio da legalidade administrativa, tais entidades podem deparar-se com princípios que, não tendo sido elaborados para reger a sua actuação, destinam-se a presidir relações jurídicas nas quais a Administração participa. E para que a Administração recorra a instrumentos de Direito Privado, não é necessário que os seus fundamentos sejam dirigidos a quem exerça o papel de portador de interesses colectivos; só é necessário que as "virtualidades técnico-jurídicas" dos institutos de Direito Privado possam ser postas ao serviço das

---

[138] Cfr. MARIA JOÃO ESTORNINHO, *A Fuga...*, cit. p. 212.
[139] Cfr. SÉRVULO CORREIA, *Legalidade...*, cit., p. 528.

atribuições das entidades públicas e não choquem com os princípios especificamente aplicáveis a tais entidades[140].

Contudo, nem mesmo tal autonomia privada *instrumentalmente* usada pela Administração Pública serve de barreira à publicização do Direito Privado por ela aplicado. Com efeito, mesmo quem sustenta a existência de uma margem de autonomia privada da Administração Pública também reconhece que tal espaço de licitude se concilia, adapta e harmoniza com o princípio da legalidade administrativa – aceitando então, na prática, a mesma conclusão que Autores como BACHOF ou RHINOW haviam alcançado quando advertiam que, ainda que se recorra a instrumentos jusprivatísticos, a autonomia administrativa é incomparavelmente mais restrita do que a autonomia típica do tráfego jurídico privado e que, portanto, tão-pouco a "actividade fiscal" está isenta das vinculações jurídico-públicas.

Por exemplo, embora admitindo que os postulados filosóficos (inaplicáveis à Administração) em que assenta a autonomia privada não obstam ao reconhecimento (instrumental) deste "espaço de liberdade jurígena" às entidades públicas, é um dado adquirido, para SÉRVULO CORREIA, que a produção de efeitos jurídico-privados em relações jurídicas na qual a Administração é parte *nunca, em caso algum*, pode afastar a aplicação do princípio da legalidade administrativa. Mesmo quando atinge o seu "grau mais difuso" no âmbito da autonomia privada, o *indirizzo* político nunca pode desaparecer da actividade administrativa – o que equivale a dizer que, mesmo quando a publicização do Direito Privado se encontra no seu grau mais incipiente, ela é um fenómeno inescapável para a Administração Pública[141].

Para SÉRVULO CORREIA, o elo de ligação entre a legalidade administrativa e a autonomia privada consiste no *princípio da especialidade*. Na verdade, não plasmando a capacidade jurídica das pessoas colectivas nos mesmos moldes da capacidade das pessoas singulares, o legislador substitui o princípio da capacidade de gozo genérica pelo princípio da capacidade jurídica específica[142]. Sendo a personalidade colectiva um "mecanismo aparelhado pela ordem jurídica para mais fácil e mais eficaz realização de certos interesses"[143], a capacidade jurídica das pessoas co-

---

[140] Cfr., com maior desenvolvimento, SÉRVULO CORREIA, *Legalidade*..., cit., pp. 528 e 529.
[141] SÉRVULO CORREIA, *Legalidade*..., cit., p. 529.
[142] SÉRVULO CORREIA, *Legalidade*..., cit, pp. 522 e 523.
[143] Cfr. MOTA PINTO, *Teoria Geral*..., cit., p. 319.

lectivas é limitada aos "direitos e obrigações necessários ou convenientes à prossecução dos seus fins"[144]; daí resulta a nulidade dos negócios que as pessoas colectivas celebrem fora do seu objecto social – o que inclui os negócios jurídico-privados que as entidades públicas celebrem fora das suas atribuições[145].

É certo que a doutrina civilista mais recente vem restringindo drasticamente o âmbito de aplicação e a relevância do princípio da especialidade. Para MENEZES CORDEIRO, este princípio perdeu os dois pilares históricos em que assentava: a doutrina *ultra vires* e as restrições à aquisição de bens por instituições religiosas. Depois de esses dois pilares se diluírem por razões históricas, poderia concluir-se hoje que o princípio da especialidade "não restringe a capacidade das pessoas colectivas"[146], ou que, admitindo a lei todas as situações jurídicas convenientes à prossecução dos fins da pessoa, praticamente tudo passa a ser possível[147]. Logo, de tal princípio não resulta, à partida, qualquer inibição da titularidade de situações ou posições jurídicas típicas[148].

Porém, mesmo com um tão atenuado alcance conferido ao princípio da especialidade, do qual resulta uma maior amplitude da capacidade jurídica das pessoas colectivas[149], a demarcação negativa pela ordem jurídica da esfera de licitude em que as pessoas colectivas se movem[150] continua a ser decisiva sempre que tais pessoas são dotadas de uma natureza jurídico--pública.

Com efeito, falta às pessoas colectivas o "fundamento ético-ontológico" da personalidade singular; não sendo pessoas em sentido ontológico, tais criações jurídicas carecem da "dignidade fundante do próprio Direito"[151], pelo que é o respectivo fim social que orienta a sua "vida" e que "torna compreensíveis e juridicamente valoráveis as suas acções"[152].

---

[144] Cfr. n.º 1 do artigo 160.º do Código Civil.
[145] É o que impõe a regra geral de nulidade constante do artigo 294.º do Código Civil.
[146] Para mais desenvolvimentos, v. MENEZES CORDEIRO, *Tratado de Direito Civil Português*, Parte I, Tomo III, 2.ª edição, 2007, pp. 646 ss.
[147] Assim, OLIVEIRA ASCENSÃO, *Direito Civil...*, cit., p. 263.
[148] Neste sentido, cfr. PAIS DE VASCONCELOS, *Teoria Geral...*, cit., pp. 159 ss.
[149] Cfr. CARVALHO FERNANDES, *Teoria Geral...*, cit., p. 582.
[150] Cfr. SÉRVULO CORREIA, *Legalidade...*, cit., p. 526.
[151] Cfr. PAIS DE VASCONCELOS, *Teoria Geral...*, cit., pp. 154 ss.
[152] *Idem*, ib*idem*.

Sendo assim, mesmo quando a pessoa colectiva pública – cuja existência só é "compreensível e juridicamente valorável" pela satisfação de necessidades colectivas – recorre ao tráfego jurídico-privado presidido pelo princípio da autonomia privada, e quando, em consequência, "o *indirizzo* político atinge o grau mais difuso que lhe é consentido", a publicização da "Administração privada" não é extinta. Pois, através da delimitação das suas atribuições, o legislador "imprime ainda uma direcção" à sua actividade privada, visto que os seus negócios privados serão nulos se "saírem fora do âmbito dos escopos institucionais legalmente fixados"[153].

Por conseguinte, quando a Administração exerce os fins classicamente integrados no "*Fiskus*" e abandona o âmbito da autonomia pública, não é ao legislador que cabe a escolha do fim do acto; mas, mesmo então, a sua actividade "fiscal" só é válida quando prossegue um de entre vários fins enunciados pelo legislador. Em suma, mesmo admitindo o exercício de actividade administrativa num espaço de liberdade jurígena presidido pelo princípio da autonomia privada, a Administração "*só pode fazer aquilo que a lei lhe permite* porque a capacidade de direito privado e a legitimidade substantiva" são a soma do princípio da especialidade e das normas que fixam as respectivas atribuições; por outro lado, "*pode fazer tudo o que a lei não lhe proíbe* porque tem liberdade de escolha entre os fins legais dos seus negócios privados"[154].

Deve concluir-se, pois, que, mesmo quando a Administração recorre ao Direito Privado, não existe uma actividade "fiscal" puramente privada que seja imune à publicização dos respectivos instrumentos jusprivatísticos. Não se vislumbra, em especial, qualquer separação entre os casos em que o Direito Privado é um instrumento de prossecução do interesse público e os casos em que o Direito Privado é um instrumento de prossecução pela Administração de fins idênticos aos dos particulares[155]; a Administração nunca está, em nenhuma circunstância, em posição de igualdade com os demais sujeitos privados e não pode, portanto, estar sujeita a uma actividade "fiscal" puramente privada e livre de qualquer vinculação jurídico-pública[156].

---

[153] V. SÉRVULO CORREIA, *Legalidade*..., cit., pp. 529 e 530.
[154] *Idem, ibidem*, pp. 531 e 532.
[155] Separação propugnada por GIANNINI, *Diritto*..., cit., p. 777.
[156] Neste sentido, cfr. HARTMUT MAURER, *Droit*..., cit., p. 27.

§ 6.º OS INSTRUMENTOS CONCRETOS DE PUBLICIZAÇÃO DO DIREITO PRIVADO ADMINISTRATIVO

6.1 A evolução histórica que permitiu ultrapassar a (dura) resistência à gradual publicização do Direito Privado Administrativo pode ser perfeitamente ilustrada com o principal instrumento de submissão da actividade "fiscal" às vinculações jurídico-públicas, a saber, a *jusfundamentalização* dos parâmetros de vinculação dos instrumentos privatísticos utilizados pela Administração.

Foi, efectivamente, para alcançar o efeito de submissão da Administração aos direitos fundamentais que a doutrina mais acentuou a já referida separação entre o Direito Privado Administrativo e a actividade "fiscal". Partindo do princípio de que a publicização do Direito Privado da Administração só teria sentido quando o fim da respectiva actividade fosse materialmente administrativo, contestava-se a vinculação administrativa aos direitos fundamentais quando as entidades públicas fizessem seus os fins próprios dos particulares. Neste último caso, seria contraditório que a permissão de participação no tráfego jurídico-privado fosse acompanhada da proibição de aplicação pura das regras que presidem esse tráfego, pelo que os direitos fundamentais deviam, quando muito, ter uma relevância reduzida na actividade "fiscal"[157].

Na verdade, este problema passou a resultar, também, da alteração da redacção do n.º 3 do artigo 1.º da *Grundgesetz*, ocorrida em 1956, o qual passou a impor a aplicação directa dos direitos fundamentais por parte dos *Poderes Legislativo, Executivo e Judicial* (deixando de se referir expressamente à aplicação dos direitos fundamentais por parte da "Administração"). Com esta fórmula (aparentemente) tão abrangente, o legislador constituinte acabou justamente por ir de encontro às teses clássicas que

---

[157] Cfr., neste sentido, FRITZ OSSENBÜHL, "Daseinsvorge...", cit., p. 520.

distinguiam *i)* as actividades administrativas de exercício autoritário do *"Poder Executivo", ii)* as actividades administrativas privadas de satisfação de necessidades colectivas e *iii)* as actividades de satisfação dos fins privados da Administração. Colocava-se, pois, a dúvida quanto à amplitude do conceito de *"Poder Executivo"* utilizado pela *Grundgesetz*, da qual dependeria o alcance da aplicabilidade dos direitos fundamentais à actividade administrativa.

Esta redacção implicou que parte da doutrina passasse a sustentar um conceito lato de *"Poder Executivo"*[158], no qual se enquadra toda a actividade administrativa, independentemente das formas jurídicas públicas ou privadas a que instrumentalmente a Administração recorra. Alegava-se, para esse efeito, que a menção expressa aos *Poderes Legislativo, Executivo e Judicial* resultaria de uma imposição (ou até de um expediente linguístico) da separação de poderes, sem que, com isso, o legislador constituinte pretendesse subtrair parte da actividade administrativa à obrigação de satisfação dos direitos fundamentais[159], sob pena de formação de uma "reserva de actividade estadual" imune à Constituição[160]. Aquela disposição constitucional valeria, em suma, para cada uma das actuações públicas e privadas de cada um dos poderes públicos[161].

6.2 No caso da Constituição portuguesa, deve ter-se em conta que, visando um alcance inquestionavelmente mais amplo e praticamente sem paralelo noutras Constituições[162], a redacção do n.º 1 do artigo 18.º só *aparentemente* resolve este problema. Efectivamente, o legislador constituinte português pretendeu adoptar a fórmula literal mais abrangente possível para a aplicação dos Direitos, Liberdades e Garantias – tão ampla que não exclui ninguém da sua aplicação, ao proclamar a vinculação de todas as entidades públicas e privadas. E, segundo o entendimento pacífico da doutrina, com isso estaria prejudicada, *por maioria de razão*, a questão da aplicabilidade dos direitos fundamentais con-

---

[158] Neste sentido, cfr. DIRK EHLERS, "Rechsstaatliche...", cit., p. 424.

[159] Cfr. INGO VON MÜNCH/DIRK EHLERS, "Verwaltung...", cit., p. 81.

[160] Cfr. KONRAD HESSE, *Grundzüge des Verfassungsrechts der Bundesrepublik Deutschland*, 20.ª edição, C.F.Müller, Heidelberg, 1995, p. 145.

[161] Cfr. DIRK EHLERS, "Rechsstaatliche...", cit., p. 425; HARTMUT MAURER, *Droit...*, cit., pp. 27 e 42.

[162] Cfr. JORGE MIRANDA, *Manual...*, IV, cit., p. 322.

soante o recurso a formas públicas ou privadas de actuação administrativa[163].

Contudo, a questão em análise não fica resolvida por esta pretensão abrangente da letra do referido preceito constitucional. Na verdade, o mero recurso ao *princípio da aplicabilidade subjectiva plena* dos direitos fundamentais deixa por responder a questão sobre *em que termos* a Administração se encontra vinculada pelos direitos fundamentais quando recorre a instrumentos jusprivatísticos.

Com efeito, a fórmula literal adoptada pela Constituição portuguesa, pretendendo salvaguardar a tese da *eficácia imediata* dos direitos fundamentais[164], é tão ampla que força os próprios defensores daquela tese a "frustrar" a sua "ambição programática" através do reconhecimento de uma "eficácia atenuada" e de uma "compreensão flexível"[165]. Recorrendo a uma "adequação axiológica" e "funcional"[166], reconhece-se como "irredutível" a diferença entre "posições e modos de agir" das entidades públicas e privadas[167]. Mais: temendo uma "perversão da ordem jurídica civil através da hipertrofia de direitos", proclama-se que os direitos fundamentais "não podem aspirar a uma força conformadora de relações privadas, dado que isso significaria um confisco substancial da autonomia pessoal"[168].

Mas era justamente com o propósito de determinar qual a disciplina "conformadora de relações privadas" que se pretendia averiguar até que ponto os direitos fundamentais poderiam vincular a actividade administrativa no âmbito do tráfego jurídico-privado... Pelo que, para este efeito, não pode ser satisfatória a simples asserção de que a Constituição portuguesa proclama a vinculação aos direitos fundamentais por parte das entidades públicas e privadas.

---

[163] Cfr. GOMES CANOTILHO, *Direito Constitucional...*, cit., p. 442; GOMES CANOTILHO/ /VITAL MOREIRA, *Constituição...*, cit., pp. 384-388; JORGE MIRANDA, *Manual...*, IV, cit., pp. 316 e 317; MARIA JOÃO ESTORNINHO, *A Fuga...*, cit., p. 233; PEDRO GONÇALVES, *Entidades...*, cit., p. 1039.

[164] Cfr. GOMES CANOTILHO/VITAL MOREIRA, *Constituição...*, cit., pp. 384 e 385.

[165] Assim, JORGE REIS NOVAIS, *Direitos Fundamentais – Trunfos Contra a Maioria*, Coimbra Editora, Coimbra, 2006, pp. 90 e 91.

[166] Cfr. MENEZES CORDEIRO, *Tratado...*, I, cit., p. 163.

[167] Cfr. JORGE MIRANDA, *Manual...*, IV, cit., pp. 323 e 324.

[168] Assim, GOMES CANOTILHO, *Direito Constitucional...*, cit., pp. 1289 e 1293.

6.3 Assim, a determinação do alcance dos direitos fundamentais na actuação administrativa privada deve partir do princípio de que aquela "eficácia atenuada" que o sistema de direitos fundamentais recebe nas relações inter-privadas compreende-se e assenta na resolução do conflito entre duas dimensões da liberdade e da dignidade humana.

Com efeito, a liberdade inerente à dignidade da pessoa humana compreende o poder de disposição e de auto-determinação de cada indivíduo[169]. Ademais, quando a Constituição reconhece posições subjectivas fundamentais, pretende proteger um espaço de liberdade e autodeterminação para o aproveitamento de bens jurídicos afectados ao objectivo de preservação e valorização da dignidade da pessoa humana[170].

Ora, a autonomia pessoal que preside às relações inter-privadas destina-se justamente a garantir a liberdade e a autodeterminação que permite a cada indivíduo desenvolver livremente a sua personalidade e auto-governar a sua esfera jurídica para atingir os fins que se propõe prosseguir. De resto, é esse motivo que, como se referiu, atribui a cada ser humano o direito de ser irracional, ilógico ou arbitrário[171] e sustenta uma liberdade emocional para o desenvolvimento espontâneo de um projecto de vida próprio de um ser que é, em simultâneo, tanto racional como emocional[172].

Como é evidente, este conflito entre duas facetas da dignidade humana – a razão justificativa para a "eficácia atenuada" dos direitos fundamentais – é inexistente no tocante às entidades públicas. Como se demonstrou, ainda que se lhes admita uma *autonomia privada instrumental* para participação no tráfego jurídico-privado, é absolutamente seguro que às entidades administrativas não assiste o "fundamento ético-ontológico"[173] no qual assenta a "arbitrariedade" privada para o efeito de salvaguardar um "núcleo irredutível" de "autonomia pessoal" para o livre desenvolvimento da personalidade individual.

E se o conflito entre diferentes vertentes da dignidade humana inexiste quando os instrumentos privados são utilizados pela Administração, também desaparece, em consequência, a necessidade (e a possibilidade

---

[169] Neste sentido, cfr. VIEIRA DE ANDRADE, *Os Direitos Fundamentais*..., cit., p. 260.

[170] Cfr. SÉRVULO CORREIA, *Direitos Fundamentais – Sumários*, Lisboa, 2002, pp. 72 e 73.

[171] Cfr. ENTERRÍA/FERNÁNDEZ, *Curso*..., I, cit., p. 406.

[172] Cfr. VIEIRA DE ANDRADE, *Os Direitos Fundamentais*..., cit., p. 260.

[173] Cfr. PAIS DE VASCONCELOS, *Teoria Geral*..., cit., pp. 154 ss.

jurídica) de ponderação entre as dimensões da liberdade; nada existe que possa ser ponderado com o princípio de eficácia imediata dos direitos fundamentais quando os destinatários de tais direitos sejam as entidades públicas[174].

Deve concluir-se, pois, que, *para o efeito de aplicação dos direitos fundamentais à actividade da Administração Pública, é irrelevante a natureza jurídico-formal das entidades administrativas e os respectivos instrumentos de actuação seleccionados em cada caso; a todas as manifestações do fenómeno estatal é aplicável o princípio de eficácia imediata dos direitos fundamentais.* É nesse sentido que se deve interpretar a consagração constitucional do princípio do respeito pelos direitos e interesses legalmente protegidos dos cidadãos e do princípio da constitucionalidade para a actuação da "*Administração Pública*", isto é, para a actividade administrativa em cada uma das suas possíveis manifestações e modalidades[175].

6.4 A consolidação desta concepção unitária de um Direito Privado Administrativo tem permitido, mais recentemente, afastar as críticas quanto a uma aplicação "esquemática" e "desmesurada" dos direitos fundamentais a todas as actuações administrativas e, em especial, aos casos

---

[174] Quanto ao cenário oposto – isto é, no caso de actuação de entidades que são, de facto, privadas, mas que prosseguem, em âmbitos determinados, necessidades colectivas – PEDRO GONÇALVES sustenta que, também aí, o eventual conflito de direitos fundamentais entre entidades privadas deixa de existir, porquanto tais entidades não actuam, em tal cenário, legitimadas pelos direitos fundamentais no desenvolvimento da sua actividade privada, mas sim pelo título jurídico-público que lhes confia o desempenho de missões públicas.

É verdade que, à partida, o estatuto duplo de que tais particulares são titulares – legitimados a agir no âmbito da sua autonomia privada e legitimados a agir no âmbito da acção pública que lhes foi atribuída – poderia, aparentemente, resultar num conflito entre diferentes vertentes do sistema de direitos fundamentais. Contudo, se, num determinado âmbito, um particular actua porque para isso foi legitimado por um título jurídico-público, não pode, então, tal acção estar também legitimada (pelo menos nesse âmbito determinado) pela sua autonomia privada, pelo que, independentemente do seu *modus* de legitimação, as entidades privadas estão vinculadas pelos direitos fundamentais nos precisos termos em que as entidades públicas também estão, sempre e quando desenvolvam uma acção pública. Cfr. *Entidades...*, cit., pp. 1039-1041.

[175] Cfr. n.os 1 e 2 do artigo 266.º da Constituição, concretizando, para o estrito âmbito da actividade administrativa, a vinculação do Estado ao princípio geral da constitucionalidade, constante do n.º 3 do artigo 3.º da Constituição. Neste sentido, v. JORGE MIRANDA, *Manual...*, IV, cit., pp. 316 e 317.

em que o Estado intervém no mercado na mesma posição e nas mesmas condições de qualquer particular[176]. Foram, na verdade, os princípios da igualdade e da não discriminação – aplicáveis em toda a sua plenitude à Administração (pública ou privada) –, acompanhados do princípio da livre concorrência, que fizeram a União Europeia embarcar numa cruzada de procedimentalização e burocratização de todos os processos de escolha do co-contratante de qualquer entidade administrativa – no âmbito da sua gestão pública ou privada[177].

De resto, esta cruzada já terá ido tão longe que hoje se poderia discutir, com toda a propriedade, qual o alcance do fenómeno inverso de publicização do Direito Privado (Comum) que rege relações inter-privadas e nas quais nenhuma entidade administrativa (em sentido formal ou material) intervém. Efectivamente, as directivas comunitárias pretenderam evitar o recurso da Administração a entidades instrumentais com o intuito de se subtrair às regras da contratação pública[178], recorrendo, para o efeito, a um amplíssimo conceito de "organismo de direito público", o qual, além de incluir entidades públicas de natureza burocrática e institucional e entidades públicas de natureza empresarial, abarca ainda quaisquer entidades empresariais privadas que, por satisfazerem "necessidades de interesse geral", não actuam numa situação de plena concorrência[179].

---

[176] Cfr. REINHOLD ZIPPELIUS, *Teoria Geral do Estado*, 3.ª edição, Fundação Calouste Gulbenkian, Lisboa, 1997, pp. 174 ss. O Autor insurge-se, em particular, contra a aplicação de direitos fundamentais ao comércio jurídico-privado em que o Estado participa, em domínios como a escolha do co-contratante privado.

[177] Isto apesar de, evidentemente, a contratação pública comunitária pretender, acima de tudo, tornar efectivas as grandes liberdades comunitárias de circulação de trabalhadores, de estabelecimento e de prestação de serviços. Cfr. MARIA JOÃO ESTORNINHO, *Direito Europeu dos Contratos Públicos – Um Olhar Português*, Almedina, Coimbra, 2006, p. 26; JOSÉ MARÍA GIMENO FELIÚ, *La Nueva Contratación Pública Europea y su Incidencia en la Legislación Española*, Civitas, Madrid, 2006, pp. 23 ss.

[178] Cfr. JOSÉ MARÍA GIMENO FELIÚ, *Contratos Públicos: Ámbito de Aplicación y Procedimiento de Adjudicación*, Civitas, Madrid, 2003, pp. 43 ss.; JOÃO AMARAL E ALMEIDA, "Os «Organismos de Direito Público» e o Respectivo Regime de Contratação: Um Caso de Levantamento de Véu", separata de *Estudos em Homenagem ao Professor Doutor Marcello Caetano*, Coimbra Editora, Coimbra, 2006, pp. 635 e 636.

[179] Cfr. o artigo 2.º da Directiva n.º 2004/17/CE e o n.º 9 do artigo 1.º da Directiva n.º 2004/18/CE. V. Bernardo Giorgio Mattarella, "Provvedimento", in SABINO CASSESE (org.), *Trattato di Diritto Amministrativo – Diritto Amministrativo Generale*, I, Giuffrè, Milano, 2000, pp. 760 e 761.

É que, como tem sustentado o Tribunal de Justiça das Comunidades Europeias[180], a circunstância de uma entidade privada prosseguir (entre outros fins privados) um determinado interesse público pode justificar a concessão de um conjunto de apoios ou de compensações públicas que visem suportar os prejuízos que decorrem da actividade de satisfação de necessidades colectivas. Ora, partindo do postulado de que a actividade concorrencial é caracterizada, designadamente, pelo facto de o empresário suportar o risco económico-financeiro da sua actividade, a jurisprudência comunitária parece inclinar-se pela inclusão destas entidades formal e, por vezes, *também materialmente privadas*, submetidas só parcialmente a um regime concorrencial, no conceito de "organismos de direito público"[181].

Parece claro qual o "efeito colateral" que daí resulta: sob pretexto de evitar o recurso, pela Administração, a entidades instrumentais que permitam a fuga ao Direito Administrativo pré-contratual, a interpretação do Tribunal de Justiça tem o efeito de submeter a pesados procedimentos burocráticos de contratação um vasto conjunto de *entidades formal e materialmente privadas* que (por vezes primariamente) prosseguem uma actividade puramente privada e concorrencial e que (por vezes *incidentalmente*) *também* prosseguem a satisfação de uma determinada necessidade colectiva. Como esclareceu o Tribunal de Justiça, a circunstância de uma entidade (também) prosseguir actividades empresariais com carácter industrial ou comercial, no âmbito de um mercado concorrencial, acaba por ser irrelevante sempre e quando se vislumbre, pelo menos, um único aspecto da sua actividade que não esteja submetido à concorrência – por menor importância que este último aspecto assuma no quadro geral das actividades da empresa[182].

Estas entidades vêem-se pois na contingência de, mesmo no âmbito de actividades puramente privadas, ficarem numa situação de profunda desigualdade face aos restantes operadores de mercado – com quem efectivamente concorrem em condições de igualdade –, os quais não têm qualquer obrigação de sujeitar a sua actividade a um procedimento burocrático e rigidificante da respectiva contratação[183].

---

[180] Cfr. Acórdão de 12 de Maio de 2001.
[181] Cfr. JOÃO AMARAL E ALMEIDA, "Os Organismos...", cit., pp. 641 e 642.
[182] V. JOÃO AMARAL E ALMEIDA, "Os Organismos...", cit., pp. 642 e 643, referindo os Acórdãos de 15 de Janeiro de 1988 e de 10 de Novembro de 1998.
[183] *Idem, ibidem*, p. 642.

A isto acresce que, numa tentativa de unificar as regras de controlo jurisdicional da contratação pública, o legislador português optou por submeter à jurisdição administrativa todas as questões relativas à validade de actos pré-contratuais e à interpretação, validade e execução de contratos que a lei submeta, ou admita que sejam submetidos, a um procedimento pré-contratual regido por normas de direito público[184].

Essa opção passou a implicar que qualquer *entidade privada* que celebre um *contrato privado* e pretenda discutir em Tribunal uma qualquer questão, também ela, *regida pelo Direito Privado* e relativa à interpretação, validade ou execução daquele contrato pode ter de recorrer a um Tribunal Administrativo pela simples circunstância de (apenas) uma das partes envolvidas naquela relação contratual desempenhar, *incidentalmente*, uma certa actividade de interesse público – ainda que tal actividade nada tenha que ver com o contrato em discussão – e de a lei submeter (ou simplesmente admitir que seja submetido) o procedimento de formação do contrato – e não a execução do contrato, o qual é estritamente regido pelo Direito Privado – a um conjunto de regras de Direito Público.

Esta solução legal não é justificada por qualquer "proximidade jurídica" com a jurisdição administrativa[185], estando ainda por fazer o estudo quanto a uma possível consequência prática (e sociológica) de administrativização do Direito Privado aplicável a estes contratos por mero efeito da tendência genérica, que é inata ao juiz administrativo, de publicizar todo o Direito Privado que a Administração Pública aplica. Em tal caso, assistiríamos a um (infeliz) fenómeno de alteração da lei substantiva aplicável a determinados litígios jurídicos como mera consequência de uma alteração

---

[184] Cfr. alínea e) do n.º 1 do artigo 4.º do Estatuto dos Tribunais Administrativos e Fiscais, aprovado pela Lei n.º 13/2002, de 19 de Fevereiro, com as alterações introduzidas pela Lei n.º 4-A/2003, de 19 de Fevereiro, e pela Lei n.º 107-D/2003, de 31 de Dezembro.

[185] Assim, MÁRIO ESTEVES DE OLIVEIRA/RODRIGO ESTEVES DE OLIVEIRA, *Código de Processo nos Tribunais Administrativos e Estatuto dos Tribunais Administrativos e Fiscais Anotados*, I, Almedina, Coimbra, 2004, p. 50. Colocando igualmente reservas a esta solução pouco "avisada", cfr. SÉRVULO CORREIA, *Direito do Contencioso...*, I, cit., p. 716. Sustentando que esta opção corresponde à ideia "naïf" de que o "público é mais popular, logo melhor", cfr. MENEZES CORDEIRO, "Contratos Públicos", in *Cadernos O Direito*, n.º 2 (2007), pp. 43 e 44.

da lei processual que rege a resolução de tais litígios – algo que, como antes se demonstrou, mais não seria do que uma mera repetição do fenómeno que motivou a génese e a consolidação do próprio Direito Administrativo substantivo.

Mas, independentemente da tendência que se venha a verificar a esse respeito, dúvidas não restam de que este fenómeno se insere num movimento inverso de publicização do Direito Privado (Comum e não apenas Administrativo) e que tal movimento permitiu, desde há muito, superar as históricas tentativas de delimitação de uma actividade administrativa própria do *"Fiskus"*, alegadamente imune às vinculações jurídico-públicas.

6.5 A criação de um Direito Privado Administrativo unitário, pela qual se uniformizou o Direito aplicável *i)* à prossecução jusprivatística de interesses públicos e *ii)* à prossecução da actividade puramente "fiscal", foi completada através da fixação de princípios gerais dotados de uma abrangência máxima e que em muito extravasam o próprio âmbito do sistema de direitos fundamentais – no qual os teóricos até então haviam fixado quase exclusivamente a sua atenção[186].

Tanto o legislador constituinte como o legislador ordinário acabaram por encerrar definitivamente a velha querela sobre o alcance do Direito Privado Administrativo e, em concreto, sobre as dúvidas que até então ainda se colocavam sobre a (pretensa) existência de algum âmbito (ainda que mínimo) da actividade administrativa imune às vinculações jurídico-públicas.

Com efeito, tal como resulta dos n.ºs 1 e 2 do artigo 266.º da Constituição, todos e cada um dos âmbitos da actividade administrativa – em parte alguma o legislador constituinte distingue uma Administração Pública "sob formas públicas" de uma Administração Pública "sob formas privadas" – são publicizados através da aplicação dos princípios gerais da igualdade, da proporcionalidade, da justiça, da imparcialidade, da boa-fé, da prossecução do interesse público e da protecção dos direitos e interesses dos cidadãos.

Por sua vez, no Código do Procedimento Administrativo, o legislador ordinário enuncia ainda os princípios da participação, da decisão, da

---

[186] Cfr. FRITZ OSSENBÜHL, "Daseinsvorsorge...", cit., p. 514.

gratuitidade, da desburocratização, da eficiência e do acesso à justiça[187], impondo a sua aplicação uniforme a todas as manifestações do fenómeno estadual e do poder administrativo, ainda que "meramente técnica ou de gestão privada"[188].

Este é, portanto, o estágio final da (acidentada) evolução da publicização do Direito Privado da Administração, a qual, remontando à já bem distante reacção inicial ao fenómeno de "dupla personalidade" entre o *Estado-Poder* e o *Estado-Fisco*, viria a eliminar todos os nichos de imunidade administrativa às vinculações jurídico-públicas, criando um Direito Privado publicizado com uma vocação abrangente de toda a actividade administrativa – ou, no dizer de MAURER, um Direito que se impõe ao poder estatal no seu conjunto, em todas as suas manifestações e modos de expressão[189].

6.6 Assim, o Direito Privado publicizado consubstancia-se, neste estágio final de evolução, e em suma, na aplicação à actividade administrativa privada dos seguintes parâmetros de controlo:

a) Direitos, Liberdades e Garantias dotados de eficácia imediata na actividade administrativa pública e privada (cfr. artigo 18.º, n.º 1, da Constituição);
b) Princípios gerais que regulam a actividade administrativa (pública ou privada), constantes dos artigos 266.º, 267.º e 268.º da Constituição, e concretizados pelo Capítulo II do Código do Procedimento Administrativo;
c) Vinculação genérica[190] ao princípio da constitucionalidade (cfr. artigo 3.º, n.º 3, da Constituição);
d) Publicização, procedimentalização e burocratização de todo o processo de escolha dos co-contratantes da Administração Pública no âmbito de toda a gestão pública e privada, com a consequente submissão de todos os litígios resultantes das respectivas relações

---

[187] Estes últimos têm também assento constitucional, consistindo numa concretização de normas constantes dos 267.º, n.º 1, e 268.º, n.ºs 4 e 5, da Constituição.

[188] Cfr. n.º 5 do artigo 2.º do Código do Procedimento Administrativo.

[189] Cfr. MAURER, *Droit...*, cit., p. 27.

[190] Ou, segundo PAULO OTERO, "vinculação negativa, em termos gerais e residuais, ao princípio da constitucionalidade". Cfr. *Legalidade...*, cit., p. 796.

contratuais (no âmbito da execução do contrato e não apenas da sua formação) à jurisdição administrativa[191].

Estes são, por conseguinte, os resultados da longa evolução que permitiu à Ciência do Direito sedimentar o primeiro grande grupo de parâmetros de controlo da privatização administrativa: os parâmetros de limitação da privatização do Direito aplicável à Administração e de publicização do Direito Privado Administrativo.

---

[191] Ou, para alguns Autores, a publicização, em geral, de toda a actividade contratual da Administração, tendendo a uma uniformização do regime aplicável a qualquer um dos chamados "contratos administrativos" ou dos chamados "contratos de Direito Privado". Assim, cfr., por todos, MARIA JOÃO ESTORNINHO, *Requiem...*, cit., pp. 151 ss.

§ 7.º AS INSUFICIÊNCIAS DO DIREITO PRIVADO ADMINISTRATIVO E A CARÊNCIA DE PARÂMETROS DE CONTROLO DA PRIVATIZAÇÃO ADMINISTRATIVA

7.1 A investigação realizada permitiu, até ao momento, identificar os factores que justificaram a perda de atractividade do Direito Administrativo e que conduziram ao movimento de fuga para o Direito Privado. Tais factores explicam, igualmente, o porquê da ênfase inicial dos administrativistas na concepção de parâmetros de controlo da *privatização do Direito aplicável* à actividade administrativa, obtida não poucas vezes em detrimento de um estudo dos parâmetros de controlo da *privatização das formas de organização* e *das formas de gestão e de realização de tarefas administrativas*.

Com efeito, apesar do acidentado percurso trilhado na publicização do Direito Privado aplicado pela Administração Pública, a investigação realizada permitiu demonstrar que a Ciência do Direito Administrativo logrou construir e sedimentar um Direito Privado Administrativo aplicável a todos e cada um dos âmbitos da actividade privada da Administração, destruindo as barreiras até então erguidas pela "Teoria do Fisco" contra a submissão da Administração Privatizada às vinculações jurídico-públicas.

Estes louváveis resultados na parametrização do Direito Privado da Administração tiveram, contudo, consequências "colaterais" pouco desejáveis. O sucesso no controlo desta particular manifestação do fenómeno privatizador conduziu a uma secundarização do controlo das restantes manifestações, tão ou mais importantes, da fuga para o Direito Privado.

Essa secundarização pode ser justificada, em poucas palavras, através do argumentário de CRISTOPH GUSY, que, já há mais de duas décadas, apresentava as razões que conduziriam a um menosprezo do estudo de boa parte das manifestações do fenómeno administrativo. Para GUSY, o estudo do fenómeno de fuga para o Direito Privado deveria centrar-se justamente na submissão de todas as actuações administrativas às vinculações jurídico-públicas, pois, nesse caso, todas as restantes manifestações de privatização perderiam o sentido e seriam facticamente inúteis para o executivo. É que, se a publicização da actividade privada da Administração for uniforme e abrangente, esta estará sempre submetida às vinculações jurídico-públicas, independentemente da opção que tome quanto à natureza formal das entidades que prosseguem o interesse público ou quanto à forma de gestão e realização das tarefas administrativas. Logo, apesar de não ser completamente irrelevante, a liberdade de escolha das formas de organização e de gestão do interesse público deixará de constituir um problema central para o Direito Administrativo[192]. Afirma-se, em tal cenário, que a fuga para o Direito Privado poderia continuar a ser motivada por todas as razões menos pela fuga às vinculações jurídico-públicas[193].

Esta posição não é de todo surpreendente. Consolidada que está na doutrina a concepção de que toda a actuação administrativa – mesmo a privada – é sempre objecto de publicização; de que inexiste qualquer âmbito da prossecução do interesse público que seja impermeável ao Direito Administrativo; enfim, de que a opção de privatização nunca corresponde a uma "fuga" completa ao Direito Público, a conclusão lógica a retirar parece ser a de que pouca relevância terá a decisão de privatização de uma entidade administrativa ou da gestão de uma tarefa administrativa.

Mais: testemunhando-se hoje dois fenómenos inversos, mas convergentes, de privatização progressiva das áreas clássicas de domínio do Direito Administrativo e, em simultâneo, de publicização das áreas de actuação administrativa sujeitas ao Direito Privado, a tendência da Ciência do Direito Administrativo parece ser a de consolidar um Direito de "terceira via", a "meio caminho" entre o Direito Público e o Direito Privado, que permita o encontro entre as necessidades de eficiência administrativa e as necessidades de salvaguarda dos interesses dos administrados, independentemente da opção quanto ao Direito aplicável e às formas

---

[192] V. CRISTOPH GUSY, "Die Bindung privatrechtlichen Verwaltungshandelns an das Öffentliche Recht – Zugleich ein Beitrag zur Freiheit der Formenwahl", in *Die Öffentliche Verwaltung*, Kohlhammer, Stuttgart, 1984, pp. 872 ss.

[193] Cfr. FRITZ OSSENBÜHL, "Die Handlungsformen der Verwaltung, in *Juristiche Schulung*, Beck, München, 1979, p. 686.

de organização e de gestão da Administração – conduzindo mesmo alguns Autores a contestar a ideia, aparentemente evidente, de que o Direito Administrativo ainda será um ramo de Direito Público[194].

A criação desta "terceira via" do Direito aplicável à actividade administrativa é particularmente clara em alguns dos âmbitos mais marcantes do Direito Administrativo, incluindo, designadamente, o domínio da actividade contratual da Administração, no qual, perante o fenómeno de convergência e de uniformização do direito aplicável aos "contratos públicos", não falta quem proclame a extinção do contrato administrativo e o reconhecimento de um instituto único para a actividade contratual pública[195].

7.2 No entanto, esta progressiva uniformização de todo o Direito aplicável à Administração Pública não impediu as nefastas consequências do desprezo a que foi relegada a tarefa de identificação dos parâmetros de controlo da privatização administrativa. Justamente porque a fuga para o Direito Privado nunca poderia ser total e porque a decisão de privatização não assume hoje as mesmas consequências jurídicas que assumiria se não tivesse ocorrido a publicização do Direito Privado Administrativo, pouca atenção foi concedida pelos administrativistas ao controlo da privatização das formas de organização e de gestão administrativas – sendo precisamente este um dos factores que mais contribuiu para a deficiência dos parâmetros de controlo do fenómeno privatizador.

Ora, é decisivo ter em mente que, por maior que tenha sido a publicização do Direito Privado Administrativo e por mais uniforme que seja, hoje, a "terceira via" do Direito Público/Privado a que a Administração se submete, é tudo menos indiferente saber se cada entidade administrativa que prossegue o interesse público tem uma natureza pública ou privada (isto é, se houve ou não uma privatização formal), se a gestão ou realização de uma tarefa administrativa é publicizada ou privatizada (isto é, se houve ou não uma privatização material) e, em consequência, se, por força da específica natureza de uma entidade administrativa ou das particularidades do interesse público que esta prossegue, o Direito "comum" aplicável à sua actividade é primariamente público ou privado.

---

[194] Cfr. SABINO CASSESE, *Le Basi...*, cit., p. 174.
[195] Neste sentido, cfr. MARIA JOÃO ESTORNINHO, *Requiem...*, cit., p. 184.

Com efeito, deve recordar-se, antes de mais, que, quanto às formas de organização da Administração Pública, as entidades públicas têm sido classicamente identificadas por satisfazerem os seguintes critérios[196]:

a) Criadas por iniciativa pública e por acto jurídico-público;
b) Criadas para assegurar a prossecução necessária de interesses públicos;
c) Titulares de poderes e deveres públicos em nome próprio;
d) Sujeitas a um regime de ingerência e controlo público tipicamente regido pelo Direito Administrativo.

Daqui resulta, de forma clara, o quão decisiva pode ser a opção de privatização de uma entidade administrativa.

a. A existência de uma entidade dotada de natureza formal jurídico--pública implica, em primeiro lugar, um *dever constitucional, legal e estatutário de prossecução exclusiva*, e sem excepções, *de fins de interesse público*. Como antes se demonstrou, mesmo quem hoje considera que também às entidades públicas subjaz uma margem jurígena de autonomia privada reconhece, igualmente, que tal autonomia é compensada através do princípio da especialidade[197], pois que tal espaço de liberdade não assenta num fundamento ético-ontológico de valorização da dignidade pessoal, sendo, pois, a sua actuação, pública e privada, válida apenas quando for necessária e conveniente para a prossecução dos seus fins[198]. Destinando--se as entidades públicas, nos termos da Constituição, à exclusiva prossecução do interesse público[199], qualquer actuação para prossecução de fins privados é inválida por desconformidade com os seus fins constitucional,

---

[196] Estes são os critérios sustentados, com maiores ou menores variações, por FREITAS DO AMARAL, *Curso...*, I, cit., pp. 754 e 755; PEDRO GONÇALVES, *Entidades...*, cit., pp. 261 ss.; VITAL MOREIRA, *Administração Autónoma...*, cit., pp. 265 ss.; MARCELO REBELO DE SOUSA, *Lições de Direito Administrativo*, Lex, Lisboa, 1999, pp. 142 ss. Por exemplo, para PEDRO GONÇALVES, embora a titularidade de poderes públicos – o critério decisivo para VITAL MOREIRA – não se assuma como critério primário, a sua relevância não pode ser desprezada quando uma entidade, apesar de não ser submetida a um regime de ingerência pública, satisfaz os restantes critérios, sendo, em concreto, criada por iniciativa pública e através de um acto jurídico-público. Ob. cit., pp. 264 e 265.

[197] Cfr. SÉRVULO CORREIA, *Legalidade...*, cit., pp. 529-532.

[198] Cfr. PAIS DE VASCONCELOS, *Teoria Geral...*, cit., pp. 154 ss.

[199] Cfr. n.º 1 do artigo 266.º da Constituição.

legal e estatutariamente definidos. A publicização da natureza de uma entidade administrativa implica, pois, a publicização de todos os fins, sem excepção, que a ela são atribuídos[200].

Sendo assim, a opção de privatização de uma entidade administrativa corresponde, na prática, à opção de atribuição da faculdade de prossecução de interesses privados a uma entidade que, até então, prosseguia exclusivamente fins de interesse público e que, depois do acto de privatização, conciliará os mesmos fins de interesse público com quaisquer outros fins particulares que legitimamente venha a prosseguir. Ora, sendo tal pessoa colectiva um simples "mecanismo aparelhado pela ordem jurídica para mais fácil e mais eficaz realização [dos] interesses" de pessoas singulares[201], a prossecução do interesse público por entidades privadas, que existem para a eficaz satisfação dos fins particulares, constitui uma evidente situação de "dualidade" e de "irredutível ambivalência" no próprio objecto da actividade de tais entidades privadas[202].

Neste sentido, é de rejeitar a desvalorização a que alguns Autores submetem, de forma equivocada, o princípio da exclusividade dos fins de interesse público prosseguidos pelas entidades públicas. Afirma-se que, desde que a entidade (mesmo privada) seja integrante do sector público empresarial, constituída, portanto, exactamente em função da prossecução do interesse público, não existirá aquela "dualidade" ou "ambivalência" na sua actividade que possa resultar numa contradição entre fins públicos e privados[203].

Poderia concluir-se, então, que o factor decisivo para o controlo do movimento de privatização residiria na fiscalização da decisão de transferência do sector público para o sector privado da propriedade dos meios de produção, visto que, enquanto uma entidade, formalmente pública ou privada, permanecesse sob a alçada ou sob controlo de outras entidades públicas, a exclusividade dos fins de interesse público nunca estaria posta em causa.

Porém, tal construção padece de um vício de raciocínio, uma vez que ignora que a determinação dos interesses (públicos ou privados) a satisfa-

---

[200] Cfr. THOMAS GROSS, *Das Kollegialprinzip in der Verwaltungsorganisation*, Mohr Siebeck, Tübingen, 1999, p. 28.
[201] Cfr. MOTA PINTO, *Teoria Geral...*, cit., p. 319.
[202] Cfr. PEDRO GONÇALVES, *Entidades...*, cit., p. 931.
[203] *Idem, ibidem*, p. 1020.

zer por tal entidade de natureza privada é, na verdade, realizada pelos respectivos accionistas (ou pelos respectivos associados ou administração, consoante a base, associativa ou institucional, da pessoa colectiva privada em causa). O mesmo é dizer que a asserção de que tal entidade prossegue exclusivamente o interesse público só é procedente porque, naquele momento, o(s) seu(s) accionista(s) maioritário(s) assim o determinou(aram); mas, justamente porque a sua natureza jurídico-formal é privada, a simples alienação de participações sociais (mesmo através de uma alteração numa cadeia de participações) pode legitimamente alterar tal cenário sem que qualquer vinculação jurídico-pública tenha sido inobservada. É precisamente em virtude da sua natureza privada que tal entidade existe para satisfazer os fins próprios particularmente definidos por outras entidades que podem agora ser públicas e no dia seguinte deixar de o ser. É essa natureza que permite *atribuir à prossecução do interesse público um regime de provisoriedade e precariedade*: tais entidades podem prosseguir o interesse público e deixar de o fazer; enquanto o fizerem, podem fazê-lo em simultâneo com quaisquer outros interesses privados[204].

Significa isso que o controlo da opção de privatização tem de incidir sobre o acto de alteração da natureza jurídico-formal de uma entidade pública, porque é a esse nível que se coloca a garantia de prossecução exclusiva de interesses públicos. É nesse âmbito que se salvaguarda a inexistência de uma "ambivalência" ou "dualidade" na satisfação das necessidades colectivas, uma vez que as pessoas colectivas de Direito Público prosseguem fins exclusivos de interesse público, não porque isso seja casuisticamente determinado por "accionistas" que, em cada momento, controlam tais entidades, mas porque esse dever lhes é constitucionalmente imposto em função das limitações inerentes à personalidade colectiva de Direito Público. Isto é, prosseguem exclusivamente fins de interesse público porque a sua *natureza jurídico-formal de Direito Público* exerce um *efeito de publicização de todas as tarefas materiais que lhe sejam atribuídas*[205-206].

---

[204] Cfr., neste sentido, FREITAS DO AMARAL, *Curso...*, I, cit., p. 755.
[205] Cfr. THOMAS GROSS, *Das Kollegialprinzip...*, cit., p. 28.
[206] Naturalmente, essa circunstância não prejudica o reconhecimento (evidente) de que tão-pouco é indiferente a integração no sector público ou privado da propriedade dos meios de produção: no caso de uma entidade que já está dotada de uma natureza jurídico--privada, é justamente o controlo societário que permite, em cada momento, a determina-

b. Em segundo lugar, a opção de privatização administrativa produz também reflexos na titularidade de poderes e deveres públicos e no exercício de poderes de autoridade. Para a maioria da doutrina, é a natureza jurídico-pública que sustenta o exercício "em nome próprio" de poderes públicos[207], enquanto seu "predicado fundamental"[208], pelo menos quando tais poderes são indissociáveis da missão de interesse público que lhe está confiada, sendo insusceptíveis de serem destacados e exercidos por outro sujeito sem prejuízo do exercício da sua missão[209]. Seria, pois, tal condição que identificaria e distinguiria as entidades públicas daquelas entidades que, podendo dedicar-se ao exercício privado de funções públicas, o fazem em nome da Administração e no estrito âmbito das missões que lhe são confiadas[210], recebendo tais poderes, em consequência, o mesmo estatuto provisório ou precário que, por natureza, já recebem as próprias atribuições públicas confiadas a entidades privadas.

É certo que esta enunciação do tipo de poderes públicos exercidos por entidades privadas é uma consequência lógica da concepção, ainda uniforme na doutrina, do regime típico de exercício privado de poderes de autoridade e que, como se demonstrará adiante, nem sempre reflecte uma total coerência e a precisão que seria requerida neste âmbito. Contudo, sem prejuízo da análise crítica de tal concepção a que adiante se procederá, sempre será incontornável a evidência de que a opção de privatização corresponde a uma alteração substancial do título, dos requisitos e das condições de normalidade/excepcionalidade do exercício de poderes públicos pela entidade privatizada.

c. Em terceiro lugar, da caracterização típica das pessoas colectivas de Direito Público resulta também que a opção de privatização corres-

---

ção dos interesses por ela prosseguidos, pelo que também um acto jurídico-público que impõe a alienação de participações sociais de uma entidade privada (realizada, por sinal, através de instrumentos de Direito Privado) tem consequências directas na satisfação dos interesses públicos que até então lhe estivessem atribuídos. Mas precisamente por isso tal opção de alienação também foi incluída na tipologia das manifestações de privatização que, como atrás se indicou, são susceptíveis de serem submetidas ao regime de controlo dos actos de privatização.

[207] Cfr. FREITAS DO AMARAL, *Curso...*, I, cit., p. 755.
[208] Cfr. VITAL MOREIRA, *Administração Autónoma...*, cit., p. 269.
[209] Neste sentido, PEDRO GONÇALVES, *Entidades...*, cit., p. 265.
[210] Cfr. FREITAS DO AMARAL, *Curso...*, I, cit., p. 755.

ponde a uma alteração substancial do regime de controlo, de ingerência e de fiscalização administrativa sobre a entidade privatizada. Enquanto Direito comum da função administrativa, o Direito Administrativo tipifica instrumentos públicos de controlo da legalidade e do mérito da actividade de satisfação das necessidades colectivas. Em concreto, a Constituição atribui ao Governo, como "órgão superior da Administração Pública"[211], os poderes de direcção sobre a Administração Directa do Estado, de superintendência sobre a Administração Indirecta do Estado e de tutela sobre esta última e sobre a Administração Autónoma[212].

Com a opção de privatização, esse regime típico de controlo e de garantia de satisfação das necessidades colectivas é radicalmente alterado. Através do recurso às formas de organização jurídico-privadas, a Administração Pública abdica do controlo, pelo menos a título principal[213], que lhe é oferecido pelo regime tipicamente administrativo, recorrendo aos instrumentos jusprivatísticos de controlo accionista para a garantia da prossecução do interesse público.

Ora, à fiscalização judicial de tal opção de privatização não pode ser indiferente o facto de que a legitimidade democrática indirecta de que goza o Governo, em virtude do controlo político a que é submetido perante o Parlamento, transita através dos vínculos administrativos de direcção, superintendência e tutela para toda a Administração Pública em

---

[211] Cfr. artigo 182.º da Constituição.

[212] Cfr. alínea d) do artigo 199.º da Constituição. V., por todos, FREITAS DO AMARAL, Curso..., I, cit., pp. 898 ss.

[213] A opção de privatização não tem necessariamente de implicar a extinção total de todos os mecanismos de controlo jurídico-públicos. A par dos instrumentos jusprivatísticos de controlo accionista, a lei pode estabelecer regimes pontuais ou formas particulares de tutela governamental inspiradas pelo Direito Administrativo. Porém, o recurso a formas de organização jurídico-privadas reduz o regime de controlo administrativo a um papel secundário, privilegiando os instrumentos jusprivatísticos oferecidos pelo Direito Privado, tal como resulta, a título de exemplo, dos poderes principais de definição de "orientações estratégicas relativas ao exercício da função accionista" e de "controle financeiro" estabelecidos nos artigos 11.º e 12.º do Decreto-Lei n.º 558/99, de 17 de Dezembro, que, após a recente alteração introduzida pelo Decreto-Lei n.º 300/2007, de 23 de Agosto, se concretizaram em "orientações estratégicas destinadas à globalidade do sector empresarial do Estado", "orientações gerais", "destinadas a um conjunto de empresas públicas no mesmo sector de actividade", e "orientações específicas", para uma entidade concreta; para o sector empresarial local, é isso que resulta também do artigo 16.º da Lei n.º 53-F/2006, de 29 de Dezembro.

sentido orgânico. Isto é, os instrumentos de controlo jurídico-públicos conferem uma "cadeia de legitimação" que permite dotar todas as actuações da Administração Pública de legitimidade política e democrática; nisso assenta o poder de definição autoritária da solução do caso concreto através da aplicação vinculada e, ou, discricionária de normas jurídicas[214].

O Direito Administrativo permite, portanto, através dos mesmos instrumentos típicos de organização administrativa, a conjugação coerente de um controlo efectivo da satisfação do interesse público com uma cadeia de legitimação democrática inerente ao Estado de Direito.

É essa cadeia de legitimação que inexiste nas relações entre os órgãos de soberania democraticamente legitimados e as entidades administrativas sob forma privada. Os instrumentos de controlo/legitimação são substituídos por formas de exercício de direitos accionistas; os vínculos de legitimidade democrática dão lugar à nomeação de membros de órgãos sociais que obedecem a "orientações estratégicas relativas ao exercício da função accionista"[215-216].

Sublinhe-se, de resto, que esse fenómeno não tem necessariamente de ser caracterizado por uma redução do controlo governamental nas actividades de satisfação de necessidades colectivas; a extinção dos vínculos jurídico-públicos não resulta, sequer, na diminuição da intensidade de in-

---

[214] Para PEDRO GONÇALVES, a legitimidade democrática no exercício de funções e poderes públicos depende do exercício por pessoas directamente escolhidas pelo povo ou por pessoas que foram nomeadas, directa ou indirectamente, por quem foi escolhido pelo povo para o efeito, inserindo-se assim todos os protagonistas do exercício do poder público na referida "cadeia de legitimação" que não sofra qualquer descontinuidade ou interrupção. Cfr. *Entidades...*, cit., p. 1008.

[215] Cfr., por exemplo, o artigo 11.º do Decreto-Lei n.º 558/99, de 17 de Dezembro, com a nova redacção introduzida pelo Decreto-Lei n.º 300/2007, de 23 de Agosto.

[216] Pode, é certo, sustentar-se que a mesma legitimidade democrática que assiste ao Governo transita para a actuação da Administração Privada do Estado sempre que aquele controla a respectiva execução do interesse público, as soluções concretas de eficácia da gestão e a racionalidade e oportunidade das decisões societárias. Cfr. PAULO OTERO, *Vinculação...*, cit., p. 310. Contudo, como reconhece o mesmo Autor, a unidade administrativa não é imune à pluralidade das formas de organização das entidades empresariais, resultando numa falta de homogeneidade dos poderes de controlo do Governo. *Idem, ibidem*, p. 311. Evidentemente, a mesma falta de homogeneidade também se reflecte na diversidade dos factores de legitimação da actuação da Administração Pública e Privada, resultando numa indiscutível variação na intensidade da legitimação democrática subjacente a tal actuação.

gerência nas entidades privadas. Antes, a alteração na ingerência administrativa é qualitativa e não quantitativa, resultando numa mudança estrutural dos traços definidores da responsabilidade política na prossecução do interesse público.

Efectivamente, é indiscutível que, quando a reorganização ou reestruturação administrativa se mantém no estrito âmbito dos instrumentos de controlo e de ingerência próprios do Direito Administrativo, através, designadamente, do recurso ao fenómeno de *descentralização* administrativa, tal decisão acarreta uma drástica diminuição dos poderes de controlo das entidades autonomamente criadas ao lado do Estado. Após a autonomização e a atribuição de personalidade jurídica a uma entidade administrativa, o Governo perde os poderes inerentes aos vínculos hierárquicos e, em particular, o poder de emitir ordens concretas que modelam a actividade de tal entidade. Assim, o executivo aceita a redução da supervisão governamental a *i)* poderes de *superintendência*, exercidos através de orientações genéricas e de directivas, as quais, por natureza, só podem traçar objectivos gerais a atingir, impedindo o Governo de definir o conteúdo material de decisão nos casos concretos e excluindo qualquer interferência no conteúdo das decisões concretas a tomar ao abrigo das suas atribuições[217], e, bem assim, *ii)* o poder de controlo *tutelar* do mérito e, ou, da legalidade da actividade administrativa[218].

Isto porque, nas palavras bem expressivas de FREITAS DO AMARAL, "quem opta pela devolução de poderes não pode comportar-se como se tivesse optado pela integração, quem descentraliza tem de aceitar a descentralização", já que "a Constituição distingue nitidamente entre a direcção sobre a Administração directa e a superintendência sobre a Administração indirecta"[219].

Mas quando a opção de organização administrativa consiste na *privatização* e não na *descentralização*, os instrumentos de ingerência não encontram os mesmos limites resultantes da autonomia e da descentralização administrativa. A Constituição já não pode, então, distin-

---

[217] Naturalmente, no caso da Administração autónoma, nem mesmo este poder de superintendência assiste ao órgão superior da Administração Pública – pois a respectiva autonomia resulta de factores de legitimação própria –, restando-lhe então o exercício dos poderes de tutela.

[218] Cfr. FREITAS DO AMARAL, *Curso...*, I, cit., p. 899.

[219] *Idem, ibidem*, p. 905.

guir entre os poderes exercidos sobre a Administração directa ou indirecta, pela simples razão de que as relações entre o Governo e as entidades privadas ultrapassam já a Administração Pública em sentido orgânico, resultando do Direito societário um extenso leque de poderes de controlo que são desconhecidos no Direito Administrativo e que não podem ser reconduzidos a qualquer dos instrumentos típicos enunciados na Constituição[220]. Na verdade, a participação social em causa pode, consoante a sua amplitude, resultar na "disponibilidade total" de uma empresa formalmente privada perante o Governo, assistindo-se pois a um fenómeno paradoxal segundo o qual a decisão de privatização atribui ao Estado uma maior disponibilidade directa sobre a gestão das empresas do que aquela que ocorria quando estas eram formalmente públicas[221].

Sucede, porém, que este aumento na intensidade do controlo governamental concentrado não é acompanhado de um correspondente aumento na intensidade do controlo parlamentar sucessivo sobre o órgão "controlador". De facto, apesar de o Governo assumir uma responsabilidade política genérica pela sua actividade como órgão superior da Administração Pública e de, portanto, tal responsabilidade abranger os respectivos poderes de controlo accionista, parece evidente que a intensidade do controlo parlamentar sobre a gestão das entidades administrativas privadas diminui drasticamente, quer ao nível da praticabilidade do exercício de tal controlo, quer, sobretudo, ao nível dos fundamentos dogmáticos que permitem a fiscalização da actividade de entidades que, sem prejuízo das suas responsabilidades públicas, continuam a ter uma perso-

---

[220] Para uma análise exaustiva dos poderes de controlo governamental sobre a Administração empresarial do Estado sob forma privada, cfr. PAULO OTERO, *Vinculação...*, cit., pp. 306 ss.

[221] Neste sentido, cfr. PAULO OTERO, *Vinculação...*, cit., pp. 320 e 321; *Idem, O Poder de Substituição...*, I, cit., p. 95, onde o Autor salienta que a criação de uma entidade privada pode consistir num instrumento de criação de um controlo governamental total sobre a entidade privatizada: "O governo quer, o conselho de Administração obedece".

Sobre as diferentes modalidades de controlo estatal sobre o respectivo sector empresarial, em função do nível percentual das participações sociais e do direito de designar ou destituir membros dos órgãos sociais, cfr. RUI GUERRA DA FONSECA, *Autonomia Estatutária das Empresas Públicas e Descentralização Administrativa*, Almedina, Coimbra, 2005, pp. 261 ss.

nalidade jurídica de Direito Privado e que, como tal, são também titulares de direitos fundamentais[222].

Conclui-se, pois, que a opção de privatização resulta em consequências incontornáveis também quanto ao regime de controlo público e de garantia de satisfação das necessidades colectivas atribuídas às entidades privatizadas.

d. Em quarto lugar, também é evidente que a decisão de privatização produz reflexos decisivos ao nível da manifestação do fenómeno privatizador que, classicamente, a doutrina mais se empenhou em controlar – mas cujo controlo era feito a *jusante* do momento que agora analisamos e que, portanto, resultava na sua ineficácia intrínseca: falamos, naturalmente, dos reflexos relativos ao Direito substantivo aplicável às entidades administrativas.

É que, como antes se referiu, o Direito Administrativo constitui, na qualidade de *"privata lex"* da Administração, o parâmetro primário de regulação da actividade de interesse público atribuída às pessoas colectivas públicas. As actividades tipicamente administrativas – em particular as actividades de natureza burocrática ou autoritária – são assim submetidas ao Direito que tem como objectivo (pelo menos desde o século XX) a conciliação da prossecução do interesse público com as garantias dos administrados[223].

Como é evidente, a opção de privatização implica a automática eleição do Direito Privado como parâmetro primário da actividade da entidade privatizada; esse é, em rigor, o seu novo Direito estatutário. Pois, ao exercer a sua actividade num mercado livre e concorrencial, a entidade administrativa privada não pode, pelo menos na sua actividade corrente, dispor das prerrogativas de poder público que as demais empresas, que com ela concorrem, também não dispõem.

Justamente porque pretende conciliar o exercício do Poder com a satisfação dos direitos dos cidadãos, o Direito Administrativo existe e justifica-se pelo exercício de funções autoritárias. Logo, poderia dizer-se, de forma bem expressiva, que "sem a atribuição de prerrogativas especiais de autoridade visando a prossecução do interesse público, isto é, sem a atribuição de poderes exorbitantes em termos comparativos com

---

[222] *Idem, ibidem*, p. 330.
[223] Cfr. FREITAS DO AMARAL, *Curso...*, I, cit., pp. 70 e 71.

os poderes normais resultantes do Direito Civil, procurando, deste modo, fazer prevalecer o interesse geral, o Direito Administrativo nega-se a si próprio, suicidando a sua autonomia e a sua própria razão de existência"[224].

Sendo assim, uma vez que a opção de privatização *das formas de organização administrativas* resulta na escolha do Direito Privado como parâmetro primário de regulação da actividade das entidades privatizadas, parece claro que a ênfase que tradicionalmente se atribuiu ao controlo da particular manifestação de privatização *do Direito aplicável pela Administração* padecia de um erro no objecto: por maior que seja a publicização do Direito Privado da Administração, tal publicização reflecte-se sempre sobre o momento (posterior) de definição das normas substantivas e processuais reguladoras da actividade administrativa – as quais são, afinal, uma mera consequência da opção (logicamente anterior) de privatização das formas de organização administrativas e que, em razão deste erro no objecto, são, ainda hoje, deficientemente controladas.

Naturalmente, este factor de justificação de um regime de controlo dos actos de privatização permite também comprovar a relevância de um controlo abrangente da *privatização directa* e *indirecta* da Administração. Como antes se expôs, também os actos jurídico-públicos que, *sem reflexos formais na natureza pública de uma entidade administrativa ou na titularidade do poder de gestão de um determinado interesse público,* são susceptíveis de provocar a *alteração substancial do Direito estatutariamente aplicável* a tal entidade, são submetidos ao regime de controlo dos actos de privatização.

Com efeito, as mesmas razões que impedem a escolha da *"privata lex"* da Administração como regime privilegiado de entidades empresariais que actuam num mercado de livre concorrência, e que, por isso, não podem dispor (pelo menos a título normal) de prerrogativas de autoridade que os seus concorrentes não dispõem, são inteiramente procedentes para qualquer entidade que, não perdendo a sua natureza formal jurídico-pública, é submetida a um processo de empresarialização e que, em consequência, actua no mesmo mercado concorrencial.

---

[224] Cfr. PAULO OTERO, *Vinculação...*, cit., p. 265. No mesmo sentido, cfr. ALVES CORREIA, "Formas Jurídicas de Cooperação Intermunicipal", in *Estudos em Homenagem ao Professor Doutor Afonso Rodrigues Queiró*, I, Coimbra, 1984, p. 73.

e. Por último, a decisão de privatização reflecte-se ainda na própria *capacidade jurídica formal de Direito Público* de que a entidade privatizada está dotada para a prossecução de fins de interesse público. É certo que, mesmo no caso das entidades públicas, a vasta maioria da doutrina tem sustentado que a capacidade total de Direito Privado, inerente à simples concessão de personalidade jurídica, é acompanhada de uma capacidade meramente parcial de Direito Público, a qual corresponde à soma das competências dos respectivos órgãos[225].

Contudo, como acertadamente demonstra PEDRO GONÇALVES, essa asserção só é válida quando à capacidade jurídica de Direito Público se lhe atribui um *sentido material*[226]. Com efeito, através do conceito de capacidade parcial de Direito Público, pretende-se eliminar a possibilidade de invocação de um pretenso princípio de "presunção geral de liberdade" para a actuação da Administração Pública[227], restringindo a "aptidão genérica para estar e actuar no tráfego jurídico"[228] e erigindo um princípio da legalidade da competência, pelo qual a capacidade jurídica de Direito Público de cada entidade administrativa é definida segundo a competência que é legalmente atribuída aos vários órgãos que a integram[229].

Ora, é somente quanto a esse *sentido material*, decorrente do princípio da legalidade da competência, que a capacidade de Direito Público das entidades públicas é tão parcial e limitada quanto a capacidade das entidades privadas. Porém, tal capacidade *material* de Direito Público, que configura o *conteúdo* da actividade administrativa (isto é, que define *o que* a entidade administrativa pode fazer), deixa ainda por definir a *forma de exercício* de tal actividade (isto é, *como* a entidade administrativa exerce os conteúdos que foram legalmente pré-estabelecidos mediante o princípio

---

[225] Cfr. GARCÍA DE ENTERRÍA/TOMÁS-RAMÓN FERNÁNDEZ, *Curso...*, I, cit., p. 423; SÉRVULO CORREIA, *Legalidade...*, pp. 562 ss.; PEDRO GONÇALVES, *Entidades...*, cit., p. 254.
[226] V. PEDRO GONÇALVES, *Entidades...*, cit., p. 254.
[227] Cfr. GARCÍA DE ENTERRÍA/TOMÁS-RAMÓN FERNÁNDEZ, *Curso...*, I, cit., p. 423.
[228] Cfr. SANTAMARÍA PASTOR, *Princípios de Derecho Administrativo*, I, 2.ª edição, Editorial Centro de Estudios Ramón Areces, Madrid, 1998, p. 352.
[229] Cfr. HARTMUT MAURER, *Droit...*, cit., pp. 107 ss. Sob outra perspectiva, conforme sublinha ALBERTO ROMANO, não é possível que o ordenamento atribua um poder à Administração sem que o defina ou o delimite em todos os seus elementos essenciais, pelo que a capacidade de Direito Público é intrinsecamente delimitada. Cfr. "Introduzione...", cit., p. 9.

da legalidade da competência). Logo, não prejudica a delimitação de uma capacidade *formal* de Direito Público, definida como a aptidão para o recurso a instrumentos e formas de acção específicas do Direito Administrativo[230].

É precisamente nesse âmbito que releva a natureza jurídico-formal pública ou privada de uma entidade administrativa. A atribuição de personalidade jurídica de Direito Público é o requisito único para a consequente capacidade geral para emissão de actos administrativos e para a celebração de contratos administrativos. É que, como sustenta SÉRVULO CORREIA, sem prejuízo do referido princípio da legalidade da competência, não seria "razoável que se pretendesse extrair de tal postulado a conclusão da necessidade de um reconhecimento normativo expresso, relativamente a cada pessoa colectiva pública", para a emissão de actos administrativos ou para a celebração de contratos administrativos[231].

Assim, por um lado, deve considerar-se que qualquer acto jurídico que satisfaça os elementos tipificadores do conceito de acto administrativo[232] – *desde que* seja praticado por uma entidade *dotada de personalidade pública* – tem de ser qualificado como acto administrativo. Como salienta PEDRO GONÇALVES, mesmo que a entidade pública emissora de tal acto não tivesse atribuições para o efeito, resultando na sua nulidade, continuaríamos sempre a estar perante um verdadeiro acto administrativo[233].

É o que não sucede com as entidades dotadas de *personalidade privada* que, estando dependentes da atribuição específica de poderes públicos para a definição unilateral e autoritária de situações jurídicas concretas, praticarão um mero acto jurídico de Direito Privado se emitirem (pretensos) actos administrativos fora das competências que são conferidas aos seus órgãos[234].

---

[230] V., para maiores desenvolvimentos, PEDRO GONÇALVES, *Entidades*..., cit., pp. 254 e 255. V., também desenvolvidamente, sobre o *status* inerente à integração de qualquer entidade administrativa na Administração Pública em sentido orgânico, com uma capacidade de Direito Público dele resultante, LUIS MORELL OCAÑA, *Curso de Derecho Administrativo*, I, 11.ª edição, Civitas, Madrid, 2002, pp. 156 ss.
[231] Cfr. SÉRVULO CORREIA, *Legalidade*..., p. 566.
[232] Cfr. artigo 120.º do Código do Procedimento Administrativo.
[233] Cfr. PEDRO GONÇALVES, *Entidades*..., cit., p. 256.
[234] *Idem, ibidem*, p. 256.

De modo paralelo, a atribuição de *personalidade pública* acarreta consigo, por inerência, a capacidade geral para a celebração de contratos administrativos[235], ao contrário do que sucede com a *capacidade formalmente parcial* de Direito Público atribuída às entidades privadas para a celebração de contratos administrativos *somente* nos casos de autorização legal expressa ou de concessão de poderes públicos unilaterais[236].

Isso significa, portanto, que também quanto à capacidade formal de Direito Público – pela qual se definem as *formas admissíveis de exercício das competências* conferidas a entidades administrativas – revela ser decisiva a opção de privatização das formas de organização administrativas.

7.3 Face ao exposto, não pode sofrer qualquer contestação a conclusão de que a opção de privatização continua – mesmo depois da publicização do Direito Privado da Administração e da criação de uma "terceira via" para o Direito regulador da actividade administrativa – a ser absolutamente decisiva para a satisfação das necessidades colectivas.

Como se demonstrou, da simples opção de privatização resulta:

i) A permissão constitucional, legal e estatutária para a conciliação dos fins de interesse público com os fins de interesse privado;
ii) A alteração restritiva do título, dos requisitos e das condições de normalidade/excepcionalidade do exercício de poderes públicos;
iii) A alteração do regime de controlo governamental, ingerência e garantia de prossecução do interesse público – cuja intensidade não é acompanhada por uma correspondente intensidade do controlo parlamentar sucessivo sobre o órgão superior da Administração Pública;
iv) A substituição do Direito Público pelo Direito Privado como parâmetro regulador primário da sua actividade; e

---

[235] Cfr., neste sentido, o artigo 179.º do Código do Procedimento Administrativo, que admite a celebração, pelos órgãos administrativos, de "quaisquer contratos administrativos, salvo se outra coisa resultar da lei ou da natureza das relações a estabelecer".

[236] Assim, PEDRO GONÇALVES, *Entidades...*, cit., p. 257. Considerando "duvidosa" a possibilidade de recurso genérico à figura do contrato administrativo por parte de particulares investidos de poderes públicos, cfr. MÁRIO ESTEVES DE OLIVEIRA/PEDRO COSTA GONÇALVES/J. PACHECO DE AMORIM, *Código do Procedimento Administrativo Comentado*, 2.ª edição, 6.ª reimpressão, Almedina, Coimbra, 2006, p. 818.

v) A restrição da capacidade formal de Direito Público da entidade privatizada e, portanto, da aptidão para o recurso normal a instrumentos de prossecução do interesse público típicos do Direito Administrativo.

Como é evidente, por mais publicizado que tenha sido o Direito Privado da Administração, é tudo menos irrelevante o controlo da opção de privatização directa e indirecta das formas de organização administrativa. E, paralelamente, também a opção de privatização da gestão ou do exercício de tarefas administrativas (privatização material) corresponde à atribuição da satisfação de necessidades colectivas determinadas a entidades dotadas de uma natureza jurídico-privada, pelo que a sua personalidade de Direito Privado reflecte-se, por igual, naqueles mesmos cinco factores.

Sendo assim, perante a "mudança de paradigma" e a "crise de identidade do Direito Administrativo" que actualmente se noticia, dúvidas não restam de que o controlo da decisão de privatização assume uma importância central para a Ciência do Direito Administrativo, sendo o estudo de tal regime de controlo que nos ocupará a partir de agora.

§ 8.º LIMITES GENÉRICOS DE CONTROLO DA PRIVATIZAÇÃO – A BUSCA DE UM "ÚLTIMO REDUTO" DE DEFESA DO DIREITO ADMINISTRATIVO

8.1 Tomando consciência de que a publicização do regime jusprivatístico aplicável à Administração Pública era insuficiente para a garantia dos valores impostos pela ordem jurídica na satisfação das necessidades colectivas, a doutrina administrativista procurou (tardiamente) reagir ao fenómeno de "fuga para o Direito Privado" através da tentativa de definição de limites à privatização administrativa. Aliás, poderia dizer-se que essa reacção foi tão tardia que, quando finalmente foi esboçada, tão grande era a "avalanche" privatizadora que não era mais possível discutir sobre a admissibilidade de tal fenómeno, contentando-se os teóricos em discutir até onde aquela "avalanche" podia chegar.

Em concreto, perante a noção de que as diversas manifestações privatizadoras alcançavam já praticamente todos os âmbitos da Administração Pública e todas as facetas da prossecução do interesse público, os administrativistas pouco mais puderam fazer do que discutir se, no limite, a Administração Pública poderia pura e simplesmente extinguir-se e ser substituída por um modelo de responsabilização praticamente total dos particulares pela satisfação das necessidades colectivas ou, pelo menos, se haveria algum parâmetro de controlo para o recurso a formas de actuação privadas sempre que a tal fenómeno estivesse subjacente uma flagrante intenção de fraude às vinculações jurídico-públicas e uma utilização meramente instrumental de instrumentos jusprivatísticos para a fuga a normas imperativas de parametrização da actividade administrativa[237].

---

[237] Cfr. PAULO OTERO, *Legalidade*..., cit., pp. 815 ss.; RAMÓN PARADA, *Derecho Administrativo*, I, cit., pp. 29 e 30; SILVIA DEL SAZ, "Desarrollo...", cit., pp. 99 ss.

E, naturalmente, uma vez que a "fuga para o Direito Privado", mais do que tolerada, é mesmo potenciada pelo legislador (quanto mais não seja pelo Governo nas vestes de legislador) e que, em consequência, o respectivo controlo (de actos, normativos ou administrativos, com força jurídica de lei) só terá algum efeito útil quando fundamentado em normas com força jurídica constitucional[238], a actividade de controlo da privatização veio a transformar-se numa discussão sobre esta questão central: existe ou não uma "reserva constitucional de Administração Pública"[239]? Por outras palavras, pode afirmar-se que a Constituição impõe a manutenção de um "núcleo irredutível" de actividades de prossecução do interesse público imunes ao fenómeno da privatização e reservadas à Administração Pública?

8.2 Reconhecendo que o recurso a formas de organização e de gestão jurídico-privadas corresponde, não poucas vezes, a uma fuga às vinculações jurídico-públicas impostas pela ordem constitucional (e, também, pelo Direito Comunitário), muitos Autores fazem depender a resposta à questão da admissibilidade da privatização administrativa da existência de uma acção "intencional" e "deliberada" de "fuga do Direito Público" através do recurso a entidades instrumentais[240]. Afirma-se que, quando a Administração se subtrai ao Direito Administrativo, "disfarçando-se" de entidade privada, não deixa por isso de ser "Administração" e deveria, portanto, estar sujeita às mesmas vinculações públicas[241]. A opção de privatização não pode, pois, ser um meio de criação de um "défice de Estado de Direito" e de subversão das vinculações administrativas[242]. Aliás, se a Constituição impõe deveres à "Administração Pública" que, nem o legislador, nem muito menos a própria Administração, podem excluir, não é um simples procedimento de criação de entidades privadas que permite a concepção de um regime de isenção face àqueles deveres constitucionais[243],

---

[238] Cfr. GARCÍA DE ENTERRÍA/TOMÁS-RAMÓN FERNÁNDEZ, *Curso...*, I, cit., p. 405.
[239] Cfr. SILVIA DEL SAZ, "Desarrollo...", cit., pp. 99 ss.
[240] Cfr. ENTERRÍA/FERNÁNDEZ, *Curso...*, I, cit., p. 405.
[241] Cfr. RAMÓN PARADA, *Derecho Administrativo...*, cit., I, p. 30.
[242] Cfr. ROLF STOBER, "Die Privatrechtlich...", cit., pp. 453 e 454.
[243] Cfr. MARÍA NIEVES DE LA SERNA BILBAO, *La privatización en España. (Fundamentos constitucionales y comunitários)*, Aranzadi, Pamplona, 1995, p. 142; ENTERRÍA//FERNÁNDEZ, *Curso...*, I, cit., p. 406.

atribuindo assim àquela que é uma destinatária privilegiada das normas constitucionais o poder de escolher cumprir ou violar tais normas[244].

No entanto, também se reconhece que o simples facto de o recurso a instrumentos jusprivatísticos poder ser usado *em potência* como fraude às vinculações jurídico-públicas não pode, naturalmente, implicar a imediata inconstitucionalidade dos diplomas legais ou dos actos administrativos que determinam a privatização. Antes, aposta-se no recurso, em casos meramente pontuais, à imposição de deveres públicos a entidades administrativas privadas através do "levantamento do véu" da personalidade jurídica instrumentalmente criada[245].

Por outras palavras, apesar de se denunciar a frequente utilização instrumental do Direito Privado para uma fuga ao Direito Público, reconhece-se que a Constituição não oferece nem os meios nem as bases necessárias para um controlo sistemático e generalizado do fenómeno privatizador – pelo menos ao ponto de erguer uma barreira a um *princípio geral de liberdade das formas de organização e de gestão administrativas*.

Essa liberdade inerente de auto-organização e auto-gestão administrativa decorre, na verdade, da própria obrigação de prossecução mais eficiente do interesse público, a qual pressupõe a possibilidade de adopção dos instrumentos mais adequados para a satisfação de cada necessidade concreta da comunidade[246].

Mais: recordando-se que a opção de privatização está, à partida, justificada quando as necessidades colectivas a serem satisfeitas dependam de uma actuação pública num mercado concorrencial[247], cujo funcionamento seria desvirtuado pela aplicação a título principal do Direito Administrativo, sublinha-se mesmo que a criação de obstáculos à privatização pode, pelo menos no âmbito das actividades administrativas de natureza empresarial, chocar com a consagrada preferência constitucional pela iniciativa privada e pela actuação meramente subsidiária dos poderes públicos. Efectivamente, fundamentando-se a ordem constitucional no valor da

---

[244] Cfr. DIRK EHLERS, "Die Handlungsformen bei der Vergabe von Wirtschaftssubventionen", *in* Verwaltungs Archiv, Carl Heymanns, Köln/Berlin, 1983, pp. 422 ss.

[245] Cfr. ENTERRÍA/FERNÁNDEZ, *Curso...*, I, cit., pp. 406 e 407.

[246] Cfr. ROLF STOBER, "Die Privatrechtlich...", cit., pp. 452 ss.; DIRK EHLERS, "Rechtsstaatliche...", cit., p. 424; NORBERT ACHTERBERG, "Privatrechtsförmige Verwaltung", in *Juristiche Arbeitsblätter*, Alfred Metzner, Frankfurt, 1985, p. 507.

[247] Cfr. ENTERRÍA/FERNÁNDEZ, *Curso...*, I, cit., p. 406.

dignidade da pessoa humana, os poderes constituídos não podem adoptar uma postura totalitária que instrumentalize a pessoa humana – e, portanto, a sua liberdade inata de actuação – aos fins do Estado, pelo que qualquer iniciativa intervencionista do Estado é supletiva face ao princípio geral da liberdade da sociedade civil[248].

Pode, de resto, dizer-se que, no caso da ordem constitucional portuguesa, o princípio geral de preferência pela actuação privada resulta de forma evidente das próprias disposições constitucionais expressas: se, desde a Revisão Constitucional de 1997, o princípio da subsidiariedade é acolhido como pilar da organização da comunidade política, impondo uma actuação meramente supletiva do Estado face às atribuições de outras entidades públicas, por maioria de razão se deve concluir que também perante a sociedade civil o Estado tem de limitar a sua actuação, em especial ao nível económico, a um papel meramente supletivo. De facto, "o Estado não pode estar mais limitado na sua actuação perante entidades públicas do que está diante das entidades não públicas"[249], *maxime* quando até tem o dever constitucional de incentivar a actividade empresarial[250] e quando, com as revisões constitucionais de 1989 e de 1997, que, respectivamente, eliminaram o princípio da irreversibilidade das nacionalizações e a obrigação de existência de sectores vedados à iniciativa económica privada (deixando essa hipótese nas mãos do legislador ordinário), desapareceu qualquer base argumentativa que fundamente uma preferência constitucional pela intervenção do Estado na sociedade civil e na actividade empresarial[251].

Assim, salvo em casos muito pontuais de "levantamento do véu" da personalidade jurídica de entidades privadas instrumentais, o regime de controlo da privatização é limitado à identificação de uma "reserva de Administração" que se ergue como limite mínimo que qualquer acto de privatização deve respeitar[252].

Para o efeito, recorre-se a duas linhas argumentativas.

---

[248] V. PAULO OTERO, *Vinculação...*, cit., pp. 34 ss.

[249] *Idem, ibidem*, pp. 37 e 38.

[250] Cfr. n.º 1 do artigo 86.º da Constituição.

[251] Admitindo, quando muito, uma "indiferença constitucional" entre os princípios contraditórios da apropriação pública e da privatização dos meios de produção, cfr. PAULO OTERO, *Vinculação...*, cit., pp. 151 ss.

[252] Cfr. SILVIA DEL SAZ, "Desarrollo...", cit., pp. 101 ss.; IGNACIO BORRAJO INIESTA, "El intento de huir del derecho administrativo" in *Revista Española de Derecho Administrativo*, n.º 78 (1993), Civitas, Madrid, pp. 233 ss.

a. Primeiro, admitindo-se como "justificada" a opção natural de recurso ao Direito que exprime os valores da liberdade e da igualdade entre as partes sempre que as necessidades colectivas devam ser prosseguidas segundo uma lógica empresarial, proclama-se que "carece de toda a justificação" o recurso a tal quadro jurídico quando as necessidades colectivas a prosseguir assentem no exercício de poderes de autoridade ou em funções de natureza burocrática[253].

Partindo do princípio de que *i)* por um lado, como antes se demonstrou, o Direito Administrativo existe justamente para o enquadramento do exercício administrativo de poderes de autoridade incompatíveis com o Direito Privado, e que, *ii)* por outro lado, é às entidades públicas – e nunca a entidades administrativas sob forma privada que actuam no tráfego jurídico-privado presidido pela igualdade e pela liberdade – que está reservado o recurso ao Direito Administrativo como "*privata lex*", deve entender-se que resulta da Constituição uma reserva de exercício de poderes de autoridade submetida *i)* ao regime substantivo do Direito Administrativo e *ii)* às formas de organização administrativas jurídico-públicas[254].

b. Em segundo lugar, considera-se que, perante o modo de concepção dos instrumentos de garantia dos interesses dos administrados por parte dos vários textos constitucionais, a interdependência necessária entre o exercício do poder administrativo e o respectivo controlo judicial conduz forçosamente à identificação de uma reserva de Administração.

Assim, no caso do sistema constitucional espanhol, sustenta RAMÓN PARADA que a jurisdição administrativa é constitucionalmente institucionalizada através da referência expressa, na alínea c) do artigo 153.º da Constituição, à submissão do controlo da legalidade administrativa no âmbito autonómico à Jurisdição Contencioso-Administrativa. De tal "constitucionalização" deve retirar-se que, também quando se atribui genericamente aos Tribunais, pelo artigo 106.º da Constituição, o controlo da legalidade administrativa, é aos Tribunais Administrativos, e não à ordem jurisdicional civil ou laboral, que se confia tal tarefa[255].

---

[253] Cfr. ENTERRÍA/FERNÁNDEZ, *Curso...*, I, cit., p. 406; RAMÓN PARADA, *Derecho Administrativo*, I, cit., pp. 29 e 30.

[254] Paulo Otero, *Legalidade...*, cit., pp. 823 e 824; *Idem*, *Vinculação...*, cit., 292 e 293; SILVIA DEL SAZ, "Desarrollo...", cit., pp. 101 ss.

[255] V. RAMÓN PARADA, *Derecho Administrativo*, I, cit., p. 29.

Ora, se a fiscalização judicial da legalidade administrativa se desdobra num regime de controlo da vinculação positiva à legalidade, da proibição do arbítrio, do respeito pela objectividade, igualdade e imparcialidade e da procedimentalização da actividade administrativa, então a institucionalização de uma ordem jurisdicional administrativa pressupõe a necessária submissão da actividade administrativa a este quadro normativo de vinculações jurídico-públicas – o único que os Tribunais Administrativos, cuja existência é constitucionalmente imposta ao legislador, podem controlar[256].

De modo similar, quando o legislador constituinte português optou, na revisão constitucional de 1989, por colocar a jurisdição administrativa sob a protecção de uma garantia institucional, deixou de caber na autonomia legislativa o poder de, salvo em casos pontuais, retirar da jurisdição administrativa as competências compreendidas na sua reserva de decisão sobre os litígios emergentes das relações jurídicas administrativas[257-258]. Com isso, foi constitucionalmente consolidada uma "indissociável ligação" entre o Direito Administrativo e a jurisdição administrativa, a qual é concebida como "guardiã exclusiva" da legalidade administrativa[259].

Ora, se os Tribunais Administrativos são concebidos pelo legislador constituinte como os órgãos de soberania competentes para o julgamento

---

[256] Cfr. SILVIA DEL SAZ, "Desarrollo...", cit., pp. 101 ss.; RAMÓN PARADA, *Derecho Administrativo*, I, cit., p. 30.

[257] Cfr. SÉRVULO CORREIA, *Direito...*, cit., p. 593.

[258] Dizemos "em casos pontuais" porque, tendo adoptado o modelo de "cláusula geral", o legislador constituinte não impôs uma reserva absoluta que impeça a submissão de questões pontuais de natureza substancialmente administrativas a outras jurisdições. É que, tratando-se de uma garantia institucional, o legislador apenas está vinculado a preservar os elementos típicos de um complexo normativo que não pode ser descaracterizado. Assim, VIEIRA DE ANDRADE, *A Justiça Administrativa (Lições)*, 7.ª edição, Almedina, Coimbra, 2005, pp. 109 ss. Em sentido oposto, mas acabando por adoptar uma posição mitigada por meras razões de ordem prática, cfr. MÁRIO AROSO DE ALMEIDA, "A publicidade, o notariado e o registo público de direitos privados – Problemas substantivos, contenciosos e procedimentais", in *Estudos em Homenagem ao Professor Doutor Rogério Soares*, Coimbra Editora, Coimbra, 2001, pp. 498 ss. Sobre o papel das garantias institucionais como comandos constitucionais de preservação de elementos atributivos de tipicidade a instituições e institutos jurídicos assentes em complexos normativos – e, portanto, como comandos que não criam uma barreira absoluta e rigidificante da liberdade legislativa –, cfr. SÉRVULO CORREIA, *Direitos Fundamentais*, cit., p. 89.

[259] Cfr. PAULO OTERO, *Legalidade...*, cit., pp. 820 e 821.

dos litígios emergentes das relações jurídicas administrativas[260], a "debandada" administrativa para o Direito Privado implicaria também uma erosão da reserva de competência dos Tribunais Administrativos, pelo que a eliminação de uma reserva de actuação administrativa submetida ao Direito Administrativo corresponderia, em rigor, a uma violação do comando constitucional de preservação dos elementos típicos da ordem jurisdicional administrativa protegida por uma garantia institucional[261].

E, por sua vez, recordando-se o princípio segundo o qual está reservada às entidades dotadas de personalidade jurídica pública a adopção do Direito Administrativo como parâmetro primário de regulação da sua actividade e gestão – porque só no caso das entidades públicas a adopção do Direito Administrativo como Direito estatutário não violenta a liberdade e a igualdade do tráfego jurídico entre os particulares[262] –, a "debandada" da Administração para formas jurídico-privadas de auto-organização ou de auto-gestão tem como exactas consequências a mesma erosão da competência dos Tribunais Administrativos e a eliminação indirecta da jurisdição administrativa constitucionalmente institucionalizada.

De resto, é na jurisdição administrativa que se confere concretização prática aos direitos fundamentais processuais especificamente atribuídos aos administrados de *i)* reconhecimento de direitos ou interesses legalmente protegidos, *ii)* impugnação de actos administrativos lesivos, *iii)* determinação da prática de actos administrativos devidos, *iv)* adopção de medidas cautelares adequadas e *v)* impugnação de normas administrativas lesivas[263]. Tais direitos processuais, traduzindo um dos momentos mais marcantes da constitucionalização das vinculações progressivamente impostas à *"privata lex"* administrativa, recebem a protecção jusfundamental própria do sistema de Direitos, Liberdades e Garantias[264] e integram, assim, o "núcleo essencial" dos elementos tipificadores da ordem

---

[260] Cfr. n.º 3 do artigo 212.º da Constituição. Sobre a tendencial incompetência do juiz administrativo para o julgamento de litígios inter-privados – insista-se: tendencial e não absoluta – , cfr. PHILIPPE FOILLARD, *Droit...*, cit., p. 310.

[261] PAULO OTERO, *Legalidade...*, cit., p. 821; SÉRVULO CORREIA, *Direito...*, cit., p. 593.

[262] Assim, v., por todos, PAULO OTERO, *Vinculação...*, cit., p. 266.

[263] Cfr. n.ºs 4 e 5 do artigo 268.º da Constituição.

[264] Neste sentido, cfr. JORGE MIRANDA, *Manual...*, IV, cit., p. 152; GOMES CANOTILHO//VITAL MOREIRA, *Constituição...*, cit., p. 374; VIEIRA DE ANDRADE, *Os Direitos Fundamentais...*, cit., p. 199.

jurisdicional administrativa constitucionalmente institucionalizada, pelo que a sua jusfundamentalização acarreta o reconhecimento obrigatório, pelo legislador ordinário, de uma reserva de actividades de interesse público materialmente submetidas ao Direito Administrativo e prosseguidas por entidades dotadas de personalidade jurídico-formal pública.

8.3 Este percurso argumentativo elaborado a partir das próprias disposições constitucionais e das garantias sedimentadas na ordem jurídica pela Lei Fundamental permite, desde já, identificar um grande **limite genérico ao fenómeno da privatização administrativa**. Das opções assumidas pelo legislador constituinte decorre uma vinculação limitativa do princípio geral de liberdade de auto-organização e auto-gestão administrativa, que se consubstancia num dever de garantir que a adaptação da organização e da gestão administrativa às necessidades concretas de prossecução do interesse público nunca atinja um ponto extremo que leve à extinção de uma **reserva de exercício da função administrativa *i)* prosseguida por entidades formalmente dotadas de personalidade jurídica pública, *ii)* submetida a um regime substantivo de Direito Administrativo e *iii)* cujos litígios dela emergentes sejam julgados pelos Tribunais Administrativos.**

Porém, sendo este o primeiro passo para a parametrização do fenómeno de privatização administrativa, também é evidente que tal *limite genérico*, que tanto interesse teórico tradicionalmente suscitou, fica muito aquém das necessidades de controlo da fuga para o Direito Privado. Tal como se antecipou no início da presente investigação, os ensaios sobre a definição dos limites de uma "reserva constitucional de Administração" pouca utilidade vieram a ter no momento de fiscalização das decisões concretas de privatização (ou mesmo na fiscalização do enquadramento legislativo de tais decisões concretas) – o único juridicamente relevante para a parametrização do fenómeno privatizador.

Efectivamente, por mais fascinante que se pudesse considerar a discussão – meramente académica – sobre a admissibilidade constitucional de uma eventual (e, apesar de tudo, virtualmente impossível) decisão de extinção da Administração Pública, parece claro que, dirigindo-se o controlo judicial à fiscalização de *actos jurídico-públicos de privatização* (e não a *movimentos globais de privatização*), de pouca utilidade se reveste a proclamação de que o legislador ordinário está constitucionalmente vinculado a proteger uma reserva de exercício da função administrativa para as entidades públicas, ou a asserção de que existe um núcleo essencial de interesses públicos que não pode ser submetido ao regime de Direito Privado ou, ainda, a conclusão de que a privatização administrativa não pode descaracterizar a reserva de competência dos Tribunais Administrativos.

É que, como é evidente, dificilmente *um acto jurídico isolado*, sob forma legislativa ou administrativa – o único, insista-se, susceptível de fiscalização judicial e, em consequência, o único passível de submissão a um regime de controlo da privatização – poderia, salvo em casos excepcionais, ter um alcance tão grande que violentasse, por si só, aquela reserva constitucional de Administração[265]. E como a experiência tem indicado que os movimentos, *globalmente considerados*, de privatização – os quais, insista-se, *apenas na sua globalidade* podem, de facto, lesar a referida reserva constitucional – são concebidos de forma meramente gradual e se concretizam em actos jurídicos concretos judicialmente sindicáveis, urge, por conseguinte, ensaiar um **regime de controlo dos actos jurídicos de privatização** que, extravasando os parâmetros clássicos definidos pela doutrina, permita, por fim, estabelecer **instrumentos judiciais de controlo** da fuga para o Direito Privado, através da identificação dos **limites concretos à privatização administrativa**, isto é, dos **parâmetros específicos de fiscalização judicial do acto de privatização**. É a tal tarefa que nos dedicaremos em seguida.

---

[265] Não se vê como factível, em concreto, um acto que, pela sua extensão e alcance, pudesse colocar *quantitativamente* em perigo a existência de uma reserva de Administração e, ou, de uma reserva de competência dos Tribunais Administrativos; tão-pouco parece provável a opção de privatização através de um acto jurídico concreto que *qualitativamente* incidisse sobre áreas essenciais da soberania do Estado (*v.g.*, privatização das Forças Armadas ou da função diplomática do Estado – hipótese essa que, em qualquer caso, não podendo ser de todo descartada, também será objecto de subsequente análise na presente investigação). Restará, portanto, a discussão sobre a admissibilidade de privatização de zonas de fronteira em que, mais recentemente, se tem procurado conciliar o exercício de funções de natureza empresarial com a prática de actos de autoridade – fenómeno que, pela sua actual relevância qualitativa e quantitativa, seguidamente será abordado.

CAPÍTULO III
OS PARÂMETROS DE CONTROLO JUDICIAL DO ACTO DE PRIVATIZAÇÃO

§ 9.º A MARGEM DE AUTONOMIA LEGISLATIVA E OS PARÂMETROS DE VINCULAÇÃO DA DECISÃO DE PRIVATIZAÇÃO – EXECUÇÃO SIMPLES E QUALIFICADA, APLICAÇÃO E CONFORMAÇÃO CONSTITUCIONAL

9.1 A investigação realizada permitiu, até ao momento, *i)* identificar os factores – essenciais à compreensão do fenómeno da privatização – que levaram a Administração Pública a considerar como repulsiva e ineficiente a sua própria *"privata lex"*, para onde, dois séculos antes, havia fugido em "debandada"; *ii)* identificar, também, a primeira solução que a Ciência do Direito Administrativo encontrou para fazer face à fuga do Direito Privado, a saber, a publicização do Direito Privado da Administração, enquanto "terceira via" para o enquadramento da actividade administrativa; *iii)* identificar, por último, os primeiros parâmetros que a doutrina concebeu como limites genéricos ao movimento global de privatização, logo que discerniu (tardiamente) que a criação de um Direito Privado Administrativo como "terceira via" para o enquadramento da actividade administrativa era insuficiente para a garantia das vinculações jurídico-públicas constitucionalmente consagradas.

Contudo, uma vez que a experiência viria, por sua vez, a demonstrar as insuficiências de um regime de controlo da privatização administrativa exclusivamente assente na fiscalização do *movimento global de privatização* e na defesa de uma "reserva constitucional de Administração", torna-se agora decisivo ensaiar um regime de controlo dos *actos concretos de privatização* – os únicos passíveis de fiscalização judicial efectiva.

9.2 Para esse efeito, importa esclarecer, antes de mais, que, sem prejuízo de o regime de controlo dos actos de privatização poder incidir, num segundo plano, sobre actos jurídico-públicos sob forma administrativa e,

até, sob actos jurídico-privados, tal regime tem como objecto privilegiado *actos jurídico-públicos sob forma legislativa*.
Essa circunstância pode ser fundamentada em duas ordens de razões.

a. Em primeiro lugar, deve reconhecer-se que a decisão de privatizar corresponde a uma opção, quanto ao modo de organização da Administração Pública e de gestão da prossecução de uma tarefa administrativa, que é exercida pelo Governo na qualidade de "órgão superior da Administração Pública" e que se integra no âmbito da sua competência materialmente administrativa[266].

Porém, esse *acto materialmente administrativo de privatização* pode, com frequência, ser precedido de um acto legislativo de enquadramento de um conjunto de privatizações concretas – sucedendo, em certos casos, que é a própria Constituição que pressupõe a existência de tal acto legislativo[267]. Além disso, também a decisão materialmente administrativa de privatização do exercício ou da gestão de uma função administrativa pode estar totalmente pré-definida e vinculada por um acto legislativo, verificando-se mesmo que, no caso de privatização da gestão de um serviço público através de um instrumento de carácter contratual (*v.g.*, contrato de concessão de serviços públicos), o respectivo conteúdo já se encontra definido e estabilizado nas bases gerais da concessão aprovadas por acto legislativo.

E, evidentemente, o regime de controlo dos actos de privatização deve incluir os parâmetros necessários para a fiscalização deste acto que define os traços essenciais a que obedecerão as subsequentes decisões de privatização.

b. Mas, mais importante do que isso, mesmo partindo do princípio de que *o momento central do fenómeno de privatização* deve ser a *decisão (materialmente administrativa) de privatizar*, essa é uma decisão primária

---

[266] Cfr. artigo 182.º e alíneas d) e g) do artigo 199.º da Constituição. Neste sentido, sustentando a integração da decisão de privatização na função administrativa e, concretamente, na "reserva de competência administrativa do Governo", cfr. PAULO OTERO, *Vinculação...*, cit., pp. 256 e 257.

[267] É o caso das reprivatizações de bens nacionalizados após a Revolução de 1974, sendo a respectiva decisão administrativa obrigatoriamente enquadrada por uma lei-quadro que deve preencher as valências mínimas previstas no actual artigo 293.º da Constituição (o que viria a concretizar-se pela Lei n.º 11/90, de 5 de Abril).

que jamais poderia ser encarada, de modo simplista, como a mera escolha de formas de organização ou de gestão jurídico-privadas em detrimento de formas de organização ou de gestão jurídico-públicas ou, ainda, a eleição de um regime substantivo de Direito Privado em substituição de um regime substantivo de Direito Público.

Antes, à decisão de privatização subjaz, não raras vezes, a necessidade da mais complexa combinação de regras, institutos e instrumentos jurídicos oferecidos por diversos ramos do Direito. Esta prerrogativa – sem paralelo em toda a ordem jurídica – de criação de um *Direito estatutário singular* para a prossecução de um interesse público específico, construído através de uma cuidadosa selecção dos aspectos mais atractivos que cada ramo do Direito oferece, pressupõe, pois, a derrogação em massa do regime típico e das regras e institutos comuns do Direito Administrativo, Civil, Comercial, Societário ou Laboral – os quais estavam, naturalmente, dotados de força de lei[268-269].

Assim, uma vez que a decisão de privatizar vem, em princípio, acompanhada da definição de um regime estatutário singular para a entidade privatizada ou para a tarefa administrativa confiada aos particulares, a derrogação do regime comum de Direito Público e de Direito Privado pressupõe a atribuição ao acto materialmente administrativo de privatização de uma força e forma de acto legislativo[270].

---

[268] Aliás, essa possibilidade é já prevista pelo artigo 9.º do Decreto-Lei n.º 558/99, de 17 de Dezembro, alterado pelo Decreto-Lei n.º 300/2007, de 23 de Agosto, que, após submeter as entidades empresariais às regras gerais da concorrência, admite que tal submissão "não prejudica regimes derrogatórios especiais, devidamente justificados, sempre que a aplicação das normas gerais de concorrência seja susceptível de frustrar, de direito ou de facto, as missões confiadas às empresas públicas incumbidas da gestão de serviços de interesse económico geral ou que apoiem a gestão do património do Estado".

[269] Destacando, sob outra perspectiva, o facto de o recurso ao decreto-lei permitir a criação de um regime singular de controlo governamental sobre uma entidade privatizada, cfr. PAULO OTERO, *O Poder de Substituição...*, I, cit., p. 70.

[270] É isso que justifica, a título de exemplo, que seja já o próprio legislador a definir que a criação de Entidades Públicas Empresariais tem lugar através de "decreto-lei, o qual aprovará também os respectivos estatutos". Cfr. n.º 1 do artigo 24.º do Decreto-Lei n.º 558//99, de 17 de Dezembro. Embora essa regra não seja aplicável à criação de entidades empresariais de natureza privada (sendo, porém, tal hipótese expressamente prevista no novo artigo 35.º do diploma, introduzido pelo Decreto-Lei n.º 300/2007, de 23 de Agosto), seria essa a prática que viria a ser consagrada – justamente para o efeito de recurso àquela prerrogativa "exorbitante" de derrogação das regras comuns de Direito Público e de Direito Privado.

Ora, tal como decorre da jurisprudência uniforme do Tribunal Constitucional[271], esta prerrogativa "exorbitante" de criação de um regime estatutário privativo através do recurso a *actos administrativos sob forma de lei* acarreta consigo, como reverso da medalha, a susceptibilidade de um *controlo jurisdicional duplo*:

   i) Por um lado, adoptando o conceito funcional de norma propugnado pelo Tribunal Constitucional, a simples circunstância de recorrer à forma de lei implica a submissão de tal acto materialmente administrativo ao regime de controlo da inconstitucionalidade dos actos legislativos[272];
   ii) Por outro lado, partindo do princípio de que, para todos os efeitos, aquele acto está dotado de um conteúdo materialmente administrativo, o recurso instrumental à forma de lei não pode prejudicar a possibilidade de recurso à jurisdição administrativa para a impugnação da decisão de privatização, sob pena de restrição indevida do direito fundamental à impugnação de actos administrativos lesivos[273].

---

[271] Cfr., entre tantos outros, os Acórdãos n.º 26/85, de 15 de Fevereiro (publicado no Diário da República, 2.ª Série, de 26 de Abril de 1985), e n.º 157/88, de 7 de Julho (publicado no Diário da República, 1.ª Série, de 25 de Julho de 1988), os quais mantêm a posição primariamente assente pela Comissão Constitucional, no seu Parecer n.º 3/78.

[272] Admitindo-se assim uma "cumulação de competências contenciosas da jurisdição constitucional e administrativa sobre a mesma disposição jurídico-pública". Cfr. CARLOS BLANCO DE MORAIS, *Justiça Constitucional*, I, Coimbra Editora, Coimbra, 2002, p. 465. Para o Tribunal Constitucional (cfr. o já citado Acórdão n.º 26/85, de 15 de Fevereiro), esta cumulação não origina um conflito positivo de competências entre ambas as jurisdições, uma vez que a cada uma delas caberia um controlo num plano distinto, a saber, o controlo da norma (pela jurisdição constitucional) e o controlo do acto de aplicação da mesma norma (pela jurisdição administrativa). Contra, contestando veementemente aquilo que qualifica como uma "disfunção do regime", cfr. JORGE MIRANDA, *Manual de Direito Constitucional*, V, 3.ª edição, Coimbra Editora, Coimbra, 2004, pp. 153 e 154.

[273] Assim o propugnava já JORGE MIRANDA no seu "Decreto" (separata do *Dicionário Jurídico da Administração Pública*, Coimbra, 1974, pp. 129 e 130), onde afirmava que "a qualificação relevante tem de ser a que deriva do conteúdo, e não a que se prende à forma eventualmente adoptada, ainda que esta seja a de decreto-lei", e que, portanto, "quaisquer decretos, desde que se demonstre possuírem conteúdo individual e concreto", podem ser impugnados com base "em qualquer dos vícios específicos do acto administrativo". Essa posição foi acolhida no n.º 4 do artigo 268.º da Constituição, que estabelece o princípio da irrelevância da forma do acto para efeitos da respectiva impugnabilidade,

Mas, naturalmente, estando o recurso à forma de lei finalisticamente dirigido à subtracção ao enquadramento normativo previamente definido por qualquer acto sob forma legislativa – por outras palavras: conseguindo o Governo, com o recurso à forma de lei, não ter quaisquer outros parâmetros de vinculação do acto de privatização além daqueles que resultam da própria Constituição[274] –, o regime de fiscalização do acto de privatização só é operativo quando moldado em função dos parâmetros de controlo próprios dos actos legislativos[275].

Significa isso, portanto, que qualquer acto de privatização, independentemente do respectivo conteúdo (normativo ou individual e concreto) e do seu alcance (destinando-se a estabelecer o quadro geral de um conjunto de privatizações ou a privatizar uma entidade específica ou a gestão de um serviço público específico), *desde que seja praticado sob a forma de acto legislativo* – e quase sempre o será – é fiscalizado, em primeira linha, pela jurisdição constitucional e examinado à luz dos instrumentos de controlo dos vícios típicos dos actos legislativos.

Por outro lado, não sofre qualquer contestação o entendimento de que, mesmo no caso de privatização através do recurso a instrumentos jusprivatísticos[276], a decisão de privatizar é, invariavelmente uma opção

---

sendo tal princípio concretizado no n.º 1 do artigo 52.º do Código de Processo nos Tribunais Administrativos.

[274] Apesar de sublinhar que o recurso à forma legislativa não pode, obviamente, resultar numa ausência de limites ao conteúdo do acto formalmente legislativo, PAULO OTERO reconhece que tais limites são justamente os inerentes ao exercício da função legislativa. Cfr. "Da criação de Sociedades Comerciais por Decreto-lei", Separata de *Estudos em Homenagem ao Professor Doutor Raul Ventura*, Coimbra Editora, Coimbra, 2003, pp. 114 ss. E é precisamente esse o objectivo subjacente ao recurso instrumental à forma de decreto-lei: eliminar qualquer parâmetro de vinculação do acto materialmente administrativo além daqueles que já resultam da própria Constituição.

[275] Recordando que a "fuga para o Direito Privado" tem o beneplácito – ou é mesmo efectivada – pelo próprio legislador e que, por isso, o respectivo controlo tem de ser exercido por referência ao regime típico de controlo de actos legislativos, fundamentando-se em parâmetros de fiscalização dotados de forma e força jurídica constitucional, cfr. ENTERRÍA/ /FERNÁNDEZ, *Curso...*, I, cit., p. 405.

[276] Pense-se nos já referidos casos de alienação de participações sociais ou, até, de constituição de novas entidades societárias a partir de uma "sociedade-mãe" dominada por capitais públicos. Em ambos os cenários, a decisão de privatização é executada através do recurso aos instrumentos jurídicos que são oferecidos pelo Direito Societário, sendo o acto jurídico-público que consubstancia aquela decisão manifestamente insufi-

integralmente submetida às vinculações jurídico-públicas e praticada sob a forma de acto jurídico-público – ainda que a sua execução passe pelo recurso às formas jurídico-privadas de transferência de posições jurídicas legal ou contratualmente adquiridas.

Com efeito, ainda quando opta por constituir uma nova entidade societária ou alienar participações sociais, o Governo exerce, na qualidade de órgão superior da Administração Pública, uma competência jurídico-pública (como se viu, materialmente administrativa e, como a experiência indica, formalmente legislativa) de busca da solução de organização e gestão administrativa mais eficiente para a prossecução do interesse público; é esse fim de interesse público, e não a prossecução dos fins privados seleccionados no âmbito da autonomia pessoal de uma entidade privada, que preside e que torna justificável ou injustificável a decisão de privatizar.

É, portanto, no quadro de vinculações jurídico-públicas e na ordem constitucional que devem procurar-se os parâmetros de enquadramento da actuação dos órgãos constitucionais no exercício das suas competências próprias e os parâmetros de controlo da sua decisão de privatizar – independentemente de tal decisão ser ou não tomada pelo "Estado-empresário" e de ser ou não executada através do recurso a instrumentos jusprivatísticos[277].

9.3 Partindo do princípio de que o regime de controlo do acto de privatização tem por objecto privilegiado a fiscalização de actos de privatização sob forma legislativa, importa então examinar, em profundidade, qual a exacta margem de liberdade de que o legislador dispõe no âmbito do acto de privatização. Pergunta-se, por outras palavras, qual o grau ou a amplitude da margem de autonomia conferida ao legislador aquando da decisão de privatizar e, sob outra perspectiva, quais os parâmetros de vinculação que delimitam essa autonomia e que servem de ponto de apoio para a fiscalização judicial.

---

ciente para, por si só, operar uma transferência para o sector privado da propriedade dos meios de produção – o que constitui uma das quatro manifestações acima enunciadas de *privatização directa*.

[277] Cfr., neste sentido, SÉRVULO CORREIA, *Legalidade...*, cit., p. 549; PAULO OTERO, *Vinculação...*, cit., pp. 258 e 259.

Para uma tal tarefa, deve esclarecer-se que pensamos ser possível identificar, com base numa análise global do sistema político-constitucional, quatro diferentes amplitudes para a margem de liberdade atribuída ao legislador, isto é, quatro graus diversos de autonomia que a Constituição reconhece, em função do tipo e da relevância dos interesses a prosseguir, ao legislador democrático. Naturalmente, é a amplitude da margem de autonomia legislativa que definirá, em cada caso, a densidade dos parâmetros de vinculação jurídico-constitucional que podem servir de ponto de apoio para a fiscalização judicial da decisão de privatizar[278-279].

---

[278] Por uma questão de maior clareza e simplicidade, excluímos aqui os casos em que, através de uma regra proibitiva absoluta (v.g., proibição de pena de morte ou de tortura), a Constituição elimina por completo a autonomia legislativa, criando, assim, uma "amplitude zero" na margem concreta de liberdade atribuída ao legislador democrático.

[279] Sobre a identificação dos graus de autonomia legislativa constitucionalmente admissíveis, cfr. GOMES CANOTILHO, *Constituição Dirigente e Vinculação do Legislador – Contributo para a Compreensão das Normas Constitucionais Programáticas*, 2.ª edição, Coimbra Editora, Coimbra, 2001, pp. 216-218, que enuncia três "esquemas teóricos" das relações materiais entre a Constituição e a lei", isto é, três formas de caracterizar "a posição jurídico-constitucional do legislador" ordinário perante o legislador constituinte (um pensamento de execução, de aplicação e de conformação das normas constitucionais). Esse é, não obstante, um ponto de partida distinto daquele que se adopta na presente investigação, na qual, sem ser o lugar para uma caracterização jurídico-constitucional da posição global do legislador no sistema político-constitucional, se procura identificar os diferentes graus de autonomia legislativa constitucionalmente admissíveis em função da relevância dos interesses jurídicos afectados pela intervenção legislativa.

Mais próxima da perspectiva que aqui se adopta é a abordagem de ROBERT ALEXY, *Epílogo a la Teoría de los Derechos Fundamentales*, Centro de Estudios Políticos y Constitucionales, Madrid, 2004, pp. 32 ss., na qual se identificam três tipos de margem de autonomia que a Constituição atribui ao legislador: *i)* uma margem de liberdade para fixação dos fins do acto legislativo, que inclui os casos em que o legislador pode seleccionar livremente os fins que podem justificar a sua actuação e, bem assim, os casos em que a Constituição já enuncia os fins que podem presidir ao acto legislativo, sem, no entanto, vincular o legislador a prosseguir tais fins, permitindo, assim, que o legislador faça seus os fins que a Constituição enuncia e não impõe; *ii)* uma margem para a eleição de meios, quando, estando o legislador vinculado a prosseguir um determinado fim, pode seleccionar os meios que considere mais idóneos para alcançar o fim que lhe é imposto; e *iii)* uma margem de ponderação de normas-princípio, que resulta da necessidade de avaliar as possibilidades fácticas e jurídicas de satisfação de princípios opostos, cujo âmbito de protecção *prima facie* sofrerá uma restrição em função de qual seja a escolha quanto ao meio de satisfação dos fins constitucionalmente enunciados.

a. Em primeiro lugar, encontramos uma margem de estrita **execução vinculada** ou **qualificada** das normas constitucionais nos casos em que a Constituição enuncia e predetermina os fins que justificam a intervenção legislativa, vinculando o legislador a prosseguir esses fins. Isto é, a Constituição não vincula apenas o *"para quê"* da actuação legislativa (quais os fins que são prosseguidos pelo acto legislativo), mas também o *"porquê"* de tal actuação (as razões concretas que levaram o legislador a produzir aquele acto: o legislador actuou porque a Constituição assim o impunha, sem que tivesse qualquer margem para a opção entre actuar ou omitir a actuação).

Podem ser indicados como casos de execução constitucional vinculada os que *expressamente* resultam do n.º 2 do artigo 52.º da Constituição, no qual se impõe a emissão de um acto legislativo para a fixação das condições de exercício do direito de petição, ou do n.º 3 do artigo 57.º, no qual se vincula o legislador à emissão dos actos legislativos necessários à definição dos serviços mínimos indispensáveis para a satisfação de necessidades sociais impreteríveis durante o exercício do direito à greve.

Podem, porém, também ser considerados como casos de execução constitucional vinculada aqueles que *implicitamente* resultam da necessidade de prosseguir o fim constitucionalmente vinculado de criação das condições indispensáveis ao exercício de direitos fundamentais. Para ilustrar, do direito de sufrágio previsto no n.º 1 do artigo 49.º da Constituição resulta o fim constitucionalmente vinculado de criação de todas as condições materiais, jurídicas e logísticas necessárias para "passar da potência ao acto"[280], não dispondo o legislador, portanto, de qualquer opção quanto a legislar ou omitir a actuação.

Nesta primeira margem de autonomia legislativa, a vinculação constitucional quanto aos fins e às razões concretas de actuação do legislador resulta numa redução da sua liberdade a uma simples *"discricionariedade de meios"*, que se consubstancia na selecção autónoma dos meios que o legislador democrático considera mais adequados para a satisfação dos fins que a Constituição lhe impunha. Por outras palavras, daí resulta a identificação de dois grandes parâmetros de controlo judicial do acto legislativo praticado no âmbito de uma margem de estrita execução vinculada

---

[280] Cfr. JORGE MIRANDA/RUI MEDEIROS, *Constituição Portuguesa Anotada*, I, Coimbra Editora, Coimbra, 2005, p. 484.

da Constituição: *i)* um controlo total dos fins vinculados do acto e *ii)* um controlo parcial de mera adequação dos meios autonomamente seleccionados pelo legislador.

b. Admitimos, em segundo lugar, uma margem de **execução simples** das normas constitucionais, nos casos em que a Constituição enuncia e predetermina um fim que justifica a intervenção legislativa, sem, contudo, vincular o legislador a emitir um acto legislativo para a prossecução daquele fim predefinido. Por outras palavras, a Constituição predetermina o *"para quê"* da actuação legislativa (o fim a prosseguir pelo acto legislativo), sem predefinir o *"porquê"* da intervenção do legislador (as razões concretas que levaram o legislador a prosseguir um fim que a Constituição nunca impôs que prosseguisse). Quando isso sucede, a falta de vinculação legislativa à prossecução de um fim constitucionalmente previsto habilita o legislador a fazer seu aquele fim constitucional, elegendo, para o efeito, pressupostos ou determinantes autónomas de actuação que o auxiliem na decisão de legislar ou não legislar.

A título de exemplo, a Constituição impõe, no n.º 1 do seu artigo 149.º, a adopção de um sistema de representação proporcional na eleição dos deputados à Assembleia da República – o que só por si, pressupõe a existência de um sistema eleitoral (pelo menos parcialmente) assente em círculos plurinominais[281]. No entanto, com a Revisão Constitucional de 1997, a Constituição passa ainda a atribuir ao legislador a liberdade de actuar ou omitir a actuação para a criação adicional de círculos uninominais que visem assegurar uma maior representatividade e proximidade entre os cidadãos e os seus representantes políticos. Não sendo imposta ao legislador esta opção, a ele caberá a eleição de pressupostos autónomos de decisão que, permitindo conjugar as exigências de proporcionalidade do sistema eleitoral com as necessidades de proximidade entre eleitos e eleitores, lhe permita optar por actuar ou omitir aquela actuação constitucionalmente admissível mas não vinculada.

A mesma estrutura normativa pode ser identificada no caso do n.º 2 do artigo 209.º, o qual admite (mas não impõe) a criação de tribunais marítimos e arbitrais e de julgados de paz. O legislador pode, em execução desta hipótese constitucional específica, adoptar como seu o fim de poten-

---

[281] Neste sentido, cfr. JORGE MIRANDA/RUI MEDEIROS, *Constituição Portuguesa Anotada*, II, Coimbra Editora, Coimbra, 2006, p. 446.

ciação da eficácia do sistema judicial e da concretização do direito fundamental de acesso à justiça através da criação dos referidos tribunais, elegendo, para o efeito, as determinantes autónomas que, sendo aditadas às determinantes heterónomas constituídas pelo fim previamente vinculado, o habilitem a optar entre intervir ou não intervir.

De tal estrutura normativa resulta a identificação de um terceiro parâmetro de controlo judicial do acto legislativo, o qual é aditado aos dois primeiros parâmetros que se haviam identificado no âmbito da execução vinculada de normas constitucionais: o controlo das determinantes autónomas seleccionadas pelo legislador para o efeito de decidir prosseguir ou não prosseguir o fim constitucionalmente previsto.

c. Em terceiro lugar, pode admitir-se uma margem de **aplicação constitucional** nos casos em que a Constituição não predetermina os fins que justificam a intervenção legislativa, oferecendo ao legislador, em consequência, uma liberdade que não se restringe apenas ao *"porquê"* da actuação (as razões concretas que o legislador elege para justificar uma actuação sobre um fim constitucionalmente relevante), mas que inclui também o *"para quê"* da actuação (os próprios fins que justificam a intervenção legislativa).

Tal liberdade finalística pode resultar de uma *omissão absoluta* na enunciação dos fins que justificam a actuação legislativa, mas pode também resultar de uma *predeterminação parcial* meramente negativa dos fins que *não* são susceptíveis de justificar a intervenção do legislador, deixando ao legislador, pois, a liberdade para eleição dos fins constitucionalmente relevantes que, de facto, justificarão a actuação legislativa.

A título de exemplo, isso é o que sucede no n.º 4 do artigo 26.º da Constituição, no qual se prevê que "a privação da cidadania e as restrições à capacidade civil só podem efectuar-se nos casos e termos previstos na lei". A essa liberdade finalística vem juntar-se uma regra restritiva de carácter parcial: "... não podendo ter como fundamento motivos políticos". Daqui resulta uma limitação meramente parcial e negativa de um conjunto de fins que não podem, em caso algum, presidir a um acto legislativo de restrição dos direitos à cidadania e à capacidade civil, sem que, no entanto, de tal predeterminação parcial resulte qualquer indício quanto aos fins que o legislador seleccionará para justificar uma actuação restritiva.

Porém, também é evidente que esta liberdade legislativa na escolha de fins não é absoluta. Tratando-se de uma tarefa de eleição de fins que podem justificar a restrição de posições subjectivas dotadas de *protecção jusfundamental*, o legislador encontra-se limitado a uma operação de selecção de *fins especialmente qualificados como interesses primários da comunidade política, dotados de especial relevância constitucional*. Por esse motivo, sem pretender enunciar todos os fins que justificam a restrição de posições subjectivas fundamentais, o legislador constituinte parametriza esta liberdade finalística com a exigência de que os fins seleccionados pelo legislador ordinário correspondam à defesa de "outros direitos ou interesses constitucionalmente protegidos"[282], os quais, devem, em qualquer caso, ser submetidos a um exercício de ponderação entre o seu peso relativo e o peso relativo dos direitos restringidos.

Esta é, portanto, uma liberdade dirigida à satisfação de imperativos positivo-materiais especialmente qualificados pela Constituição, que se concretiza na aplicação de normas dotadas de uma especial densidade na enunciação dos pressupostos que predeterminam o conteúdo do acto legislativo. Assim, a predeterminação do conteúdo do acto, oferecendo ao juiz novos pontos de apoio para o controlo do exercício da liberdade legislativa, permite compensar o desaparecimento de um controlo judicial total sobre a vinculação finalística, a qual, no âmbito da margem de aplicação constitucional, é substituída por uma liberdade legislativa de selecção de fins constitucionalmente relevantes.

d. Esta última circunstância permite distinguir aquela margem de aplicação de normas constitucionais da mais ampla (e mais comum no Estado de Direito democrático) margem de **liberdade de conformação constitucional**, que se verifica em todos os casos em que a Constituição atribui expressa ou implicitamente ao legislador a liberdade de eleição do *"porquê"* (as razões concretas de intervenção) e do *"para quê"* (os fins que justificam a intervenção) do acto legislativo, sem que haja sequer uma especial relevância dos fins que podem justificar a decisão de legislar ou uma particular densidade na enunciação dos pressupostos normativos que predeterminam o conteúdo do acto legislativo.

Esta abertura na densidade normativa da Constituição, que oferece um mero "quadro" para a luta política própria de um Estado democrático[283],

---

[282] Cfr. n.º 2 do artigo 18.º da Constituição.
[283] ALEXY, *Epílogo...*, cit., p. 23; HESSE, *Grundzüge...*, cit., pp. 15 ss.

habilita o legislador a exercer uma ampla margem de ponderação, valoração, comparação e escolha entre todos os fins constitucionais susceptíveis de intervenção, no âmbito de uma actividade político-legislativa de criação ou de definição de novos interesses públicos (e não apenas de execução ou de aplicação de interesses constitucionalmente predeterminados ou constitucionalmente qualificados)[284].

Os parâmetros de controlo judicial do acto legislativo reduzem-se, então, a um controlo meramente negativo das margens de ponderação das escolhas que presidem à opção final quanto ao conteúdo e ao fim do acto legislativo. Pode dizer-se, neste caso, que, apesar de o controlo de constitucionalidade ser *positivo* quanto à exigência de *conformidade*[285] (e não apenas de *compatibilidade*) dos actos legislativos com a Constituição, a apreciação nele implícita reduz-se, ainda assim, a uma avaliação meramente *negativa* quanto ao processo de eleição legislativa entre as amplíssimas opções de ponderação político-democrática entre todos os fins constitucionalmente relevantes.

9.4 Este exercício de identificação dos diferentes graus de autonomia que a Constituição atribui ao legislador democrático no exercício da função de concretização das normas constitucionais e, bem assim, de determinação dos diferentes parâmetros que de tal autonomia resultam como pontos de apoio para a fiscalização judicial dos actos legislativos reveste-se, como antecipámos, de uma importância decisiva para a enunciação de um regime de controlo dos actos de privatização.

Com efeito, tem-se reconhecido que, ainda que a opção de privatizar corresponda ao exercício de uma *competência materialmente administrativa* de auto-organização e auto-gestão da Administração Pública, o recurso instrumental à *forma de acto legislativo* não permite apenas a derrogação sistemática das regras e dos institutos comuns do Direito Privado e do Direito Público, tendo em vista a criação de um regime estatutário singular para as novas entidades privatizadas ou para a realização de uma tarefa administrativa, mas implica também a redução máxima dos parâmetros de vinculação do acto de privatização que, justamente por revestir a forma legislativa, não tem, salvo em casos excepcionais de previsão

---

[284] Cfr. GOMES CANOTILHO, *Constituição Dirigente*..., cit., p. 218.
[285] Cfr. n.º 3 do artigo 3.º da Constituição.

constitucional de enquadramento em lei de valor reforçado[286], quaisquer outras vinculações jurídico-públicas a respeitar que não aquelas que resultem da própria Constituição[287].

Esta redução dos parâmetros de vinculação do acto de privatização sob forma de lei, aliada à incontestável margem de liberdade de escolha das soluções mais eficientes para a prossecução do interesse público de que dispõe o "órgão superior da Administração Pública", terão conduzido a doutrina a admitir a existência da mais ampla *liberdade de conformação constitucional* no âmbito da *decisão de privatização*.

Efectivamente, parte-se do princípio de que a busca das soluções mais eficientes de organização e gestão administrativa, imposta pela própria Constituição[288], corresponde a uma tarefa de selecção entre todo o tipo de instrumentos jurídicos, públicos e privados, que a ordem jurídica oferece – *maxime* quando a Administração tem ao seu dispor a prerrogativa extrema de conceber um regime privativo composto pelas soluções mais atractivas que resultam de todos os ramos do Direito. E reconhece-se também que a opção concreta de privatização resulta de uma ponderação de todo o tipo de interesses constitucionalmente relevantes e diversos (e por vezes contraditórios) como as garantias dos administrados, a subsidiariedade da intervenção do Estado na sociedade civil, a coexistência de três sectores de propriedade dos meios de produção, a correcta administração dos recursos públicos e a burocratização e procedimentalização imposta pelo Direito Comunitário.

Parece, por esse motivo, ser um entendimento uniforme o de que o regime de controlo dos actos de privatização é aquele que corresponde, na descrição a que acima se procedeu, a uma *mera apreciação negativa da ampla liberdade de conformação constitucional*. É, com efeito, a uma mera aferição do respeito por reservas residuais de defesa de um "núcleo

---

[286] Como sucede com as reprivatizações de bens nacionalizados, parametrizadas, não apenas pela Constituição, mas também pela lei-quadro prevista no artigo 293.º da Lei Fundamental. Sobre o valor reforçado daquela lei-quadro, cfr. JORGE MIRANDA, *Manual...*, V, cit., p. 361, na qual o Autor altera a posição, anteriormente sustentada (cfr. "As Privatizações na Revisão Constitucional de 1989 e na Lei n.º 11/90, de 5 de Abril", in *Direito e Justiça*, 1991, p. 53), de que aquela lei-quadro seria uma "lei de bases qualificada".

[287] Cfr. ENTERRÍA/FERNÁNDEZ, *Curso...*, I, cit., p. 405.

[288] Cfr. PAULO OTERO, *Conceito e Fundamento...*, cit., pp. 362 ss.; BERNARDO DINIZ DE AYALA, *O (Défice de) Controlo...*, cit., pp. 59 e 60.

essencial" atribuído à Administração Pública que se limita a "fuga para o Direito Privado"[289]. É, igualmente, uma mera apreciação negativa da salvaguarda de uma reserva de exercício de poderes de autoridade ou de funções típicas da soberania do Estado que se tem em mente quando se procura averiguar a constitucionalidade de um acto concreto de privatização[290]. E é, por fim, também esse o objecto do controlo do recurso instrumental a entidades privadas que expressamente se propugna quando, depois de se alertar para uma fraude "deliberada" às vinculações jurídico-públicas que se considera juridicamente ilegítima ou impossível, se reconhece que a amplíssima margem de liberdade na organização e gestão administrativa obsta a um controlo genérico de constitucionalidade de um movimento de fraude à lei constitucional, ficando a fiscalização desta liberdade de conformação reduzida, afinal, a um simples "levantamento do véu" das entidades instrumentais em casos meramente pontuais de flagrante abuso de direito, de fraude à lei ou de lesão de direitos de terceiros[291].

9.5 Ora, é precisamente uma tal diluição do regime de controlo dos actos de privatização, própria, como se viu, de uma *fiscalização meramente negativa* de uma *margem de conformação constitucional*, que temos por totalmente inaceitável, não apenas à luz de uma análise global do sistema político-constitucional e da autonomia legislativa que dele resulta, mas também dos fins e dos pressupostos inerentes ao acto concreto de privatização.

Com efeito, não se discutirá que a opção de privatização acarreta a necessidade de decisão sobre cada um dos múltiplos aspectos do regime estatutário privativo da entidade privatizada ou do regime de gestão ou de exploração da tarefa administrativa privatizada. A decisão de privatizar só é concebível, à luz da ordem constitucional, quando emitida no âmbito de uma ponderação que permite avaliar até que ponto a opção de privatização continua a acautelar as garantias dos administrados e as vincula-

---

[289] Cfr. PAULO OTERO, *Legalidade*..., cit., pp. 815 ss.; RAMÓN PARADA, *Derecho Administrativo*, I, cit., pp. 29 e 30; SILVIA DEL SAZ, "Desarrollo...", cit., pp. 99 ss.
[290] Cfr. PEDRO GONÇALVES, *Entidades*..., cit., pp. 1020 ss.; PAULO OTERO, *Legalidade*..., cit., pp. 824 ss.
[291] Cfr. ENTERRÍA/FERNÁNDEZ, *Curso*..., I, cit., pp. 405-407.

ções jurídico-públicas injuntivamente pressupostas pela Constituição; até que ponto garante ainda um equilíbrio entre as responsabilidades de uma Administração prestadora de serviços num Estado de Bem-estar e o princípio da subsidiariedade da intervenção pública na sociedade civil; até que ponto, enfim, se assegura a coexistência entre os diferentes sectores de propriedade dos meios de produção.

Por outras palavras: *uma vez tomada a decisão de privatizar*, o legislador goza de uma amplíssima margem de conformação, ponderação e avaliação de todos os interesses constitucionalmente relevantes para tal decisão. Em suma, goza de uma margem de conformação quanto ao "**como**" da privatização.

Sucede, porém, que a opção primária sobre a qual o regime de controlo da privatização incide é justamente a *decisão de privatizar*. Ainda antes de conformar os interesses constitucionalmente relevantes para a decisão quanto ao "**como**" da privatização, o legislador realiza uma simples opção quanto ao "**se**" da privatização, isto é, quanto a atribuir uma natureza jurídico-formal pública ou privada a uma entidade administrativa; quanto a atribuir a gestão e exploração de uma tarefa administrativa a uma entidade privada ou mantê-la no âmbito da Administração Pública; ou, ainda, quanto a alienar ou não alienar participações sociais de uma entidade empresarial, por forma a transferir ou não transferir um conjunto de meios de produção para o sector privado.

E quanto a essa **decisão primária do fenómeno de privatização administrativa**, sobre a qual incide o regime de controlo judicial que agora se enuncia, tem de considerar-se que ao legislador assiste uma **estrita margem de execução constitucional simples**, na prossecução de um fim específico que a Constituição admite como susceptível de justificar uma intervenção legislativa, sem, contudo, impor como *vinculada* ou *qualificada* a adopção de um acto legislativo em execução de tal fim.

Efectivamente, no exercício de uma competência de organização e gestão administrativa, a opção entre privatizar ou não privatizar corresponde à prossecução de um fim que resulta da Constituição como o único que pode justificar a emissão de um acto jurídico-público de privatização: *o fim de adopção da solução de organização administrativa que permita a prossecução mais eficiente do interesse público*[292]. Da concepção do

---

[292] Cfr. n.º 1 do artigo 266.º da Constituição.

Estado de Direito democrático como Estado de Bem-estar e da responsabilização da Administração Pública como a impulsionadora da democracia económica, social e cultural[293] resulta, com efeito, um parâmetro injuntivo de eficiência na actividade administrativa, erguendo-se o princípio da eficiência administrativa como imperativo constitucional que preside ao exercício do poder de organização e de estruturação da Administração Pública[294].

É, de resto, essa concepção de Estado de Bem-estar que justifica que todas as opções concretas de estruturação administrativa, entre as quais a desburocratização, a desconcentração, a descentralização e a racionalização dos meios[295], envolvidas em cada decisão emitida ao abrigo do poder de auto-organização administrativa, dependam da ponderação das exigências decorrentes deste imperativo constitucional de eficiência.

Em concreto, essa opção constitucional por um princípio da eficiência administrativa reflecte-se nas seguintes condições de organização e estruturação administrativa:

a) Vincula a Administração a racionalizar os seus meios na satisfação das diferentes necessidades colectivas para maximização das suas vantagens (artigo 267.º, n.º 5, da Constituição)[296];

b) Sem prejuízo da preocupação constitucional com uma organização administrativa desconcentrada e descentralizada para aproximação dos serviços das populações e para a participação dos interessados na formação das decisões, as formas de desconcentração e descentralização seleccionadas encontram sempre um limite: a necessária eficácia e unidade de acção da Administração[297], que se concretiza num exercício congruente da função administrativa[298] (artigo 267.º, n.º 2, da Constituição);

---

[293] Cfr. artigo 2.º da Constituição.
[294] Assim, cfr. PAULO OTERO, *Conceito e Fundamento...*, cit., p. 362.
[295] Cfr. n.ºs 1, 2, 3 e 5 do artigo 267.º da Constituição.
[296] Cfr. PAULO OTERO, *Conceito e Fundamento...*, cit., p. 363; BERNARDO AYALA, *O (Défice de) Controlo...*, cit., p. 60; GOMES CANOTILHO/VITAL MOREIRA, *Constituição...*, 3.ª edição, p. 931.
[297] Cfr. PAULO OTERO, *Conceito e Fundamento...*, cit., p. 363; BERNARDO AYALA, *O (Défice de) Controlo...*, cit., p. 60.
[298] Cfr. GOMES CANOTILHO/VITAL MOREIRA, *Constituição...*, 3.ª edição, p. 928.

c) O próprio poder de auto-organização do Governo, como órgão superior da Administração Pública, é "insusceptível de penetração parlamentar"[299], garantindo assim a liberdade de escolha da organização que ele próprio considere mais idóneo para as necessidades de comando de toda actividade administrativa (artigo 198.º, n.º 2, da Constituição).

Estas particularidades dos aspectos do regime de organização administrativa permitem retirar uma única conclusão: que, sendo o fim de toda a actividade administrativa a prossecução do interesse público, à opção de escolha de cada meio concreto de prossecução do interesse público subjaz o dever de eficiência e de boa administração[300], pois, conforme ESTEVES DE OLIVEIRA, "o agente não está obrigado apenas a encontrar **uma solução**, nem sequer **uma boa solução**, mas **a melhor** de todas as soluções, aquela que mais apta se mostre para a satisfação da necessidade colectiva"[301].

Em consequência, também quando se trata do exercício do poder de auto-organização administrativa, à opção de privatização administrativa subjaz sempre um fim constitucionalmente relevante: o de adopção da estrutura organizativa que permita a prossecução mais eficiente do interesse público.

Sendo assim, a decisão de privatizar está *finalisticamente dirigida* à satisfação do imperativo de eficiência da Administração Pública, sendo o acto jurídico-público de privatização praticado no âmbito do exercício de uma *margem de execução constitucional de fins predeterminados pelo legislador constituinte*.

Por sua vez, essa margem de execução é *simples, e não vinculada ou qualificada*, uma vez que a opção pela decisão de privatização corresponde ao exercício de uma liberdade de escolha entre actuar ou não actuar para um fim que a Constituição predetermina: a Constituição não definiu previamente o "*porquê*" da privatização, isto é, as razões concretas que

---

[299] Cfr. PAULO OTERO, *Conceito e Fundamento...*, cit., p. 363; BERNARDO AYALA, *O (Défice de) Controlo...*, cit., p. 59.
[300] Cfr. PAULO OTERO, *Conceito e Fundamento...*, cit., p. 363.
[301] Cfr. MÁRIO ESTEVES DE OLIVEIRA, *Direito Administrativo*, I, Almedina, Coimbra, 1980, p. 338. Destaques do Autor.

levaram o legislador a actuar quando a isso não era obrigado, pelo que a decisão de privatizar depende da eleição de pressupostos ou "determinantes *autónomas* de actuação" que auxiliam o legislador ordinário a escolher entre actuar ou não actuar.

Naturalmente, alguns dos pressupostos de actuação do legislador já se encontram igualmente predeterminados pelas normas constitucionais – isto é, cuja ponderação, para o efeito de decidir entre actuar para privatizar ou omitir a actuação, também está constitucionalmente pressuposta. Assim resulta, designadamente, do facto de o n.º 1 do artigo 266.º da Constituição impor a compatibilização da prossecução administrativa do interesse público com o respeito pelos direitos e interesses legalmente protegidos dos cidadãos, e resulta, igualmente, do facto de a opção de privatizar ter consequências necessárias nos já referidos princípios constitucionais da subsidiariedade da intervenção pública na sociedade civil e na coexistência de três sectores de propriedade dos meios de produção[302].

Assim, a existência de tais "determinantes *heterónomas* de actuação" permite densificar os parâmetros de vinculação do processo de selecção dos pressupostos da decisão legislativa de actuar ou não actuar, os quais servem de pontos de apoio da fiscalização judicial do "*porquê*" da actuação, sem, contudo, eliminar a liberdade legislativa inerente à opção entre privatizar ou não privatizar.

Ora, como é evidente, a necessidade de uma tal caracterização da margem de autonomia que assiste ao legislador no âmbito da decisão de privatização não reside num interesse meramente teórico ou académico de estudo da posição jurídica do legislador perante a Constituição. Antes, a identificação de uma margem de estrita *execução constitucional simples* no âmbito da *opção primária entre privatizar ou não privatizar* habilita o intérprete, em consequência, à construção de um *regime sistemático de controlo do acto concreto de privatização*.

Com efeito, sendo tal acto concreto *finalisticamente dirigido* pelo imperativo constitucional de eficiência da actividade administrativa, a pro-

---

[302] Sobre a ponderação dos interesses que presidem à decisão sobre a estrutura organizativa a adoptar e, em consequência, à decisão sobre alterar ou não alterar a organização administrativa, cfr. CHARLES DEBBASCH, *Institutions et Droit Administratifs*, II, cit., pp. 32 e 33.

dução de um acto legislativo dirigido à mera execução de um fim predeterminado pela Constituição corresponde à redução da liberdade legislativa (que não deixa de ser excepcional no Estado de Direito democrático) a uma *margem de discricionariedade legislativa em sentido próprio*[303], a qual permite despoletar a aplicação (também ela excepcional) do *regime típico de controlo dos actos legislativos de natureza meramente discricionária*.

É, assim, à caracterização e descrição do regime típico de controlo judicial dos actos de privatização que procederemos agora.

---

[303] Sobre a relação entre uma margem de mera execução constitucional e a redução da autonomia legislativa a uma simples discricionariedade legislativa, cfr. GOMES CANOTILHO, *Constituição Dirigente...*, cit., pp. 216 ss.; PETER LERCHE, *Übermass und Verfassungsrecht. Zur Bindung des Gesetzgebers an die Grundsätze der Verhaltnismässigkeit und der Erforderlichkeit*, Köln/Berlin/München/Bonn, 1961, pp. 61 ss.

§ 10.º PARÂMETROS DE CONTROLO DO ACTO LEGISLATIVO DE PRIVATIZAÇÃO

§ 10.1 Desvio de poder legislativo

10.1.1 Partindo do princípio de que o acto legislativo de privatização sofre uma vinculação finalística quanto à prossecução necessária do imperativo constitucional de eficiência administrativa, o respectivo regime típico de controlo da constitucionalidade inicia-se pelo controlo do vício de *desvio de poder legislativo*, que se verifica pela *contradição entre o fim concreto que preside ao acto de privatização e o fim vinculado pela Constituição*. Tendo o legislador constituinte optado por eliminar qualquer liberdade finalística que, em abstracto, pudesse assistir ao legislador ordinário aquando da decisão de privatizar, deve considerar-se que qualquer "livre opção" na selecção discricionária de um fim autónomo para o acto de privatização se converterá em simples arbítrio[304], tornando *ilegítimo* o exercício do poder legislativo[305].

Na verdade, boa parte dos casos de fraude à lei constitucional e de fuga às vinculações jurídico-públicas através do "recurso instrumental" a entidades privadas[306] ou do "disfarce" operado pelo recurso a mecanismos próprios do Direito Societário[307] poderia ser reconduzida a um exercício da função legislativa em desvio de poder.

Com efeito, a análise histórica da evolução garantística do Direito Administrativo, a que se procedeu no início da presente investigação, per-

---

[304] Cfr. MARCELO REBELO DE SOUSA, *O Valor Jurídico do Acto Inconstitucional*, Lisboa, 1988, p. 137.
[305] GIANNINI, "L'illegittimità degli atti normativi e delle norme", in *Rivista Italiana di Scienza Giuridica*, 1954, pp. 41 ss.
[306] ENTERRÍA/FERNÁNDEZ, *Curso...*, I, cit., p. 405.
[307] RAMÓN PARADA, *Derecho Administrativo*, I, cit., p. 30.

mitiu-nos alcançar as seguintes duas conclusões quanto à perda de atractividade da *"privata lex"* da Administração, que agora importa recordar:

a) A progressiva *subjectivização* do Direito Administrativo e o gradual aumento das garantias dos administrados foram alcançados à custa de uma correspondente *perda na eficiência* da prossecução do interesse público e na racionalização dos meios e dos procedimentos utilizados na satisfação das necessidades colectivas;

b) Mas tal perda de eficiência resulta também da circunstância de o Direito Administrativo ter evoluído na sequência de pronúncias emitidas na *fase patológica* da prossecução da função administrativa, sendo construído na perspectiva (*repressiva*) da defesa dos administrados face às lesões de condutas administrativas ilegais, sem solucionar, em contrapartida, as necessidades (*positivas*) de prossecução do interesse público.

Ora, é incontestável que o primeiro daqueles factores de ineficiência congénita do Direito Administrativo acabou por ser aceite e consolidado na ordem jurídica como um "preço necessário" para a adequada tutela da posição subjectiva dos administrados num Estado de Direito. Tanto assim é que o legislador constituinte viria a atribuir protecção jusfundamental aos direitos substantivos e processuais dos administrados[308], aceitando mesmo uma eventual perda de eficiência da acção administrativa que pudesse resultar da compatibilização entre interesses públicos e privados.

Por conseguinte, daqui deve resultar que a opção legislativa de privatização cujo motivo principalmente determinante seja a eliminação ou supressão de garantias jusfundamentais dos administrados deve ter-se por inconstitucional por padecer do vício de desvio de poder legislativo.

A mesma solução deve resultar de qualquer opção de privatização cujo fim consista na supressão do regime de realização de despesas públicas e de fiscalização financeira do Tribunal de Contas, na alteração do regime de controlo administrativo governamental sobre a entidade privatizada[309], ou ainda na fuga ao regime de procedimentalização da es-

---

[308] Cfr. artigo 268.º da Constituição.

[309] O que sucederá sempre que, pelas razões antes expostas, se procure substituir um regime de superintendência e, ou, tutela típico do Direito Administrativo por um regime de controlo accionista através dos mecanismos próprios do Direito Societário, *maxime* quando

colha do co-contratante da Administração imposto pelo Direito Comunitário[310].

Em suma, se a fuga às vinculações jurídico-públicas é o motivo principalmente dominante da decisão de privatizar, não sendo tal opção acompanhada por qualquer vantagem substancial na utilização de formas de actuação jurídico-privadas, o acto de privatização deve considerar-se inconstitucional por desvio de poder legislativo[311].

10.1.2 Contudo, este alcance do vício de desvio de poder legislativo não pode levar-nos a ignorar as evidentes insuficiências dos seus resultados globais no âmbito de um regime de controlo sistemático dos actos de privatização. Com efeito, o segundo daqueles factores de ineficiência congénita do Direito Administrativo – a sua construção pretoriana e *patológica* tendente à *repressão* das lesões dos direitos dos administrados e a consequência incapacidade de *resposta positiva ou preventiva* às necessidades reais de prossecução do interesse público – conduziu a uma evidente necessidade de recurso a instrumentos jusprivatísticos mais eficientes de prossecução do interesse público, que pudessem compensar aquilo que era uma indisfarçável incapacidade de reacção do Direito Administrativo face às necessidades do Estado social de Direito.

Essa necessidade de busca de soluções jusprivatísticas mais eficientes seria mesmo reforçada pelo já referido princípio de inadequação ou

---

daí resulte um aumento na intensidade do controlo governamental (que não podia consistir na emissão de ordens e de instruções fora da Administração Directa do Estado e que, depois da privatização, pode revestir todo o tipo de modalidades de controlo accionista) sem um correspondente aumento na intensidade do controlo parlamentar sobre o Governo.

[310] Esclareça-se que o facto de o acto legislativo poder eventualmente ter como fim a fuga às vinculações de Direito Comunitário em nada altera a respectiva qualificação como acto inconstitucional, independentemente de a fraude às vinculações jurídico-públicas incidir sobre as vinculações constitucionais ou comunitárias. É que, sendo o fim do acto um dos parâmetros vinculados pela Constituição, a emissão de um acto que tem como objectivo a fraude a vinculações jurídicas – qualquer que seja a sua fonte (constitucional, comunitária, legal, regulamentar ou contratual) – corresponde sempre a um exercício ilegítimo da função legislativa por desvio de poder, implicando uma inadequação entre o conteúdo e o fim do acto e os fins do ordenamento constitucional. Assim, MARCELO REBELO DE SOUSA, *O Valor Jurídico...*, cit., p. 124; GIANNINI, "L'illegittimità...", cit., pp. 41 ss.

[311] Admitindo, neste cenário, uma situação de desvio de poder, de fraude à lei ou de violação do princípio da prossecução do interesse público, cfr. PAULO OTERO, *Vinculação...*, cit., p. 268.

incongruência genérica do recurso ao Direito Administrativo e ao exercício de prerrogativas típicas de autoridade por todas as entidades que satisfazem necessidades colectivas através de uma actuação empresarial num mercado concorrencial. Não se discute, efectivamente, que a utilização típica das formas de actuação jurídico-públicas introduziria um inadmissível factor de distorção no mercado concorrencial e no tráfego jurídico-privado.

Ora, sendo este um motivo legítimo de exercício de uma função legislativa constitucionalmente dirigida à prossecução do princípio da eficiência administrativa, a experiência indica que poucas são as vezes em que a opção pela privatização não é (ao menos formalmente) justificada pela prossecução mais eficiente do interesse público afectado pela decisão de privatizar. É um dado adquirido o de que todas as opções de privatização têm assentado (pelo menos na sua aparência) na prossecução daquele fim vinculativamente imposto pelo sistema constitucional.

E, como é evidente, constitui, salvo raras excepções, uma verdadeira *diabolica probatio* a tarefa de demonstrar que o fim que subjaz a um acto concreto de privatização consiste na fraude às vinculações jurídico-públicas, e não na prossecução do fim constitucionalmente eleito para a organização administrativa, *maxime* quando o enquadramento jusadministrativista a que a Administração se pretende subtrair parece, de facto, ser intrinsecamente ineficiente para a prossecução do interesse público.

É isso que explica que a "fraude deliberada" às vinculações jurídico-públicas, que invariavelmente se denuncia no âmbito do fenómeno de "fuga para o Direito Privado", poucas vezes se concretize num controlo eficaz e bem-sucedido do fim do acto concreto de privatização no âmbito de uma pronúncia judicial – o único momento em que o controlo da "fuga para o Direito Privado" realmente poderia assumir alguma relevância jurídica.

Por conseguinte, parece evidente que as insuficiências do controlo do vício de desvio de poder – o parâmetro de controlo dos actos concretos de privatização que classicamente foi centrando a atenção dos teóricos – devem ser compensadas pelas virtualidades de um parâmetro de controlo alternativo que se caracterize por incidir sobre a *relação dinâmica entre o conteúdo e o fim* dos actos legislativos e, em consequência, por permitir a descoberta de *indícios de fraude* às vinculações jurídico-públicas e da respectiva inadequação face ao fim de prossecução eficiente do interesse público: o parâmetro de controlo do vício de *excesso de poder legislativo*.

§ 10.2 Excesso de poder legislativo

10.2.1 Partindo da tendencial ineficiência do controlo do desvio de poder legislativo, o regime típico de controlo dos actos de privatização deve centrar-se no controlo do *excesso de poder legislativo*, que se verifica pela *desconformidade entre o conteúdo e o fim concreto do acto legislativo*. Não há, neste segundo momento do controlo judicial, qualquer coincidência (ou concurso positivo) entre o objecto do controlo dos vícios de desvio de poder e de excesso de poder[312]: não se pretende, agora, aferir a conformidade do fim concreto do acto legislativo com o fim que lhe era imposto pelo ordenamento constitucional; para este efeito, desconsidera-se qualquer relevância em abstracto atribuída ao fim do acto, uma vez que se presume (ou, *in casu*, não se dispõe dos meios necessários para desmentir tal asserção) que o fim do acto coincide com o fim imposto pela Constituição[313].

Parte-se, assim, para uma análise exclusivamente dirigida às relações dinâmicas estabelecidas entre o conteúdo e o fim concreto do acto, confirmando a respectiva adequação do conteúdo do acto ao fim que, admite-se, coincide com o fim imposto pelo ordenamento constitucional[314].

Portanto, aceitando – salvo evidência em contrário – que o fim do acto de privatização é necessariamente a adopção da estrutura organizativa mais eficiente para a prossecução do interesse público afectado por tal decisão – sob pena de inconstitucionalidade imediata por verificação do vício de desvio de poder –, o controlo do vício de excesso de poder permite determinar se o conteúdo do acto de privatização é adequado a uma prossecução mais eficiente do interesse público.

É que, em caso de inadequação do acto legislativo por inidoneidade – ou mesmo simples irrelevância ou indiferença da decisão de privatiza-

---

[312] Discordamos, por isso, da "aglutinação" dos dois vícios que, entre outros, faz GOMES CANOTILHO, *Constituição dirigente...*, cit., pp. 263 ss., não levando em conta que o vício de desvio de poder afecta tanto o conteúdo como o fim do acto legislativo, o que não sucede no vício de excesso de poder, no qual o fim concreto do acto é conforme com o fim imposto ou admitido pela Constituição, residindo o desvalor do acto somente no seu conteúdo. V., a este respeito, a crítica tecida por MARCELO REBELO DE SOUSA, *O Valor Jurídico...*, cit., p. 126, nota 196.

[313] Cfr. MARCELO REBELO DE SOUSA, *O Valor Jurídico...*, cit., p. 126, nota 196; JORGE MIRANDA, *Manual...*, VI, cit., pp. 41 e 42.

[314] Cfr. MARCELO REBELO DE SOUSA, *O Valor Jurídico...*, cit., p. 137.

ção para a eficiência administrativa –, a discrepância entre o conteúdo do acto e o fim constitucionalmente vinculado é tudo quanto basta para a invalidação da decisão de privatização, tornando assim desnecessária a *diabolica probatio* inerente à demonstração da tentativa camuflada de fraude às vinculações jurídico-públicas.

10.2.2 Concretizando a metodologia de aplicação do controlo de adequação de meios ao acto concreto de privatização, tal controlo pode adoptar, como ponto de partida, a *vocação intrínseca* do Direito Público e do Direito Privado para a regulação jurídica de aspectos diversos da vida social.

Como atrás se sublinhou, a prossecução de tarefas administrativas dotadas de uma natureza empresarial pressupõe uma actuação do "Estado-Empresário" num mercado concorrencial que ficaria distorcido com o exercício de prerrogativas de autoridade por parte de um dos participantes no tráfego jurídico-privado. Ora, é incontestável que o Direito Administrativo assenta na conjugação do exercício de poderes de autoridade com a defesa das garantias dos administrados, pelo que a submissão ao Direito Administrativo de uma actividade de natureza empresarial sem a correspondente atribuição de prerrogativas de autoridade equivaleria a uma negação da própria natureza deste ramo do Direito[315].

Sendo assim, do princípio geral de proibição do exercício de prerrogativas de autoridade no âmbito da actividade empresarial e de um mercado concorrencial decorre, em termos lógicos, a *inadequação intrínseca do Direito Administrativo como parâmetro primário de regulação da prossecução de tarefas administrativas de natureza empresarial* e, em consequência, uma *presunção de adequação* do *conteúdo concreto* do acto de privatização ao *fim constitucionalmente vinculado de adopção da solução organizativa mais eficiente para o interesse público*.

Pode dizer-se, na verdade, que, no âmbito da actividade administrativa de natureza empresarial, não existe sequer uma "fuga para o Direito Privado"[316], pois que não pode haver tal "fuga" quando não existe uma subtracção ao enquadramento jurídico que se revela intrinsecamente vocacionado para a regulação de um aspecto concreto da actividade administrativa.

---

[315] Neste sentido, cfr. PAULO OTERO, *Vinculação...*, cit., p. 265.
[316] *Idem, ibidem*, p. 267.

Mas, evidentemente, desta vocação intrínseca do Direito Administrativo para a regulação do exercício de funções de natureza autoritária deve resultar, em contrapartida, uma *presunção de inadequação* do conteúdo concreto do acto de privatização à respectiva vinculação constitucional finalística sempre que a tarefa administrativa afectada pela privatização envolva o exercício, a título corrente, de poderes de autoridade.

Efectivamente, sendo a *vocação intrínseca* do Direito Privado a regulação de relações jurídicas pautadas pelos valores da liberdade e da igualdade, tendentes ao livre desenvolvimento da autonomia pessoal[317] e da personalidade das entidades privadas[318], a submissão do exercício de funções autoritárias a um Direito Privado estranho aos pilares da autoridade e da competência[319] é, então, intrinsecamente incoerente e inadequada ao fim concreto do acto de privatização[320].

10.2.3 Esta primeira abordagem, ainda meramente perfunctória, da metodologia de controlo do vício de excesso de poder legislativo pressupõe, porém, um esclarecimento imediato quanto ao alcance que se atribui a este parâmetro de controlo dos actos de privatização – que, insista-se, constitui o parâmetro qualitativa e quantitativamente mais importante no âmbito do controlo da privatização administrativa.

Isto porque, partindo do entendimento – que nos parece insusceptível de qualquer censura – de que o recurso ao Direito Privado é *intrinsecamente inadequado* ou *incongruente* com o exercício de poderes de autoridade, a doutrina veio recentemente questionar se a atribuição de missões típicas de autoridade a entidades privadas não constituirá mesmo uma "solução irracional" que, por ser "desadequada" e "arbitrária", viola o princípio constitucional de proibição do arbítrio[321]. Considerando-se como "descabido" tal recurso "abusivo" às formas de organização priva-

---

[317] Cfr. MAURER, *Droit...*, cit., pp. 44 e 45.
[318] Cfr. PAIS DE VASCONCELOS, *Teoria Geral...*, cit., pp. 11 ss.
[319] Cfr. MENEZES CORDEIRO, *Tratado...*, I, cit., p. 43.
[320] Numa postura radical, afirmando que o recurso às técnicas jusprivatísticas é, em si mesmo, totalmente contraditório com a própria natureza e a essência da actividade administrativa, cfr. KNAPP, *Précis de Droit Administratif*, 2.ª edição, Helbing & Lichtenhahn, Bâle/Frankfurt, 1982, p. 12.
[321] Neste sentido, cfr. PEDRO GONÇALVES, *Entidades...*, cit., p. 1022, adoptando uma posição próxima de EHLERS, que admite o controlo do acto de privatização através do recurso à proibição constitucional do arbítrio.

das, faz-se depender a constitucionalidade da privatização dos "termos" e da "medida limitada" dos poderes públicos que são confiados aos particulares, restringindo-se a sua viabilidade a "limitados e enumerados poderes de autoridade pública", a qual terá sempre um limite genérico: que a actuação autoritária da entidade privatizada não seja exercida a título principal, ou, dito de outro modo, que não seja essa a sua "regra de actuação"[322].

Mais: desenvolvendo a posição de que as entidades privadas "não podem, a título normal ou sem carácter de precariedade", exercer prerrogativas de autoridade, tem-se retirado mesmo da Constituição uma reserva de exercício de poderes de autoridade a favor das entidades públicas, reconhecendo-se, assim, uma regra geral proibitiva de delegação de poderes públicos (pelo menos a título corrente e permanente) em entidades privadas[323].

Para o efeito, parte-se da proibição da delegação de poderes de entidades públicas fora dos casos e dos termos expressamente previstos na Constituição e na lei[324] para, daí, se retirar uma regra de tipicidade legal objectiva e subjectiva dos poderes de autoridade. Afirma-se, então, que também quando a Constituição permite, no n.º 6 do seu artigo 267.º, o exercício de poderes públicos por entidades privadas, não pode estar a referir-se a poderes que dela resultem ou que correspondam a prerrogativas exercidas a título normal e corrente – a menos que a própria Constituição disponha em contrário[325].

Para comprovar a necessidade de uma regra de permissão constitucional específica de delegação de poderes públicos em entidades privadas, invoca-se mesmo o caso das organizações de moradores, as quais, como entidades privadas, só podem receber tarefas de natureza pública porque a Constituição previu uma regra habilitadora expressa[326], o que permitiria confirmar a seguinte regra: o exercício de prerrogativas de autoridade por entidades privadas que não revista um carácter precário e acessório só é admissível através de habilitação constitucional expressa, sob pena de

---

[322] Cfr. PEDRO GONÇALVES, *Entidades...*, cit., pp. 1023 e 1024.
[323] Posição defendida por PAULO OTERO, *Vinculação...*, cit., p. 237, e mais recentemente reiterada in *Legalidade...*, cit., p. 825.
[324] Cfr. n.º 2 do artigo 111.º da Constituição.
[325] Cfr. PAULO OTERO, *Vinculação...*, cit., p. 238; *Idem, Legalidade...*, cit., p. 825.
[326] Cfr. artigos 248.º e 265.º, n.º 2, da Constituição.

nulidade, por contrariedade com a ordem pública, do objecto social da entidade privada cuja actividade envolva o exercício normal de poderes de autoridade e, em consequência, de nulidade de todos os actos subsequentemente praticados no exercício de tais poderes[327].

A aceitar-se este entendimento, seria pois inútil o recurso a um controlo judicial da adequação entre o conteúdo e o fim do acto de privatização, exercido por referência a um vício de excesso de poder. É que, nesse cenário, seria perfeitamente desnecessário o apelo a uma *análise relacional* ou *dinâmica* entre o *conteúdo e o fim do acto legislativo* quando, afinal, o simples conteúdo de um acto que atribuísse o exercício normal e corrente de poderes de autoridade a entidades privadas seria, em si mesmo, inválido por violação desta "regra de tipicidade" objectiva e subjectiva dos poderes de autoridade ou de uma "reserva constitucional de poderes de autoridade".

Portanto, a um eventual *controlo dinâmico* da *relação entre o conteúdo e o fim do acto* de privatização, apurado por referência a um *vício de excesso de poder*, precederia *um controlo estático* do *conteúdo do acto* que, através de uma *operação meramente subsuntiva*, realizada no âmbito do controlo de um *vício de violação de lei constitucional*[328], invalidaria qualquer privatização de poderes de autoridade que não revestissem um carácter meramente precário e acessório no quadro do exercício da actividade privatizada – esvaziando e prejudicando, assim, qualquer relevância prática do controlo do vício de excesso de poder, o qual havíamos identificado como o parâmetro qualitativa e quantitativamente mais importante de controlo do acto de privatização.

10.2.4 Ora, deve esclarecer-se desde já que, no nosso entender, não existe qualquer fundamento constitucional para a criação de uma tal "reserva constitucional" susceptível de ser apurada por uma mera subsunção do conteúdo do acto de privatização numa regra proibitiva genérica de delegação de poderes de autoridade em entidades privadas a título corrente ou principal. E, portanto, tão-pouco se pode dispensar o controlo dinâmico da relação entre o conteúdo e o fim do acto de privatização que permita apurar, somente *de forma casuística*, a conformidade do acto de privatização com as disposições constitucionais.

---

[327] Cfr. PAULO OTERO, *Vinculação...*, cit., p. 238; *Idem, Legalidade...*, cit., p. 825-827.
[328] Cfr. JORGE MIRANDA, *Manual...*, VI, cit., pp. 40-42.

Com efeito, será útil ter em mente que a construção de uma pretensa regra de proibição genérica de privatização de poderes de autoridade só pode ser compreendida em função das insuficiências dos critérios clássicos avançados pela doutrina para o controlo do fenómeno de privatização. Como antes se expôs, a (tardia) reacção da doutrina à "debandada" para o Direito Privado consistiu na simples proclamação de uma reserva constitucional de Direito Administrativo e de Administração Pública que, em caso algum, poderia ser afectada pela privatização.

Como é evidente, a criação dessa reserva jamais poderia revestir qualquer utilidade como instrumento operativo de controlo da privatização administrativa, porquanto dificilmente um único acto jurídico de privatização – o único susceptível de efectivo controlo judicial – poderia, por si só, pôr em perigo a continuidade da existência de uma reserva de Administração, pelo que, na prática, a experiência veio demonstrar que os Tribunais não dispunham de qualquer parâmetro efectivo de controlo da fuga para o Direito Privado.

Perante tal cenário de absoluta incapacidade de reacção à "debandada" da Administração Pública, acabou por colocar-se o problema de saber como dotar o poder judicial de instrumentos de fiscalização dos actos de privatização naqueles casos (cada vez mais frequentes) em que, de facto, se procedia a uma *privatização de funções administrativas tipicamente autoritárias*, que não era presidida por qualquer critério minimamente lógico-racional e correspondia a uma política "totalmente incongruente", "sem utilidade" e "irracional"[329] –, mas que, apesar de tudo, era concretizada em actos específicos de privatização que, vistos de forma isolada, não eram susceptíveis de pôr em perigo a existência de uma reserva de Administração ou de, por si só, "descaracterizar" o "núcleo essencial" da competência dos Tribunais Administrativos.

A única solução para o controlo de tais actos concretos de privatização acabou justamente por residir na criação de uma regra artificial de proibição genérica da privatização de poderes de autoridade, controlável por uma operação meramente subsuntiva, e que incide sobre o estrito conteúdo do acto de privatização, no âmbito da fiscalização de uma eventual violação de lei constitucional – ainda que tal acto, em si mesmo, não fosse susceptível de ameaçar a reserva constitucional de Administração.

---

[329] Cfr. PEDRO GONÇALVES, *Entidades...*, cit., p. 1022.

Através desta nova "reserva constitucional", que, assim alargada, passou a abranger o exercício corrente e a título principal de todos e quaisquer poderes de autoridade, caiu-se abruptamente no outro extremo do controlo da privatização administrativa, uma vez que, de uma amplíssima margem de conformação constitucional na organização administrativa, insusceptível de ser controlada pelo juiz a não ser em casos pontuais, passou-se a um "grau zero" de autonomia legislativa na criação de entidades privadas cujo objecto social inclua, a título principal, o exercício de prerrogativas de autoridade.

Assistia-se, neste cenário, a uma verdadeira delapidação da tão proclamada "liberdade preferencial"[330] de organização e estruturação administrativa, pois que a margem de autonomia criada pela Constituição era, afinal, totalmente eliminada em todos os (frequentes) casos em que o exercício de uma função administrativa se mostrava inviável ou impraticável sem o exercício, a título corrente ou principal, de poderes de autoridade – mesmo quando tal função até fosse susceptível de ser prosseguida segundo os parâmetros de gestão privada.

Por outras palavras: a "liberdade preferencial" criada pela Constituição era substituída por uma regra genérica, cujo cumprimento seria fiscalizado por uma operação subsuntiva para o efeito de identificação de um eventual vício de violação de lei constitucional, segundo a qual *a privatização do exercício de poderes de autoridade a título principal ou corrente é inconstitucional.*

10.2.5 Ora, esta regra proibitiva instrumentalmente criada para um controlo operativo e eficaz da privatização administrativa é puramente artificial e não encontra correspondência em qualquer das disposições constitucionais tradicionalmente invocadas.

a. Com efeito, e em primeiro lugar, a regra de tipicidade legal objectiva e subjectiva dos poderes de autoridade, decorrente do n.º 2 do artigo 111.º da Constituição, nada diz ao intérprete sobre a admissibilidade constitucional de uma delegação de poderes de autoridade em entidades privadas. Estando proibida a delegação de poderes públicos fora dos "casos e nos termos **expressamente previstos** na Constituição **e na lei**", aquilo que

---

[330] Cfr. PAULO OTERO, *Vinculação...*, cit., pp. 230 ss.

se pretende saber é justamente se a Constituição admite que **a lei expressamente atribua** poderes públicos a entidades privadas.

b. E, quanto a tal indagação, nenhum indício existe de que os poderes públicos que, no n.º 6 do seu artigo 267.º, a Constituição admite que sejam exercidos por entidades privadas não possam também incluir poderes de autoridade de carácter normal e permanente: tal norma apenas visa garantir que, quando efectivamente forem privatizados tais poderes públicos, a lei pode submetê-los a fiscalização administrativa[331] – sem que daí se retire quais os casos em que, afinal, tais poderes são susceptíveis de privatização.

c. Em especial, é seguro que não é das referências constitucionais à delegação de tarefas públicas nas organizações de moradores, constantes dos artigos 248.º e 265.º, n.º 2, da Constituição, que se pode retirar, *a contrario sensu*, uma regra geral de necessidade de habilitação constitucional expressa para o exercício de poderes de autoridade a título principal por entidades privadas.

c1. Efectivamente, mesmo que se aceitasse tal caso como uma situação de "habilitação constitucional expressa" para o exercício privado de poderes de autoridade, parece evidente a inadmissibilidade de atribuir a tal habilitação expressa o carácter de *excepção*, retirando daí a seguinte asserção: ao atribuir expressamente às organizações de moradores a faculdade de exercício de prerrogativas de autoridade, a Constituição demonstra implicitamente que, a menos que o diga também expressamente, não aceita a

---

[331] De resto, como bem sublinha PEDRO GONÇALVES, a introdução desta norma na Revisão Constitucional de 1997 é absolutamente perniciosa para o sistema administrativo, uma vez que não só não resolve nenhum problema como cria um problema que não existia: sendo absolutamente evidente (e até intuitivo) – mesmo sem a existência de uma norma constitucional nesse sentido – que a privatização de poderes públicos continua a pressupor a fiscalização administrativa (pois que o Estado não pode desresponsabilizar-se completamente do exercício dos poderes públicos), a única dúvida que esta norma criou foi a de saber em que casos o exercício de poderes públicos por entidades privadas *poderia não ser* submetido a fiscalização administrativa (!), uma vez que, numa redacção, no mínimo, lamentável, apenas se proclama que as entidades privadas "*podem*" ser sujeitas a tal fiscalização. Para maiores desenvolvimentos, cfr. PEDRO GONÇALVES, *Entidades...*, cit., pp. 1016 ss. Em qualquer caso, será absolutamente seguro que aquilo que não se retira de tal norma é qualquer indício sobre os casos em que, de facto, o legislador pode privatizar o exercício de poderes públicos.

atribuição de prerrogativas de autoridade a quaisquer outras entidades privadas. Obviamente, não pode aceitar-se esta "regra geral" de proibição de privatização de poderes de autoridade, quando retirada *a contrariu sensu* de uma disposição constitucional que possui um alcance limitado e não pretende mais do que incentivar a participação dos administrados nas estruturas de decisão locais.

c2. Mas, ainda que se aceitasse tal regra genérica de duvidosa procedência, aquilo que ainda faltaria demonstrar seria a razão pela qual a Constituição teria sentido a necessidade de habilitar as organizações de moradores ao exercício de poderes de autoridade pelo simples facto de estarem dotadas de uma natureza privada, quando em parte alguma a Constituição se pronuncia sobre a sua natureza e, em consequência, não impede o legislador de dotar tais organizações de uma natureza pública[332].

c3. E, acima de tudo, não se vê qual a relevância que o caso das organizações de moradores pode assumir para a privatização do exercício de poderes de autoridade, quando é a própria Constituição que, no artigo 248.º, admite a delegação de tarefas administrativas nas organizações de moradores, *desde que não envolvam o exercício de poderes de autoridade*. Por outras palavras, a Constituição considera que as especificidades desta forma de organização local aconselham à vedação do respectivo exercício de poderes de autoridade, estatuindo que as assembleias de freguesia podem nelas delegar o exercício de todo o tipo de tarefas administrativas – com a precisa excepção relativa ao exercício de poderes de autoridade.

10.2.6 Não pode, pois, retirar-se da Constituição qualquer indício relativo à existência de uma reserva do exercício de poderes de autoridade por entidades públicas. Antes, tal pretensa regra proibitiva genérica de privatização de poderes de autoridade corresponde a um juízo conclusivo que resulta de um *salto lógico* desprovido de qualquer fundamento constitucional.

Com efeito, não tendo a Constituição criado qualquer "reserva de Administração" para o exercício de poderes de autoridade, nem resultando

---

[332] Também neste sentido, cfr. JORGE MIRANDA, *As Associações Públicas no Direito Português*, Cognitio, Lisboa, 1985, p. 22; PEDRO GONÇALVES, *Entidades...*, cit., p. 950.

dela, como se viu, qualquer regra de proibição da privatização do exercício de funções administrativas não empresariais, a única premissa da qual se pode partir para a avaliação da constitucionalidade do fenómeno da privatização – premissa essa absolutamente incontestável – é a da *tendencial incongruência* da submissão do exercício de poderes de autoridade ao Direito Privado.

Como se referiu, não sofre qualquer contestação o entendimento de que é intrinsecamente incoerente a submissão do exercício de funções autoritárias a um Direito estranho aos pilares da autoridade e da competência[333] e vocacionado para a regulação de relações jurídicas pautadas pelos valores da liberdade e da igualdade, tendentes ao livre desenvolvimento da autonomia pessoal e da personalidade das entidades privadas[334].

Dessa incontestável falta de vocação intrínseca do Direito Privado para a regulação do exercício de poderes de autoridade resulta, portanto, uma *presunção de inadequação* do conteúdo concreto do acto de privatização à respectiva vinculação constitucional finalística, sempre que a tarefa administrativa afectada pela privatização envolva o exercício, a título corrente, de poderes de autoridade.

Ora, o *exercício silogístico* propugnado pela doutrina, pelo qual da **premissa** de *inadequação do Direito Privado para a regulação do exercício de funções autoritárias* se retiram as **conclusões** de *i) existência de uma reserva constitucional de exercício de funções autoritárias por entidades públicas* e de *ii) proibição genérica de privatização do exercício de funções autoritárias,* corresponde, em rigor, a um salto lógico que não resulta da premissa da qual se parte.

Com efeito, de uma premissa que parta da tendencial inadequação de um meio à prossecução de um fim só pode resultar a necessidade de submissão de tal meio a um *controlo relacional* que tem por objecto a *apreciação casuística da relação de apetência entre meio e fim.* É que, como é bom de ver, a inadequação não é uma característica absoluta que possa ser apreciada estaticamente; um meio só carece de adequação quando analisado numa *perspectiva relacional e dinâmica* com o fim que deveria prosseguir. Como bem sublinha ALEXY, o controlo de adequação apenas tem por efeito a identificação, desde uma perspectiva negativa, dos meios

---

[333] Cfr. MENEZES CORDEIRO, Tratado..., I, cit., pp. 43 e 393.
[334] Cfr. PAIS DE VASCONCELOS, *Teoria Geral*..., cit., pp. 11 ss.

constitucionalmente inaceitáveis pela sua inidoneidade relativa face ao fim que se pretende prosseguir[335]. Evidentemente, sem a apreciação casuística do fim concreto que se pretende prosseguir (*in casu*, o tipo de interesse público cuja maior eficiência se pretende alcançar, que pode, de facto, reclamar uma gestão do seu exercício através de instrumentos jusprivatísticos), não pode determinar-se se o meio escolhido pelo legislador (*in casu*, o meio de privatização) é perfeitamente adequado, irrelevante ou até totalmente incongruente. Logo, não pode aquela premissa sustentar (pelo menos sem um incompreensível salto lógico) uma conclusão genérica de inconstitucionalidade, formulada em abstracto, do meio de privatização do exercício, a título principal e não precário, de toda e qualquer função administrativa de natureza autoritária.

Insista-se: se a Constituição oferecesse algum indício de atribuição reservada do exercício de funções administrativas não empresariais a entidades públicas, poderia, então, formular-se uma regra genérica (mesmo que susceptível de ser excepcionada para os casos de exercício de poderes de autoridade a título meramente precário ou acessório) de inconstitucionalidade, por vício de violação de lei, da atribuição do exercício de poderes de autoridade a entidades privadas, identificável através de uma simples operação subsuntiva. Poderia, nesse caso, dispensar-se a necessidade de uma apreciação casuística (e por vezes extremamente complexa) da relação entre o conteúdo e o fim do acto de privatização através de um controlo de adequação.

Mas, como se demonstrou, esse indício simplesmente não existe, sendo tal regra genérica formulada de modo artificial como compensação pela histórica incapacidade de controlo do movimento de privatização administrativa.

E, portanto, fundamentando-se a limitação ao fenómeno privatizador na falta de idoneidade do *meio* "privatização" para a prossecução do *fim* "eficiência administrativa", o controlo judicial do acto de privatização deve, em consequência, consistir numa *operação trifásica* que identifica:

a) O *fim concreto* (e já constitucionalmente predeterminado) do acto de privatização, isto é, *o interesse público cuja maior eficiência se pretende atingir*, centrando-se nas características intrínsecas

---

[335] ALEXY, *Teoría de los Derechos Fundamentales*, Centro de Estudios Políticos y Constitucionales, Madrid, 2002, pp. 114 e 115; *Idem, Epílogo...*, cit., pp. 40 e 41.

da tarefa administrativa em causa (em especial, no seu carácter essencialmente burocrático ou empresarial) e na susceptibilidade do respectivo exercício ser enquadrado pelos pilares da competência e da autoridade ou pelos pilares da liberdade e da igualdade;
b) O *meio concreto* para atingir tal fim, o que inclui o tipo de privatização em causa (*v.g.*, privatização formal da entidade administrativa responsável pela tarefa administrativa em questão, atribuição da satisfação de tal tarefa a uma entidade privada pré-existente); o tipo, o âmbito e a extensão de poderes de autoridade que eventualmente sejam inerentes às atribuições conferidas a uma entidade privada; ou, os reflexos da decisão de privatização para os administrados;
c) Por fim, um *juízo relacional* de idoneidade ou de inidoneidade do *meio concreto* para prosseguir o *fim concreto*, tendo por referência as vantagens e desvantagens comparativas dos instrumentos jusadministrativistas que poderiam ser usados em alternativa para a prossecução daquela tarefa administrativa.

Esta operação trifásica é, evidentemente, indispensável para qualquer juízo de conformidade ou desconformidade do acto de privatização com a ordem constitucional, tornando lógica e discursivamente irracional ou ilegítima (por ser fundamentada num raciocínio que assenta num salto lógico) a invalidação judicial de um acto de privatização que desconsidere os elementos oferecidos por uma apreciação casuística da relação dinâmica entre o conteúdo e o fim do acto, eliminando a "pretensão de correcção" de que todo o acto jurídico-público, em especial um acto jurisdicional, sempre carece[336].

Só pode, pois, reforçar-se a conclusão de que o controlo judicial do vício de excesso de poder, assente nesta operação lógica trifásica, constitui o parâmetro privilegiado de fiscalização dos actos de privatização, salvaguardando assim o respeito pela vinculação finalística que a Constituição impôs sobre qualquer acto de organização administrativa.

---

[336] ALEXY, *El Concepto y la Validez del Derecho*, Gesida, Barcelona, 1994, pp. 41 ss.; CARLOS BERNAL PULIDO, *El Princípio de Proporcionalidad y los Derechos Fundamentales*, 3.ª edição actualizada, Centro de Estudios Políticos y Constitucionales, Madrid, 2007, pp. 64 ss.

10.2.7 A aplicação e a efectividade desta operação trifásica de controlo de excesso de poder dos actos de privatização pode ser ilustrada com o caso da opção de privatização das empresas de administração de portos que, anteriormente, revestiam a natureza formal de pessoas colectivas de Direito Público de base institucional (Institutos Públicos)[337].

Na sequência de uma reforma das administrações portuárias[338], os antigos Institutos Públicos de administração dos portos foram objecto de uma privatização formal que levou à criação de cinco entidades privadas sob a forma de sociedades anónimas de capitais exclusivamente públicos[339].

Uma eventual submissão de tais decisões de privatização a um controlo de constitucionalidade permitiria concluir, antes de mais, que o fim que presidiu a tais decisões era justamente aquele que era imposto pela Constituição. Efectivamente, tomando como exemplo o Decreto-Lei n.º 335/98, de 3 de Novembro, que procedeu à transformação da ADMINISTRAÇÃO DOS PORTOS DO DOURO E LEIXÕES em APDL – ADMINISTRAÇÃO DOS PORTOS DO DOURO E LEIXÕES, S.A., invocava-se que:

"O actual modelo orgânico das administrações portuárias, onde se inclui a Administração dos Portos do Douro e Leixões, assente na figura do instituto público, tem-se revelado limitativo e frequentemente incompatível com a gestão de natureza empresarial baseada em pressupostos de **eficácia, racionalidade e competitividade** que se pretende ver prosseguida nos portos portugueses.

De facto, muitas das limitações e constrangimentos que, progressivamente, vêm reduzindo autonomias e limitando competências a nível daque-

---

[337] A opção de privatização destas entidades foi, de resto, particularmente controversa, em função do tipo e da natureza das tarefas a elas atribuídas, tendo tal opção sido, recentemente, também criticada por PEDRO GONÇALVES, ainda que com base numa eventual inconstitucionalidade por violação do princípio de proibição do arbítrio (em função da irracionalidade da medida) – apesar de o Autor não ter sustentado expressamente tal juízo de inconstitucionalidade. Cfr. *Entidades...*, cit. p. 1022.

[338] Que também incluía a criação do INSTITUTO MARÍTIMO-PORTUÁRIO e a transformação das juntas autónomas dos portos em Institutos Públicos.

[339] A APDL – ADMINISTRAÇÃO DOS PORTOS DO DOURO E LEIXÕES, S.A.; a APL – ADMINISTRAÇÃO DO PORTO DE LISBOA, S.A.; a APS – ADMINISTRAÇÃO DO PORTO DE SINES, S.A.; a APSS – ADMINISTRAÇÃO DOS PORTOS DE SETÚBAL E SESIMBRA, S.A.; e a APA – ADMINISTRAÇÃO DO PORTO DE AVEIRO, S.A., criadas, respectivamente, pelos Decretos-Leis n.ºs 335/98, 336/98, 337/98, 338/98 e 339/98, todos de 3 de Novembro.

les organismos (...) advêm (...) da referida natureza de instituto público, sem, no entanto, tomar em linha de conta as especificidades do sector portuário e, designadamente, aquela vertente empresarial que deverá caracterizar a respectiva gestão.

Daí que o proposto e inadiável **objectivo de se conferir às administrações portuárias instrumentos adequados a uma gestão mais dinâmica e flexibilizada**, suportada em mais elevados níveis de autonomia e atribuição de competências, só possa ser globalmente atingido se se avançar com a própria alteração do actual modelo estatutário para o de uma figura jurídica mais consentânea com esse mesmo objectivo, no caso, sociedade anónima de capitais exclusivamente públicos."[340]

Dúvidas não restavam, pois, de que havia uma perfeita conformidade do *fim concreto* que presidia àquele acto de privatização – maior eficiência do exercício do interesse público afectado pela privatização – com o *fim genérico* de eficiência administrativa que, à luz da Constituição, deve justificar qualquer acto de organização e estruturação administrativa, não se verificando, assim, qualquer vício de desvio de poder.

Contudo, a subsequente operação trifásica, que concretiza o controlo da adequação do conteúdo do acto de privatização para o efeito de aferição de um eventual vício de excesso de poder, permitiria verificar que:

a) O fim concreto da decisão de privatização – que se identificou como sendo o aumento da eficiência da tarefa pública de administração das actividades portuárias – era associado com o aumento da "eficácia, racionalidade e competitividade" das administrações portuárias e com a atribuição de uma "gestão mais dinâmica e flexibilizada";

b) Por sua vez, tal fim concreto era prosseguido com o meio de *atribuição de natureza jurídico-privada e empresarial* a uma entidade que, apesar de continuar a ter no seu objecto social a "exploração económica, conservação e desenvolvimento" dos portos, era, paradoxalmente, *despojada de boa parte das funções empresariais que antes tinha* (enquanto ainda estava dotada de uma natureza burocrática ou institucional!), atribuindo-se-lhe agora o *"exercício das competências e prerrogativas de autoridade portuária"* (cfr. artigo 2.º dos Estatutos da APDL) – o que equivalia

---

[340] Destaques nossos.

ao *poder de regular* (e não de exercer) as actividades empresariais que se prosseguem nas áreas portuárias, através do recurso aos seguintes *poderes de autoridade* (cfr. artigo 3.º do Decreto-Lei n.º 335/98, de 3 de Novembro):
  i) "Atribuição de usos privativos e definição do respectivo interesse público para efeitos de concessão, relativamente aos bens do domínio público que lhe está afecto, bem como à prática de todos os actos respeitantes à execução, modificação e extinção da licença ou concessão";
  ii) "Licenciamento de actividades portuárias de exercício condicionado e concessão de serviços públicos portuários, podendo praticar todos os actos necessários à atribuição, execução, modificação e extinção da licença ou concessão, nos termos da legislação aplicável";
  iii) "Expropriação por utilidade pública, ocupação de terrenos, implantação de traçados e exercício de servidões administrativas necessárias à expansão ou desenvolvimento portuários, nos termos legais";
  iv) "Fixação das taxas a cobrar pela utilização dos portos, dos serviços neles prestados e pela ocupação de espaços dominiais ou destinados a actividades comerciais ou industriais";
  v) "Protecção das suas instalações e do seu pessoal";
  vi) "Uso público dos serviços inerentes à actividade portuária e sua fiscalização".
c) Com base na identificação do fim concreto do acto de privatização e do meio concreto para atingir tal fim, era possível formular, no terceiro momento desta operação trifásica, o seguinte *juízo relacional*:
  i) A opção de privatização era fundamentada na maior eficiência na prossecução de uma função administrativa de natureza empresarial;
  ii) O Direito Privado está, de facto, intrinsecamente vocacionado para a regulação do exercício de tal função empresarial, sendo, pois, a opção de privatização um meio *aparentemente* adequado para a prossecução daquele fim;
  iii) Contudo, o *conteúdo* do acto de privatização concretizava-se na eliminação de boa parte das funções de natureza empresarial que haviam justificado o recurso a este meio, resultando,

afinal, na privatização de entidades cujo objecto social passava a ser constituído, quase exclusivamente, pelo exercício de funções autoritárias;
iv) A privatização e empresarialização de entidades que passavam a exercer funções primariamente autoritárias não era, assim, justificada através de qualquer fundamento relevante;
v) O conteúdo do acto de privatização era, portanto, logicamente incongruente com o fim que o justificava e funcionalmente inadequado para a defesa da vinculação finalística imposta pela Constituição.

Como se verifica pelo exemplo oferecido, esta estrutura lógico-discursiva permite uma decisão judicial de invalidação de um acto de privatização desconforme com a Constituição que cumpre todos os elementos inerentes à "pretensão de correcção" exigida a qualquer acto jurisdicional. Através deste parâmetro privilegiado de controlo da racionalidade da organização administrativa, o poder judicial continua a estar dotado dos parâmetros necessários à garantia do cumprimento de todos os elementos constitucionalmente vinculados do acto de privatização – mas, em contrapartida, não tem, para esse efeito, que recorrer a uma regra artificialmente criada, carente de fundamentação constitucional e, por isso, insusceptível de assentar num raciocínio estruturalmente coerente segundo parâmetros lógico-discursivos e compatível com uma "pretensão de correcção".

Daqui resulta, pois, que apenas um controlo relacional de adequação meio-fim, exercido no âmbito da fiscalização de um vício de excesso de poder, pode constituir-se como parâmetro privilegiado ou primário de enquadramento constitucional da "fuga para o Direito Privado".

10.2.8 Por sua vez, a submissão dos actos de privatização a uma regra artificial e apriorística de proibição da privatização do exercício de funções autoritárias – que, no caso acima exposto, até redundaria no mesmo resultado de inconstitucionalidade que se alcançou através de um controlo relacional de adequação –, inutilizaria, em contrapartida, todas as possibilidades de identificação dos casos em que, de facto, a atribuição de poderes de autoridade a título corrente ou principal é, afinal, o instrumento mais adequado para a prossecução do fim que a Constituição injuntivamente impôs a todos os actos de organização e estruturação da Administração

Pública – desmentindo assim, para aquele caso concreto, a *presunção de inadequação* do Direito Privado como parâmetro primário de regulação do exercício de funções autoritárias.

Essa evidência pode ser ilustrada com a estratégia organizativa recentemente adoptada, de modo reiterado, para a tarefa de promoção do desenvolvimento sustentado de uma área geográfica e, em especial, de prossecução conjugada de um conjunto de fins múltiplos com o objectivo de alcançar a sustentabilidade económica dessa região (o que sucedeu, por exemplo, no caso da zona oriental de Lisboa para a preparação da Exposição Mundial de Lisboa, em 1998, ou no caso da recuperação da zona do Alqueva).

Parece razoável defender que o objectivo de gestão de todos os fins múltiplos prosseguidos naquelas áreas e, em particular, a tarefa de alcançar a sustentabilidade económica das respectivas regiões seriam prosseguidos mais eficientemente através de uma entidade de natureza empresarial e não burocrática, cuja actividade fosse parametrizada pelos princípios da gestão privada. Não se vê, com efeito, qual a viabilidade que teria a gestão de um complexo empreendimento de fins múltiplos submetida a regras de gestão de natureza burocrática.

Poderia concluir-se, assim, que do próprio fim constitucionalmente vinculado de adopção da forma de organização administrativa mais eficiente resultaria uma *preferência constitucional* (ainda que em nenhum caso uma obrigação constitucional) pelo recurso a formas de organização e de actuação jurídico-privadas.

Sucede, porém, que a gestão de tais interesses públicos – primariamente prosseguidos segundo uma lógica de gestão empresarial – seria perfeitamente inviável sem o recurso, a título principal, estável ou permanente, a poderes de autoridade e a prerrogativas de Direito Público. Para ilustrar, o EMPREENDIMENTO DE FINS MÚLTIPLOS DO ALQUEVA[341] assentava na *expropriação* de vastas áreas de terreno, cuja responsabilidade foi atribuída, pelo Decreto-Lei n.º 21-A/98, de 6 de Fevereiro, à EDIA – EMPRESA DE DESENVOLVIMENTO E INFRA-ESTRUTURAS DO ALQUEVA, S.A.. O mesmo diploma atribuía à EDIA, no seu artigo 6.º, todos os poderes necessários para a *reinstalação da Aldeia da Luz e para o realojamento da população*,

---

[341] Definido pelo Decreto-Lei n.º 33/95, de 11 de Fevereiro, mais tarde substancialmente alterado pelo Decreto-Lei n.º 335/2001, de 24 de Dezembro.

cabendo-lhe mesmo o poder de *aprovar as obras de urbanização* da nova Aldeia da Luz. Para a gestão do referido EMPREENDIMENTO, o Decreto-Lei n.º 32/95, de 11 de Fevereiro, que procedeu à constituição da EDIA[342], atribuía ainda a esta entidade o poder de *agir como entidade expropriante* e o direito de *utilizar e administrar os bens do domínio público do Estado* (cfr. artigo 6.º).

O Decreto-Lei n.º 335/2001, de 24 de Dezembro, que alterou os Estatutos da EDIA, atribuiu-lhe ainda, entre outros, os poderes de *utilização do domínio público hídrico* afecto ao EMPREENDIMENTO, a *concepção, execução e construção das infra-estruturas* integrantes do sistema primário do EMPREENDIMENTO, bem como das infra-estruturas integrantes da respectiva rede secundária (cfr. n.º 1 do artigo 4.º dos Estatutos).

Também no caso da área abrangida pela Exposição Mundial de Lisboa, o *fim* de gestão eficiente de todas as tarefas de intervenção e gestão das zonas afectadas viria a ser prosseguido, após a conclusão da Exposição, pelo *meio* de *atribuição da respectiva gestão urbana a uma entidade concessionária* – neste caso, uma entidade constituída conjuntamente pela PARQUE EXPO 98, S.A., e pelos Municípios de Lisboa e de Loures.

Porém, o Decreto-Lei n.º 165/2001, de 23 de Maio, que aprovou as Bases da Concessão, reconhecia, no seu Preâmbulo, que à prossecução daquele fim era inerente "a necessidade de habilitar os municípios a dotarem a futura empresa concessionária de um *conjunto de poderes de natureza administrativa*, essenciais ao bom desempenho do serviço público de gestão urbana".

Por outras palavras, reconhecia-se que, por um lado, o fim (constitucionalmente vinculado) de eficiência administrativa na prossecução das tarefas administrativas em questão era atingido através do recurso a formas de actuação jurídico-privadas, submetidas aos princípios de gestão privada e a uma lógica empresarial. Mas, por outro lado, seria virtualmente impraticável o exercício de todas as tarefas administrativas envolvidas na gestão urbana de uma vasta área territorial sem a consequente atribuição dos poderes públicos que, por natureza, e em condições normais, seriam os Municípios a exercer.

Assim, as funções públicas de natureza municipal eram, na sua maioria, atribuídas a esta entidade privada, a qual, a título normal e corrente,

---

[342] Também alterado pelo Decreto-Lei n.º 335/2001, de 24 de Dezembro.

exerceria, durante vinte anos (cfr. Base VII da Concessão), entre outros, os funções de (cfr. n.º 2 da Base II da Concessão):

  i) Administração dos bens do domínio público municipal afectos à concessão;
 ii) Manutenção e limpeza do espaço público;
iii) Manutenção e limpeza dos espaços verdes e parques infantis;
 iv) Manutenção e gestão das infra-estruturas;
  v) Manutenção e gestão da galeria técnica;
 vi) Ordenamento do trânsito rodoviário e pedonal;
vii) Disciplina e fiscalização do estacionamento de veículos na via pública;
viii) Disciplina e fiscalização da ocupação do espaço público;
 ix) Recolha e transporte de resíduos sólidos urbanos e equiparados;
  x) Iluminação pública;
 xi) Prevenção da deambulação e remoção de animais nocivos; e
xii) Monitorização ambiental.

Para esse efeito, eram confiados à concessionária os seguintes poderes de autoridade:

  i) Atribuição de um poder de iniciativa regulamentar (cfr. n.º 1 da Base XVII);
 ii) Equiparação a agente de autoridade administrativa do pessoal a quem incumbe a fiscalização do estacionamento (cfr. n.º 2 da Base XVIII);
iii) Atribuição do poder de licenciar a ocupação do domínio público municipal e de atribuir concessões para o respectivo uso privativo (cfr. n.º 1 da Base XIX); e
 iv) Atribuição do poder de cobrança de taxas pelo estacionamento de duração limitada na via pública, pela ocupação do espaço público, pela utilização da galeria técnica, pela ocupação do subsolo, pela recolha e transporte de resíduos sólidos urbanos e equiparados, pela afixação de publicidade exterior e pelo saneamento (cfr. n.º 1 da Base XXIII).

Não se duvida, perante tal enquadramento jurídico, que esta opção de organização administrativa implicava a atribuição, a uma entidade dotada de uma natureza jurídico-privada, do conjunto de poderes típicos de autoridade exercidos por qualquer Município no âmbito de uma área urbana. Estava em causa, com efeito, a compatibilização do exercício de uma actividade susceptível de ser exercida segundo uma lógica empresarial com o *exercício, a título principal, de poderes de autoridade* por uma entidade privada.

Ora, uma vez que inexiste, a nosso ver, qualquer regra constitucional substantiva de proibição genérica de exercício de poderes de autoridade – mesmo que a título principal ou corrente – por entidades privadas, a fiscalização desta opção de organização administrativa deveria resultar no seguinte juízo:

a) O fim do acto de privatização consistia na maior eficiência da gestão urbana de uma área integrada num projecto, de dimensões universais, essencial ao desenvolvimento local e nacional, a qual não se compadecia com um enquadramento jurídico ou com uma forma de actuação próprios de uma gestão primariamente burocrática;

b) O meio para a prossecução mais eficiente daquele conjunto de tarefas administrativas consistia na privatização e empresarialização da gestão urbana e do exercício dos interesses públicos afectados por aquele projecto – não dispensando, contudo, a consequente atribuição, a título principal, de boa parte dos poderes típicos de autoridade correntemente exercidos pelos Municípios na gestão de áreas urbanas;

c) A privatização da gestão empresarial da zona de intervenção da Exposição e dos correspondentes poderes de autoridade a ela inerentes era, assim, um meio adequado à prossecução do fim vinculado pela Constituição (o fim de gestão mais eficiente dos interesses públicos afectados pela privatização) e, portanto, à satisfação das vinculações impostas pela ordem constitucional para um acto de organização e estruturação da função administrativa.

Como é evidente, a aplicação reiterada desta operação de fiscalização da relação meio-fim dos actos de privatização permite demonstrar que o juízo de constitucionalidade ou inconstitucionalidade da decisão de privatizar nada tem que ver com uma operação subsuntiva fundamentada numa reserva constitucional de Administração perfeitamente fictícia.

Na verdade, a solução tradicionalmente oferecida para a fiscalização dos actos de privatização, assente no pressuposto de que o recurso às técnicas jusprivatísticas é contraditório com a própria natureza e a essência da actividade administrativa[343], redundaria – paradoxalmente – numa negação de todos os objectivos que o legislador constituinte tinha em mente ao reduzir a autonomia legislativa inerente à decisão de privatizar numa margem de estrita execução constitucional. Com efeito, negando-se a possibilidade de exercício, a título corrente e principal, de poderes de autoridade por entidades particulares, ao legislador seria oferecida a simples escolha entre duas hipóteses igualmente irracionais:

a) Submeter uma tarefa administrativa que reclama uma gestão de natureza empresarial a formas de actuação e de gestão jurídico-públicas, que se revelam intrinsecamente inadequadas para os interesses públicos envolvidos – violando, assim, a vinculação finalística constitucionalmente imposta de adopção da forma organizativa que garanta a prossecução mais eficiente do interesse público;

b) Em alternativa, admitindo a necessidade de proceder a uma privatização da gestão daquelas funções administrativas, recusar a privatização do exercício dos poderes de autoridade inerentes a tais funções (aplicando assim a pretensa regra de proibição de privatização de poderes de autoridade atribuídos a título principal), deixando então a entidade gestora daqueles interesses completamente desprovida de todos os meios para prosseguir as funções que lhe haviam sido confiadas.

Como se vê, sob pretexto de garantir a prossecução dos interesses públicos perante a "irracionalidade" ou o "arbítrio" da fuga para o Direito Privado, esta solução clássica de controlo da privatização redundaria, afinal, na lesão da vinculação finalística de eficiência administrativa que – essa sim – resulta da própria Constituição.

Por conseguinte, conclui-se que da *margem de execução constitucional simples* conferida pela Constituição ao legislador no âmbito da decisão de privatizar resulta um *regime típico de controlo de actos legislativos dis-*

---

[343] Cfr., neste sentido, KNAPP, *Précis...*, cit., p. 12.

cricionários que, através da fiscalização dos vícios de *desvio de poder* e, sobretudo, de *excesso de poder legislativo*, oferece ao poder judicial todos os instrumentos de garantia do cumprimento das vinculações constitucionais sobre a liberdade de auto-organização e de auto-gestão administrativa.

Através deste regime típico, a autonomia organizativa não se converte numa liberdade ilimitada de adopção de soluções organizativas irracionais, arbitrárias ou incongruentes com a vinculação finalística decorrente da Constituição; o recurso a formas de actuação e a instrumentos jusprivatísticos tendencialmente inidóneos para o exercício de funções autoritárias não é acriticamente aceite sem uma fiscalização casuística que incide sobre a relação meio-fim do acto de privatização.

Mas, em contrapartida, estes parâmetros extraordinariamente operativos de controlo da privatização administrativa não reduzem aquela autonomia organizativa a uma vinculação absoluta incompatível com a liberdade preferencial de concretização das normas constitucionais inerente à concepção contemporânea do Estado de Direito democrático.

§ 10.3 Violação de lei constitucional

A História recente demonstrou que a reacção tradicional à ineficiência crónica do controlo judicial da fuga para o Direito Privado assentou numa solução que veio a cair no extremo oposto, a qual incluía a criação de uma regra artificial cuja aplicação eliminaria boa parte da liberdade preferencial do legislador democrático na organização e na estruturação da Administração Pública.

Mas, em contrapartida, a identificação de uma avaliação casuística da relação meio-fim do acto de privatização como parâmetro privilegiado do controlo da fuga para o Direito Privado, em detrimento de uma regra proibitiva radical de privatização do exercício de funções autoritárias, não pode agora, por sua vez, implicar uma negação igualmente radical da garantia constitucional de reserva pública de prossecução de um conjunto excepcional e limitado de funções estatais insusceptíveis de serem privatizadas.

Na verdade, o evidente fracasso das tentativas de identificação de um núcleo excepcional de funções do Estado reservadas à Administração Pública e submetidas ao Direito Administrativo não implica a inexistência de tal "reserva de Administração" num Estado de Direito. Simplesmente, tal reserva tem um alcance muito mais restrito – e resulta de fundamentos bem distintos – do que aquele que tradicionalmente se invocou como obstáculo à fuga para o Direito Privado. E, em especial, não pode, no quadro de um modelo constitucional democrático, substituir o regime típico de controlo dos actos legislativos discricionários, essencial à integridade da liberdade preferencial do legislador democrático, como parâmetro privilegiado para o controlo da privatização administrativa.

Assim, cabe agora identificar quais as funções administrativas reservadas à Administração Pública – bem como o seu preciso âmbito e os respectivos fundamentos –, protegidas por regras constitucionais implícitas ou explícitas, susceptíveis de fiscalização através de uma operação de mera subsunção para o efeito de identificação de um eventual vício de violação de lei constitucional.

A) *Funções inerentes à soberania do Estado*

A1. A investigação acima realizada permitiu demonstrar que a alegada proibição de privatização de funções essencialmente autoritárias assenta num salto lógico que não tem qualquer fundamento constitucional. Contudo, deve reconhecer-se que aquela proibição não correspondia a mais do que a um alargamento excessivo do núcleo de poderes definidores da soberania estatal que, de facto, é insusceptível de ser privatizado.

Porém, as razões para a criação de um tal núcleo reduzido de poderes soberanos nada têm que ver com os fundamentos tradicionalmente invocados para a proibição da privatização do exercício de funções autoritárias e, em especial, com a simples inadequação do Direito Privado para o exercício de funções soberanas. Precisamente por isso a defesa desse núcleo de soberania não se satisfaz com um mero *controlo de adequação* entre o meio e o fim do acto de privatização cujo alcance seja meramente casuístico.

Com efeito, sendo as normas constitucionais sobre a organização da Administração Pública o produto de um poder constituinte exercido no quadro de um Estado soberano, a validade e a força vinculativa das disposições que emanam de tal poder está correspondentemente condicionada à manutenção da soberania em que aquele poder repousa. Por outras palavras, mesmo sendo o poder máximo do Estado, o poder constituinte não deixa de estar subordinado a um *limite imanente* de preservação da qualidade de Estado soberano enquanto condição de vinculatividade do estatuto jurídico do poder político[344]. Como bem sublinham JORGE MIRANDA/RUI MEDEIROS, é por isso que o primeiro artigo da Constituição se inicia justamente com a proclamação da soberania da República portuguesa: ainda que meramente declarativo, o preceito pretende reconhecer que "a comunidade política (...) exerce poder constituinte" "por ser Estado" e, em particular, "desde a sua formação, Estado não sujeito a nenhum outro". Pretende o legislador constituinte, pois, "aludir a soberania no específico sentido jurídico do termo"[345].

Ora, qualquer limite material ao poder constituinte é reflectido a jusante para os poderes constituídos, parametrizando, em especial, as opções de organização da função administrativa do Estado e o exercício de poderes soberanos. Em concreto, aos poderes constituídos é atribuída a responsabilidade directa pelo exercício da tarefa de defesa e preservação da comunidade politicamente organizada enquanto tal, isto é, enquanto Estado soberano. Essa tarefa, essencial à própria manutenção da força vinculativa das disposições do poder constituinte enquanto poder máximo do Estado soberano, é inerente às atribuições da comunidade política institucionalizada e dotada de personalidade jurídica[346], não podendo ser delegada, a nível estável ou precário, em qualquer outra entidade, pública ou privada.

Por conseguinte, deve entender-se que aquela que, também a nível sistemático, foi considerada pelo legislador constituinte como a primeira de todas as "tarefas fundamentais do Estado", a saber, "garantir a independência nacional"[347], é atribuída ao Estado em sentido próprio (isto é, à Administração Directa do Estado)[348]. É, portanto, insusceptível de ser

---

[344] Neste sentido, sustentando que a salvaguarda da soberania do Estado é um limite imanente que condiciona o exercício do poder constituinte, cfr. JORGE MIRANDA, *Manual*..., cit., II, pp. 127-129.

[345] JORGE MIRANDA/RUI MEDEIROS, *Constituição*..., I, cit., pp. 52 e 53.

[346] Ou, segundo JORGE MIRANDA, a uma "sociedade política" que corresponde ao resultado do processo de "institucionalização do poder". Cfr. *Manual*..., cit., I, p. 47.

[347] Cfr. alínea a) do artigo 9.º da Constituição.

[348] O que não prejudica que muitas das restantes "tarefas fundamentais do Estado" previstas no mesmo artigo 9.º não possam incumbir ao poder político "manifestado, primeiro, através dos órgãos de soberania e, depois, através de outros órgãos e até de pessoas colectivas em que, por razões funcionais, se desdobra". Cfr. JORGE MIRANDA/RUI MEDEIROS,

submetido a qualquer fenómeno de descentralização (e, por maioria de razão, de privatização) o exercício das funções nucleares essenciais à preservação da soberania estatal na *ordem externa* (defesa da independência nacional perante a comunidade internacional) e na *ordem interna* (defesa da segurança e da estabilidade interna da comunidade política)[349], isto é, das funções que salvaguardam a qualidade soberana de um poder que não admite concorrente na ordem interna nem superior na ordem externa[350].

A2. A tarefa fundamental de *preservação da soberania estatal na ordem externa* implica, por conseguinte, a inconstitucionalidade, por vício de violação de lei constitucional, da decisão de privatização *i)* do exercício da função de *defesa da integridade territorial do Estado contra agressões armadas* e, bem assim, *ii)* da função de defesa *dos interesses diplomáticos do Estado* perante a comunidade internacional.

Porém, se o monopólio estatal no exercício da função de defesa nacional não parece causar quaisquer dificuldades – esse é, de resto, o "sinal e garantia da soberania ainda hoje para a quase totalidade dos Estados do mundo"[351], pelo que, nos termos do disposto no artigo 273.º da Constituição, ao Estado cabe, em exclusivo, a "obrigação" de "assegurar a defesa nacional" –, deve esclarecer-se, em contrapartida, que o monopólio estatal do exercício da função diplomática não vai além do *exercício do poder de decisão* quanto à prossecução dos interesses diplomáticos do Estado. *Não abrange*, portanto, o *exercício da gestão corrente* das relações diplomáticas entre Estados.

Tal esclarecimento – que, há poucos anos atrás, não teria qualquer razão de ser – é essencial para a delimitação daquilo que hoje se considera ser o poder soberano de exercício da função diplomática, como resultado da recente expansão e consolidação do mercado profissional do *lobbying* no campo das relações diplomáticas.

Constituição..., I, cit., p. 98. Mas o exercício *directo* (e não meramente subsidiário) das tarefas essenciais à preservação da soberania do Estado incumbe a este último e a nenhuma outra entidade, pública ou privada; assim devem ser interpretados os preceitos que atribuem directamente ao Estado o exercício de funções soberanas, tal como o artigo 273.º, que cria a "obrigação do Estado" de assegurar a defesa nacional.

[349] Cfr. CARRÉ DE MALBERG, *Teoría General del Estado*, 2.ª edição, Universidad Nacional Autónoma de México, 1998, p. 250.

[350] *Idem, ibidem*, p. 81.

[351] Cfr. JORGE MIRANDA/RUI MEDEIROS, *Constituição...*, I, cit., p. 99.

Efectivamente, a evidente eficácia de entidades dedicadas à prestação profissional de serviços de *lobbying* acabou por atrair a atenção de boa parte dos governos ocidentais, os quais, interessados numa gestão eficiente e "agressiva" dos respectivos interesses estratégicos e diplomáticos, privatizaram boa parte da actividade de gestão corrente dos seus interesses em território estrangeiro, contratando as mais bem sucedidas empresas de *lobbying* para intervir, em conjunto com as respectivas Embaixadas, no âmbito dos processos de decisão política que afectem os interesses estratégicos do Estado[352]. Assim, reservado ao exercício exclusivo da função diplomática do Estado fica, pois, o *poder de decisão final* sobre a prossecução dos interesses diplomáticos, subtraindo-se da "reserva de soberania" do Estado todas as tarefas de *gestão corrente* dos mesmos interesses.

Mas, perante tal cenário, e sendo esta uma das mais recentes áreas submetidas ao fenómeno privatizador – e uma das mais significativas ou qualitativamente mais importantes –, deve recordar-se que a criação de uma "reserva constitucional", imune à privatização, para o exercício de qualquer dos poderes "clássicos" de soberania só tem sentido no quadro da satisfação da tarefa fundamental de preservação da integridade e da soberania externa e interna da comunidade política, enquanto condição in-

---

[352] Este fenómeno passou a receber a atenção da opinião pública depois da repentina mudança de governo em Espanha, na sequência dos atentados ocorridos em Madrid, em 11 de Março de 2004, que motivaram a inesperada vitória do *Partido Socialista Obrero Español* (PSOE) nas eleições ocorridas três dias depois. Aquela mudança no executivo permitiu que chegasse ao conhecimento da opinião pública a existência de um contrato celebrado entre o anterior governo espanhol e um bem conhecido escritório de advogados norte-americano, com vasta experiência na actividade do *lobbying*, nos termos do qual o referido escritório se comprometia a trabalhar com o Governo de Espanha e com a Embaixada de Espanha em Washington no âmbito da "diplomacia pública e comunicação estratégica", devendo, em especial, intermediar as relações entre o executivo espanhol e a Casa Branca e contactar pessoalmente congressistas e senadores para obter o seu voto favorável em questões relativas aos interesses estratégicos de Espanha. Ficou particularmente conhecida a sua intervenção junto do Capitólio para conseguir as 290 assinaturas necessárias à atribuição da medalha de honra do Congresso ao Presidente do Governo José María Aznar.

Sublinhe-se que, apesar de ter tornado pública a existência do contrato e de ter criticado um possível "aproveitamento pessoal" pelo anterior Presidente, o novo executivo espanhol decidiu manter o contrato em vigor e beneficiar dos serviços prestados pelo referido escritório, ainda que optasse por limitar o apoio nas relações diplomáticas às áreas da política comercial, económica e financeira.

dispensável para a salvaguarda da ordem constitucional e da legitimidade do exercício dos poderes constituídos pela mesma comunidade política.

Tendo isso em conta, parece claro que a tarefa de preservação da soberania do Estado na ordem externa fica assegurada pelo exercício do *poder de decisão* quanto à prossecução dos interesses diplomáticos do Estado, não ficando prejudicado, por isso, o recurso sistemático a entidades externas que potenciem a eficácia do exercício da função diplomática e que auxiliem os serviços diplomáticos no processo de decisão política – o único processo que, de facto, define um Estado como soberano na ordem externa[353].

Assim, e em suma, não pode considerar-se como desconforme com a Constituição a privatização do exercício de tarefas acessórias da função diplomática do Estado (ou, mais rigorosamente, relativas ao exercício da gestão corrente dos interesses diplomáticos), desde que a responsabilidade directa da decisão quanto ao exercício da função diplomática permaneça, em exclusivo, no âmbito do próprio Estado. Portanto, a opção de privatização do exercício de tarefas não incluídas naquela reserva de soberania, não sendo controlável através de uma operação subsuntiva, deve ser fiscalizada pelo recurso ao regime típico de controlo do fim do acto de privatização e, sobretudo, da *relação meio-fim* do mesmo acto de privatização, nos termos já enunciados.

A3. Por sua vez, a tarefa fundamental de *preservação da soberania estatal na ordem interna* deve abranger o exercício das funções essenciais à preservação da segurança, da paz jurídica e da estabilidade da comunidade política, o que implica, igualmente, a inconstitucionalidade, por vício de violação de lei constitucional, da decisão de privatização *i)* do exercício da função de *resolução de litígios para manutenção da paz jurídica* e *ii)* da função de *manutenção da segurança interna da comunidade*.

Porém, também quanto a esta vedação à liberdade preferencial do legislador importa definir o seu verdadeiro alcance e fundamento.

---

[353] Em sentido convergente, sustenta LUIS MORELL OCAÑA que a competência estatal para o exercício da função diplomática abrange *i)* o exercício da soberania do Estado, *ii)* a prática de actos que gerem responsabilidade internacional que o próprio Estado deva assumir, *iii)* a celebração de convenções internacionais, *iv)* o exercício do poder de *ius legationis* e *v)* o exercício do poder de decisão sobre matérias em que esteja em causa o interesse nacional. Cfr. *Curso...*, cit., p. 226.

a. No tocante à função de *manutenção da paz jurídica*[354], é a própria Constituição que atribui aos tribunais – enquanto "órgãos de soberania" – o poder de administrar a justiça em nome do povo. Essa referência expressa, constante do n.º 1 do artigo 202.º, aos tribunais como "órgãos de soberania" permite atribuir uma dupla função ao preceito: o legislador constituinte não pretende esclarecer apenas que o princípio da separação de poderes impede a acumulação de funções jurisdicionais pelos órgãos que já exercem o poder legislativo e executivo, mas pretende igualmente reservar o exercício das funções jurisdicionais aos órgãos especificamente integrados na Administração Directa do Estado e que possam ser qualificados como "órgãos de soberania", proibindo assim uma delegação do exercício da função jurisdicional em particulares (ou mesmo em outras entidades públicas)[355].

Mas essa reserva estatal não impede a Constituição de, no n.º 2 do seu artigo 209.º, admitir expressamente a criação de tribunais arbitrais – os quais, evidentemente, não são órgãos de soberania, ainda que, numa harmonização sistemática pouco feliz, a Constituição os tenha integrado no artigo que tem por epígrafe "categorias de tribunais", os quais imediatamente antes havia definido como "órgãos de soberania".

Contudo, independentemente de tal falta de rigor jurídico e conceptual, importa precisar que a admissibilidade constitucional de tribunais arbitrais jamais porá em causa a regra de proibição de delegação do exercício da função jurisdicional em particulares ou, muito menos, a responsabilidade directa do Estado na garantia da paz jurídica.

Com efeito, a função exercida pelos árbitros – ainda que *materialmente jurisdicional* – tem por fonte a própria *liberdade contratual* e a *autonomia privada*. O fundamento da sua autoridade assenta num negócio jurídico celebrado ao abrigo da autonomia privada de quem manifesta a vontade comum de atribuir a árbitros, e não aos "órgãos de soberania", a composição de litígios que envolvem direitos livremente disponíveis.

---

[354] Ainda que, evidentemente, tal função seja jurisdicional e não administrativa – pelo que em nenhum caso se poderia falar de "privatização administrativa", em qualquer das manifestações da "fuga para o Direito Privado" que é abrangida na presente investigação –, esta referência ao exercício de uma função soberana do Estado é indispensável para o efeito de confirmar ou infirmar a existência de uma reserva constitucional de funções soberanas atribuída ao Estado e insusceptível de privatização.

[355] Neste sentido, cfr. PEDRO GONÇALVES, *Entidades...*, cit., pp. 562 e 563.

É que a disponibilidade geral de exercício de tais direitos deve incluir, evidentemente, a disponibilidade específica de decisão quanto a quem receberá a competência para resolver os litígios que afectem os mesmos direitos. Por isso, tem de considerar-se que o exercício da função arbitral não corresponde ao exercício de um poder soberano que o Estado delegou em particulares, mas sim ao exercício de uma "função jurisdicional de génese e natureza privada"[356-357].

E é justamente essa circunstância que permite identificar os limites que salvaguardam uma verdadeira "reserva de soberania" do Estado no âmbito da função jurisdicional: sempre que os direitos afectados por uma composição de litígios não estejam na disponibilidade das partes, tão-pouco têm estas o poder específico de atribuição da autoridade e competência para a resolução do litígio a qualquer tribunal fora da organização judiciária do Estado. Só nesse cenário é que o exercício de poderes jurisdicionais de entidades privadas colidiria com a reserva estadual da função soberana de manutenção da paz jurídica na comunidade política. Pois, não resultando de um título assente na autonomia privada das partes, a autori-

---

[356] Cfr. PEDRO GONÇALVES, *Entidades...*, cit., pp. 566-569, que acrescenta que, pelas razões expostas, os tribunais arbitrais não são mais do que uma excepção meramente aparente à reserva de jurisdição; mesmo que a Constituição não previsse expressamente a possibilidade de recurso a tribunais arbitrais, a sua admissibilidade encontraria sempre o seu fundamento nos princípios da autonomia privada e da liberdade contratual.

[357] De resto, reconhece-se que, quando a lei impõe aos particulares o recurso *necessário* aos tribunais arbitrais, a decisão de atribuição a árbitros da competência e autoridade para a composição de litígios já não cabe na autonomia privada, uma vez que, como é evidente, não foram os titulares dos direitos que escolheram o recurso a árbitros para a composição dos litígios emergentes de tais direitos; contudo, mesmo então, a competência e autoridade dos árbitros encontra o fundamento no acto jurídico-privado pelo qual aqueles são escolhidos. De facto, a lei limita-se a condicionar o exercício da autonomia privada no âmbito do negócio jurídico do qual emerge o poder jurisdicional dos árbitros, os quais continuam, mesmo em tal cenário, a exercer uma "função jurisdicional de génese e natureza privada".

Já no caso de, além de ser imposto às partes, o tribunal (aparentemente) "arbitral" ser ainda composto por pessoas que lhes são estranhas, então esse tribunal será tudo menos arbitral, sendo, quando muito, um "tribunal estadual especial" – cujo único elemento distintivo consistirá no facto de os juízes (e não "árbitros") não integrarem o corpo de magistrados do Estado – que exerce, em qualquer caso, um poder tipicamente soberano no âmbito da função jurisdicional do Estado. Cfr., neste sentido, PEDRO GONÇALVES, *Entidades...*, cit., pp. 570 e 571.

dade e competência dos árbitros só poderia advir do próprio título jurídico-público que os designasse, o que, então sim, consubstanciaria uma verdadeira privatização do exercício de um poder estatal enquadrado numa reserva constitucional de soberania. Tal privatização representaria, em tais moldes, um acto de abdicação da responsabilidade estatal directa de preservação da qualidade soberana da comunidade política.

Por isso mesmo, respeitando este limite constitucional absoluto à privatização, o legislador estabeleceu, no n.º 1 do artigo 1.º da Lei da Arbitragem Voluntária (Lei n.º 31/86, de 29 de Agosto), que "qualquer litígio *que não respeite a direitos indisponíveis* pode ser cometido pelas partes, mediante convenção de arbitragem, à decisão de árbitros". E, igualmente, no âmbito do processo administrativo, o legislador exclui da competência dos tribunais arbitrais, por força do disposto no artigo 180.º, n.º 1, alínea c), do Código de Processo nos Tribunais Administrativos, a resolução de litígios que resultem da eventual invalidade de actos administrativos, assegurando deste modo a exclusividade da função de garantia da legalidade administrativa aos "órgãos de soberania" do Estado.

b. Por sua vez, quanto à função de *manutenção da segurança interna da comunidade*, a "reserva de soberania" do Estado não esconde um progressivo apelo à cooperação e responsabilização dos particulares na tarefa de defesa da ordem pública – o que, de resto, não corresponde a um fenómeno recente, bastando, para tanto, recordar os poderes públicos que, por natureza, sempre tiveram de ser reconhecidos aos comandantes dos navios e das aeronaves.

Contudo, deve ter-se em mente que, no tocante a esta função estatal, o poder soberano do Estado não se esgota no *exercício de uma função* de defesa da ordem pública, mas também (e sobretudo) nos *meios inerentes à satisfação de tal função*, a saber, o emprego da força para a garantia da segurança da comunidade[358].

É o princípio do monopólio estatal do uso da força (com as clássicas excepções, de carácter excepcional e subsidiário, de autotutela privada) que impõe a inclusão na "reserva de soberania" do Estado de todas as tarefas de garantia da segurança da comunidade política que acarretem o recurso à coacção e ao emprego da força – a título principal ou meramente

---

[358] Cfr. CHRISTOF GRAMM, *Privatisierung und notwendige Staatsaufgaben*, Duncker & Humblot, Berlin, 2001, p. 38; PEDRO GONÇALVES, *Entidades...*, cit., p. 957.

acessório. É que, em caso contrário, aos particulares seriam cometidas funções que não podem ser efectivamente prosseguidas sem a atribuição de um poder de uso da força privada que em muito ultrapassaria o carácter excepcional e subsidiário a que hoje se encontra limitado.

Tal opção equivaleria a privatizar justamente aquele conjunto de funçõcs administrativas a que é inerente um especial "momento crítico" do exercício do poder público, insusceptível de ser detalhadamente regulado por critérios normativos previamente fixados e de ser anulado ou rectificado, em caso de eventual utilização indevida, por uma intervenção pública subsidiária; essas funções envolvem a mais qualificada ou intensa ingerência sobre os direitos e garantias dos administrados, a que deveria corresponder, afinal, um nível proporcionalmente intenso de legitimação democrática e de controlo político[359].

O âmbito desta manifestação da "reserva de soberania" do Estado pode ser ilustrado com a recorrente discussão sobre a admissibilidade da atribuição de tarefas de gestão de instalações penitenciárias a entidades privadas. Não se contestando a manifesta integração de tais tarefas no âmbito de uma função de defesa da ordem pública e da segurança da comunidade, não se encontram obstáculos à privatização daquelas tarefas que, embora acessoriamente dirigidas ao exercício de uma função soberana do Estado, não contendem com o monopólio estatal do uso da força (*v.g.*, preparação de refeições para os presos ou construção ou reparação de instalações penitenciárias).

Em contrapartida, parece constitucionalmente inadmissível a privatização – mesmo que em estrita cooperação com as entidades públicas – de:

a) Tarefas de gestão global das prisões – segundo critérios lucrativos que, procurando potenciar a eficiência da gestão, podem procurar reduzir custos com a obtenção das condições essenciais à garantia da ordem e da segurança nas prisões ou à ressocialização ou integração dos presos;

b) Tarefas concretas de guarda dos presos, nas quais surge uma evidente necessidade potencial de recurso à força em cada momento e em cada aspecto da rotina diária dos presos.

---

[359] V., com maior desenvolvimento, PEDRO GONÇALVES, *Entidades...*, cit., pp. 959--964.

A opção de privatização afecta, neste âmbito, as mais prementes garantias de eficiência administrativa e, em especial, os poderes definidores da soberania do Estado, resultando assim vedada pela Constituição, sob vício de violação de lei, a perda do monopólio estatal do exercício de uma função cuja prossecução assenta no recurso aos meios e aos instrumentos tipicamente definidores da soberania da comunidade política.

B) *Competências expressamente conferidas pela Constituição a órgãos concretos*

Das disposições constitucionais pode retirar-se um segundo conjunto de poderes reservados à Administração Pública, cuja privatização implicaria a inconstitucionalidade por violação de lei substantiva, apurada através de uma operação meramente subsuntiva.

Como antes se referiu, parece ser frequente o recurso ao princípio da indisponibilidade das competências, consagrado no n.º 2 do artigo 111.º da Constituição, para sustentar a inconstitucionalidade de privatização de qualquer poder de autoridade de carácter normal ou permanente, alegando a "tipicidade legal objectiva e subjectiva dos poderes de autoridade"[360]. E, como se sublinhou, não nos parece possível retirar, daí, qualquer conclusão quanto à admissibilidade constitucional de uma delegação de poderes de autoridade em entidades privadas, quando, estando proibida a delegação de poderes públicos fora dos "casos e nos termos *expressamente previstos* na Constituição *e na lei*", aquilo que se pretende saber é justamente se a Constituição admite que *a lei expressamente atribua* poderes públicos a entidades privadas.

É que, na vasta maioria dos casos, a Constituição limita-se a enunciar atribuições que as entidades públicas (em especial o Estado, mas também as Regiões Autónomas ou as Autarquias Locais) devem prosseguir no âmbito da função administrativa, deixando ao legislador ordinário a tarefa de distribuir as específicas competências, integradas naquelas atribuições, pelos diferentes órgãos em que as pessoas colectivas públicas se desdobram. E, sendo assim, em nada se lesa o princípio da tipicidade legal das

---

[360] Assim, cfr. PAULO OTERO, *Vinculação...*, cit., p. 238; *Idem*, *Legalidade...*, cit., p. 825.

competências quando, por acto formalmente legislativo, se *redistribui* – agora no âmbito de uma privatização – as competências que antes outro acto formalmente legislativo havia *distribuído*.

Porém, esta conclusão não se pode manter nos (poucos) casos em que é a própria Constituição que entrega expressamente uma competência a um órgão determinado. Mas o que está em causa, nesse cenário, não é a violação de uma "reserva constitucional de Administração" insusceptível de ser privatizada; antes, o eventual acto de privatização de uma tal competência é inconstitucional pelo simples facto de assentar na *redistribuição pela lei* de uma competência *directamente distribuída pela Constituição*.

No entanto, é evidente que tal cenário não se verifica senão em casos meramente marginais, presididos por um objectivo concreto da Constituição que não tem necessariamente de estar associado com a preocupação quanto à natureza pública ou privada da entidade que exerce tal competência – sendo tais casos marginais muito menos frequentes do que aqueles que tradicionalmente são invocados pela doutrina.

A título de exemplo, afirma PEDRO GONÇALVES que os poderes atribuídos pela Constituição às Autarquias Locais para a definição das regras de ocupação, uso e transformação dos solos urbanos[361] correspondem a verdadeiras competências expressamente conferidas a entidades e órgãos públicos, o que implicaria, portanto, a inconstitucionalidade de um acto de privatização que incidisse sobre tais "competências"[362].

Porém, não se identifica no referido preceito qualquer competência concedida a algum órgão específico; antes, parece estar-se perante mais um caso de estabelecimento de uma reserva artificial de Administração e de criação de um limite substantivo à privatização que não tem qualquer correspondência no texto constitucional.

Em primeiro lugar, é evidente que às Autarquias Locais, enquanto pessoas colectivas públicas, não podem conferir-se competências, e somente atribuições; as competências serão legalmente distribuídas pelos órgãos em que elas se desdobram. Mas, em segundo lugar, é manifesto que o referido preceito constitucional não tinha em mente a entrega de competências a órgãos específicos, uma vez que se limitou a apontar fins ou tarefas que deveriam ser prosseguidas pelo "Estado", pelas "regiões autóno-

---

[361] Cfr. n.º 4 do artigo 65.º da Constituição.
[362] Cfr. PEDRO GONÇALVES, *Entidades...*, cit., p. 955.

mas" e pelas "autarquias locais"; sendo assim, o legislador constituinte não pretendia mais do que assegurar a cooperação e o respeito mútuo entre os níveis nacional, regional e local do ordenamento do território e do urbanismo. De resto, se não se pode afirmar que as tarefas de ordenamento do território e do urbanismo confiadas ao Estado e às Regiões Autónomas se consubstanciam em verdadeiras competências – porque só depois de uma distribuição legal se pode identificar os órgãos que, em concreto, exercerão as competências em que se decompõem as atribuições enunciadas pela Constituição –, tão-pouco se poderá sustentar que as mesmas tarefas, confiadas, pelo mesmo preceito, e nas mesmas condições, às Autarquias Locais, se traduzem, apenas quanto a estas, em competências especificamente distribuídas pelo legislador constituinte.

Assim, a relevância deste limite substantivo à privatização tem de considerar-se muito diminuta, erguendo-se como causa de inconstitucionalidade do acto de privatização somente nos (poucos) casos em que a Constituição opta por distribuir directamente uma competência num órgão específico, sem aguardar por uma intervenção posterior do legislador ordinário.

É o que sucede com a competência especificamente distribuída a todos os órgãos de soberania[363], aos órgãos de governo próprio das Regiões Autónomas ou ao Ministério Público.

C) Condições específicas de constitucionalidade do acto de privatização

Da análise da margem de autonomia legislativa que subjaz à decisão de privatizar resultou uma evidente distinção entre *i)* a margem de estrita

---

[363] O que inclui a actividade de "alta administração" (actividade de direcção, enquadramento e coordenação do exercício da função administrativa) especificamente confiada ao Governo pelo artigo 182.º e pela alínea d) do artigo 199.º da Constituição, vedando assim o contra-senso que estaria envolvido na privatização da direcção da actividade da Administração, a qual, por sua vez, sempre teria de fiscalizar o exercício privado de funções públicas e, nesse cenário, também fiscalizaria, de modo circular (e irracional) a entidade que exercesse as funções de direcção da Administração Pública. Por outras palavras, impede-se que qualquer entidade privada, por via do exercício de funções de alta administração, possa controlar o seu próprio fiscal...

execução simples de um fim constitucionalmente predeterminado, que preside ao "*se*" do acto de privatização (privatizar ou não privatizar), e *ii)* a amplíssima margem de conformação, ponderação e avaliação de todos os interesses constitucionalmente relevantes que acompanham cada aspecto da decisão relativa ao "*como*" da privatização.

Tal como já se esclareceu, a presente investigação tem por objectivo a identificação dos parâmetros de controlo da concreta decisão entre as opções de privatizar ou não privatizar, sendo quanto a essa decisão – o "*se*" da privatização – que pode, em primeira linha, aplicar-se o regime típico de controlo dos actos legislativos discricionários de execução constitucional.

Contudo, estando em causa, na presente rubrica, a enunciação dos aspectos do acto de privatização que, excepcionalmente, podem ser controlados por uma *operação subsuntiva* para rastreio do *vício de violação de lei constitucional*, não pode dispensar-se uma referência às duas principais *condições específicas* de constitucionalidade da decisão quanto ao "*como*" da privatização. Essa referência é tanto mais necessária quanto se assiste, com alguma frequência, à equivocada inclusão dessas condições específicas de privatização (isto é, que condicionam o "*como*" da privatização) no âmbito dos limites substantivos à prévia decisão relativa ao "*se*" da privatização.

Com efeito, é somente após a decisão prévia relativa à opção de privatizar ou não privatizar (pela qual se confirma que, por um lado, a actividade afectada pela privatização não está incluída numa "reserva de soberania" nem é especificamente confiada pela Constituição a uma entidade pública, e que, por outro lado, o fim do acto de privatização é conforme com o fim vinculado pela Constituição e adequadamente prosseguido pelo conteúdo concreto de tal acto) que o legislador pode assegurar, num momento lógico posterior, que o "*como*" da privatização é perfeitamente conforme com as duas condições básicas que a Constituição implicitamente coloca ao exercício de tarefas administrativas por entidades privadas.

a. Em primeiro lugar, sendo qualquer acto de organização ou estruturação administrativa – incluindo o acto de privatização – presidido pelo fim de aumentar a eficiência na prossecução do interesse público, a sua viabilidade constitucional depende da confirmação de que o conteúdo concreto do acto inclui as garantias necessárias para uma actividade objectiva, imparcial e neutral (cfr. n.º 2 do artigo 266.º da Constituição) que salvaguarde os direitos e interesses dos administrados (cfr. n.º 1 do mesmo artigo).

Ora, deve reconhecer-se que, como atrás se sublinhou, a prossecução do interesse público por uma entidade dotada de natureza formal jurídico-privada (e, portanto, constitucional, legal e estatutariamente habilitada a prosseguir o interesse público em simultâneo e em concordância com os seus próprios interesses, definidos no âmbito da sua autonomia privada) acarreta sempre um *risco residual* de potenciação da ineficiência administrativa e de sobreposição da prossecução dos interesses privados sobre o interesse público. Efectivamente, a situação de "dualidade" e de "irredutível ambivalência" no próprio objecto da actividade de entidades privadas, enquanto mero "mecanismo aparelhado pela ordem jurídica para mais fácil e mais eficaz realização [dos] interesses" de pessoas singulares[364], implica inevitavelmente um *risco em potência* de sobreposição do eventual interesse na obtenção de lucros sobre o interesse de satisfação das necessidades colectivas e de valorização das garantias das pessoas singulares que recorreram ao "aparelho" da personalidade colectiva privada em detrimento das garantias dos administrados.

Porém, tal *risco em potência* transforma-se em *risco efectivo* sempre que uma circunstância subjectiva afecta as garantias mínimas de objectividade, imparcialidade e neutralidade que devem rodear a prossecução de interesses públicos por entidades privadas.

A título de exemplo, a uma entidade privada que exerce uma actividade económica num mercado concorrencial não podem ser confiados poderes públicos de regulação de tal actividade económica; sendo parte interessada naquele mercado, tal entidade empresarial não pode arrogar-se o exercício de poderes públicos inerentes a uma posição supra-partes. Não pode, por outras palavras, ser simultaneamente jogador no mercado e árbitro do mercado. Uma tal decisão de privatização – que incide sobre uma actividade de interesse público que não enfrentaria nenhum obstáculo constitucional de *natureza objectiva e genérica* à sua privatização – contende, no tocante às *condições concretas de privatização*, com a directiva constitucional de prossecução eficiente do interesse público e do princípio

---

[364] Cfr. MOTA PINTO, *Teoria Geral...*, cit., p. 319.

da imparcialidade administrativa, consagrados no artigo 266.º da Constituição[365-366].

Por conseguinte, a decisão de privatizar o exercício de uma tarefa pública (tomada no momento prévio quanto ao *"se"* da privatização) não dispensa um controlo posterior quanto às garantias subjectivas de imparcialidade e de neutralidade da entidade a quem, no momento subsequente de decisão quanto ao *"como"* da privatização, se confia o exercício de satisfação de uma necessidade colectiva.

b. Em segundo lugar, a fixação das condições concretas de privatização de uma tarefa administrativa deve igualmente levar em conta que das "tarefas fundamentais do Estado" de *i)* "criar as condições políticas, económicas, sociais e culturais que promovam" a "independência nacional", *ii)* de "garantir os direitos e liberdades fundamentais" e *iii)* de "pro-

---

[365] Neste sentido, cfr. PAULO OTERO, *Vinculação...*, cit., pp. 241 ss., que sustenta que uma tal decisão implicaria o perigo de aquelas funções públicas serem instrumentalizadas a favor dos interesses empresariais da entidade privada em causa – ainda que o Autor procure também fundamentar tal proibição subjectiva de privatização na distinção que o Direito Comunitário impõe entre o papel do Estado-Poder e do Estado-Empresário, invocando que aquele cenário de acumulação de funções de regulação com o exercício de uma actividade empresarial corrente seria incompatível com a distinção comunitária entre os entes que têm por objecto a prossecução de funções administrativas e os entes que actuam ao mesmo nível dos operadores económicos privados.

[366] Como se acaba de referir, alguns Autores incluem esta *condição* de constitucionalidade do acto de privatização entre os *limites* prévios à decisão de privatizar (por exemplo, PEDRO GONÇALVES afirma que a entrega de poderes públicos a "particulares que não oferecem garantias de uma actuação desinteressada" corresponde a um "limite subjectivo de carácter absoluto". Cfr. *Entidades...*, cit., pp. 974 e 977). Contudo, a decisão sobre *a quem privatizar* corresponde a um dos particulares âmbitos das opções relativas ao *"como"* da privatização, só tomada num momento posterior à decisão relativa à admissibilidade constitucional de privatização de uma actividade administrativa – o objecto principal desta investigação –, a qual é aferida em termos objectivos, tomando como referência o *fim* do acto de privatização.

Obviamente, isso não significa que o elemento subjectivo da privatização – *a quem se privatiza* – não possa ser tomado em consideração na própria decisão relativa ao *"se"* da privatização, *desde que* qualquer circunstância subjectiva ponha em causa a *relação de adequação* entre o conteúdo e o fim do acto de privatização e que, em função de uma eventual *perda de eficiência administrativa* resultante da opção de privatização, aquela circunstância subjectiva constitua uma causa de invalidação do acto de privatização, nos termos acima expostos, com fundamento no vício de *excesso de poder legislativo*.

mover o bem-estar e a qualidade de vida do povo e a igualdade real entre os portugueses, bem como a efectivação dos direitos económicos, sociais, culturais e ambientais"[367], resulta uma iniludível responsabilização do Estado-Poder na satisfação de todas as necessidades colectivas da comunidade política.

Naturalmente, pelas razões acima expostas, não admitimos que das referidas disposições constitucionais possa resultar qualquer indício sobre uma preferência do legislador constituinte quanto a saber se tal responsabilidade é atribuída a título directo ou subsidiário. Isto é, da enumeração das "tarefas fundamentais do Estado" não pode retirar-se qualquer conclusão quanto à obrigação de que tais tarefas sejam directamente prosseguidas pelo Estado; antes, e salvo no caso da referida "reserva estatal de exercício de funções soberanas", pode mesmo contemplar-se uma preferência constitucional por uma subsidiariedade da intervenção do Estado na sociedade civil e, em consequência, um indício de que a prossecução do interesse público realizada directamente pelo Estado deve limitar-se a uma intervenção meramente acessória, operada a título de complemento daquilo que a sociedade civil não possa realizar pelos seus próprios meios.

É que, fundamentando-se a ordem constitucional no valor da dignidade e na autonomia da pessoa humana, não podem os poderes constituídos adoptar uma postura totalitária que instrumentalize a pessoa humana – e, portanto, a sua liberdade inata de actuação – aos fins do Estado, pelo que qualquer iniciativa intervencionista do Estado é supletiva face ao princípio geral de liberdade da sociedade civil[368].

Contudo, ainda que, por esse motivo, a responsabilidade do Estado na satisfação de necessidades colectivas deva (ou, pelo menos, possa) ser meramente subsidiária, das referidas disposições constitucionais resulta que tal responsabilidade será sempre ineliminável, não relevando o maior ou menor grau de intervencionismo do Estado na sociedade civil e, se for caso disso, o maior ou menor grau de recurso a formas jurídico-privadas de actuação.

Sendo assim, deve considerar-se que ao acto de privatização subjaz sempre uma segunda condição de constitucionalidade a ser fiscalizada

---

[367] Cfr., respectivamente, as alíneas a), b) e d) do artigo 9.º da Constituição.
[368] V. PAULO OTERO, *Vinculação*..., cit., pp. 34 ss.

no momento do controlo do "*como*" da privatização: tal acto será inconstitucional, por vício de violação de lei constitucional substantiva, se não for acompanhado da *previsão dos instrumentos de controlo preventivo ou sucessivo do exercício privado de funções públicas*, que atribuam ao Governo, na qualidade de órgão superior da Administração Pública (ou, se for caso disso, ao governo regional ou à câmara municipal), *o poder de decisão final sobre os parâmetros de exercício da actividade privatizada*.

Como antes se referiu, a opção de privatização acarreta, por via de regra, uma alteração substancial do regime de controlo, de ingerência e de fiscalização administrativa sobre a entidade privatizada; o regime típico de controlo exercido pelo Governo, na qualidade de órgão a quem é atribuída a actividade de "alta administração", pode, por exemplo, ser substituído pelos instrumentos jusprivatísticos de controlo accionista para a garantia da prossecução do interesse público. Pode mesmo acontecer que a participação social que o Estado detém resulte, consoante a sua amplitude, na "disponibilidade total" de uma empresa formalmente privada perante o Governo, assistindo-se assim a um fenómeno paradoxal segundo o qual a decisão de privatização atribui ao Estado uma maior disponibilidade directa sobre a gestão das empresas do que aquela que ocorria quando estas eram formalmente públicas[369].

Mas, independentemente da diferente intensidade de ingerência nas entidades privadas que prosseguem tarefas administrativas, o que a Constituição não dispensa, em caso algum, é a manutenção de um conjunto mínimo de poderes de tutela sobre o exercício de todas e cada uma das actividades de satisfação de necessidades colectivas. Por esse motivo, deve considerar-se inconstitucional o acto de privatização que confie a realização de uma tarefa administrativa a uma entidade privada sem que o Estado-Poder detenha os instrumentos de controlo indispensáveis à manutenção do poder de decisão final sobre, no mínimo, os parâmetros gerais que o exercício da actividade privada deve respeitar[370].

---

[369] Neste sentido, cfr. PAULO OTERO, *Vinculação*..., cit., pp. 320 e 321.

[370] O que pode ser satisfeito com a emissão de "orientações estratégicas relativas ao exercício da função accionista", que "poderão envolver metas quantificadas" e reflectir-se "nas orientações anuais definidas em assembleia geral e nos contratos de gestão a celebrar com os gestores", tal como sucede com o controlo exercido pelo Conselho de Ministros sobre as empresas públicas que adoptam a forma privada de sociedade comercial, ao abrigo

Tal ausência de controlo implicaria, afinal, uma flagrante descontinuidade ou interrupção na "cadeia de legitimação" que necessariamente deve assistir todos aqueles que exercem funções de natureza pública e que depende do exercício – directo ou, no caso de uma privatização, através de um regime de ingerência e de controlo preventivo e sucessivo – de poderes públicos por quem o povo directamente escolheu ou por quem foi directa ou indirectamente nomeado pelos representantes eleitos pelo povo.

Na realidade, a legitimidade democrática para o exercício de poderes públicos por entidades privadas não pode limitar-se ao acto jurídico-público, emitido por um órgão democraticamente legitimado, que procede à respectiva privatização e que estabelece o enquadramento jurídico para o exercício dos poderes públicos. Antes, porque "delegação e fiscalização formam um par inseparável"[371], a legitimidade democrática ínsita ao acto jurídico-público de privatização carece de constante renovação através de uma fiscalização do exercício das actividades privatizadas e de uma responsabilização subsidiária do Estado-Poder como guardião último da eficiência administrativa e da tutela dos direitos e interesses dos administrados.

A perda de tal legitimação democrática na prossecução do interesse público, enquanto pilar essencial de um Estado de Direito democrático, resultaria, afinal, numa tão grande descaracterização das garantias fundamentais dos administrados como aquela que resultava da (já abandonada) admissibilidade de um Direito Privado da função administrativa imune a qualquer vinculação jurídico-pública.

É que, como é evidente, a atribuição de poderes públicos a entidades privadas não corresponde a um mero acto organizativo de natureza intra-administrativa; antes, tal privatização assenta na *permissão específica* de

---

do disposto nos n.os 1 e 2 do artigo 11.º do Decreto-Lei n.º 558/99, de 17 de Dezembro, com a redacção introduzida pelo Decreto-Lei n.º 300/2007, de 23 de Agosto, ou ainda, com o controlo exercido pela câmara municipal, pelo conselho directivo das empresas intermunicipais ou pela junta metropolitana sobre, respectivamente, as empresas municipais, intermunicipais e metropolitanas, ao abrigo do disposto nos n.os 1 e 2 do artigo 16.º da Lei n.º 53-F/2006, de 29 de Dezembro.

O essencial é que exista, pelo menos, um controlo genérico ou estratégico sobre a actividade das entidades privadas que prosseguem funções públicas, sob pena de inconstitucionalidade do acto de privatização por violação de lei constitucional.

[371] Cfr. PEDRO GONÇALVES, *Entidades...*, cit., p. 1014.

exercício de uma actividade que (pelo menos em potência) é *susceptível de lesar as posições subjectivas dos administrados*. Por conseguinte, a salvaguarda dos interesses dos administrados não se realiza pela simples publicização do Direito Privado Administrativo aplicado por qualquer entidade privada que prossegue interesses públicos; pelo contrário, o princípio democrático e o princípio de respeito pelos direitos e interesses dos administrados reflecte-se na exigência de criação de um regime de controlo efectivo da prossecução privada de interesses públicos, enquanto condição substantiva de constitucionalidade de qualquer acto de privatização.

Estes são, portanto, os parâmetros fundamentais de controlo judicial para fiscalização do conteúdo concreto do acto de privatização, através de uma operação de natureza subsuntiva, os quais, no caso de inconstitucionalidade por verificação de um vício de violação de lei constitucional, dispensam a necessidade de recurso a qualquer controlo relacional que tenha por referência a adequação do conteúdo concreto do acto de privatização para a prossecução da vinculação constitucional finalística de eficiência administrativa.

§ 10.4 Incompetência

10.4.1. O estudo do regime de controlo judicial dos actos de privatização deve, por fim, incidir sobre um último parâmetro de controlo de constitucionalidade: o controlo do vício de *incompetência* para a decisão de privatização.

O controlo de constitucionalidade do acto de privatização pode, de facto, assumir uma considerável relevância na defesa do quadro constitucional de competências dos órgãos de soberania. Tal relevância não reside tanto no perigo de eventual inobservância, por parte do Governo, da reserva de competência legislativa constitucionalmente fixada para a Assembleia da República. Não parecem suscitar-se, com efeito, quaisquer dúvidas sobre a inconstitucionalidade de um acto do Governo (mesmo que sob a forma de decreto-lei) que seja praticado na ausência de lei (ou para além dos limites fixados por lei) da Assembleia da República, sempre que a Constituição faça depender a decisão de privatização de um enquadramento normativo fixado pelo Parlamento, tal como sucede com a reprivatização dos bens nacionalizados depois de 1974[372].

A relevância do controlo do vício de incompetência no âmbito da privatização administrativa reside, portanto, nos casos de dúvida que (infelizmente) ainda se colocam na situação inversa, isto é, nos casos de intervenção parlamentar sobre uma reserva de competência administrativa constitucionalmente fixada para o Governo.

Efectivamente, reconhece-se hoje que a decisão de privatizar corresponde a uma opção relativa ao modo de organização da Administração Pública e de gestão do exercício de uma tarefa administrativa, a qual é exercida pelo Governo na qualidade de "órgão superior da Administração Pública" e que se integra no âmbito da sua *competência materialmente administrativa*[373]. Partindo dessa premissa, tão-pouco parecia poder duvidar-se da conclusão que já havia sido firmada pela Comissão Constitucional, no seu Parecer n.º 16/79, de 21 de Junho[374], segundo a qual o Parlamento, que "não governa, não executa, não administra", não pode "praticar actos de administração ou modificar ou alterar os actos praticados pelo órgão de soberania com competência específica para tal", sob pena de, em caso contrário, se "subverter todos os poderes constitucionais"[375].

Infelizmente, porém, essa conclusão deixou de estar assente no Direito Português com a subsequente evolução da jurisprudência constitucional que, sem nunca fazer um reconhecimento formal da recusa daquele princípio, progressivamente preferiu desistir da defesa de uma reserva de competência administrativa do Governo.

---

[372] Cfr. artigo 293.º da Constituição.

[373] Cfr. artigo 182.º e alíneas d) e g) do artigo 199.º da Constituição. Neste sentido, sustentando a integração da decisão de privatização na função administrativa e, concretamente, na "reserva de competência administrativa do Governo", cfr. PAULO OTERO, *Vinculação...*, cit., pp. 256 e 257.

[374] Publicado em *Pareceres da Comissão Constitucional*, VIII, pp. 205 ss.

[375] Foi isso que motivou que a Comissão Constitucional viesse a concluir que, na questão em apreço naquele parecer, era inconstitucional a imposição, por lei da Assembleia da República, do recurso futuro à forma de decreto-lei para o exercício subsequente de uma competência administrativa constitucionalmente reservada ao Governo. No mesmo sentido se pronunciou PAULO OTERO, acrescentando que, por maioria de razão, seria inconstitucional a solução legal que atribuísse à Assembleia da República a competência para a escolha da forma de actuação das entidades administrativas, o que consubstanciaria uma ainda mais flagrante alteração directa das regras de competência constitucionalmente fixadas. Cfr. *Vinculação...*, cit., pp. 256 e 257.

Com efeito, perante a tendência expansionista da actividade do executivo no sistema político-constitucional português, permitida (ou mesmo incentivada) pela opção constituinte de atribuição de vastos poderes legislativos ao Governo, o Tribunal Constitucional parece ter "compensado" o aparente desequilíbrio do sistema constitucional de competências, favorável à cumulação de funções legislativas e executivas pelo Governo, com uma correspondente inacção fiscalizadora nos casos em que, mesmo que somente de forma pontual, é o Parlamento que recorre à forma de lei para o exercício de funções materialmente administrativas.

Essa "compensação" foi particularmente visível no caso do Acórdão n.º 1/97 do Tribunal Constitucional[376], no qual se fiscalizava a constitucionalidade de um acto formalmente legislativo do Parlamento que, não obstante a excepcionalmente bem elaborada construção do Tribunal, indiscutivelmente se destinava a determinar a solução jurídica de uma situação individual e concreta. O Tribunal Constitucional invocou então que não existe um âmbito da função administrativa que, por via do princípio da separação de poderes, constitua uma área de competência reservada ao Governo, imune à actividade legiferante do Parlamento, uma vez que o conteúdo garantístico do princípio da separação de poderes é concebido justamente para a defesa de uma reserva de competência do Parlamento enquanto órgão democraticamente legitimado para a defesa das liberdades e dos direitos dos cidadãos, não valendo, portanto, para o objectivo inverso de criação de uma "reserva de Administração".

Por outro lado, invocava-se também que a dimensão positiva do princípio da separação de poderes – que admite um "sistema de freios e contrapesos" para a sua conjugação com um princípio de interdependência de poderes que tem igual consagração constitucional[377] – permite fundamentar uma progressiva *flexibilização do papel funcional de cada órgão de soberania*. Da mesma forma que a consagração de um princípio de separação de poderes não implica a rígida compartimentação dos poderes do Estado, admitindo, em especial, que o Governo acumule o exercício da função executiva com vastas competências no âmbito da função legislativa, também se admite, paralelamente, que o Parlamento condicione legislativamente a actividade administrativa do Governo – até porque, salvo quanto à organização e funcionamento do próprio Governo, a Constituição

---

[376] Publicado no Diário da República, 1.ª Série, de 5 de Março de 1997.
[377] Cfr. artigo 111.º da Constituição.

atribui à Assembleia da República a competência para legislar sobre todas as matérias.

Logo, como já havia declarado o Tribunal Constitucional no Acórdão n.º 317/86[378], ao Parlamento só estaria vedada uma "prática sistemática" que descaracterizasse a autonomia do Governo como órgão superior da Administração Pública ao ponto de instalar um novo sistema político--constitucional de "governo parlamentar".

Naturalmente, ao Tribunal Constitucional só restava esclarecer a partir de quando consideraria que um acto administrativo sob forma de lei parlamentar poderia representar a criação de um "governo parlamentar". Tal como se verificou suceder com a inoperatividade do controlo judicial do *movimento global* de privatização, também o retrocesso do controlo de constitucionalidade para uma mera fiscalização do *movimento de progressiva invasão* da função administrativa pelo Parlamento representou a absoluta diluição de todos os instrumentos operativos de fiscalização de que o Tribunal dispunha, uma vez que nunca foi identificado qualquer critério que permitisse determinar, com segurança, em que momento um "movimento" que assume um carácter *gradual* e *progressivo* já terá ultrapassado as fronteiras impostas pela Constituição.

Porém, independentemente daquela falta de operatividade do controlo judicial, maior relevância assume ainda o erro no objecto de que padece esta construção da jurisprudência constitucional. Pode admitir--se, de facto, que, fundamentando-se uma eventual reserva de competência administrativa do Governo no *princípio* da separação de poderes, a sua *ponderação* com o *princípio* da interdependência de poderes e com o inerente "sistema de freios e contrapesos" seria susceptível de justificar uma flexibilização dos limites orgânico-funcionais entre a Assembleia da República e o Governo. Aliás, se o princípio da separação de poderes nunca constituiu um limite absoluto para o efeito de obstacularizar o exercício de competências legislativas pelo Governo, poderia alegar-se que tão-pouco deveria, inversamente, servir como barreira intransponível a uma invasão (desde que meramente pontual) da função administrativa pelo Parlamento.

Sucede, porém, que a barreira ao exercício de competências administrativas pelo Parlamento não resulta de uma simples *norma-princípio* sus-

---

[378] Publicado em Acórdãos do Tribunal Constitucional, volume 8.º.

ceptível de ser flexibilizada e até pontualmente comprimida. Efectivamente, a separação orgânico-funcional, de *natureza meramente principológica*, entre os órgãos de soberania é concretizada através das *normas-regra de competência* que definem os poderes especificamente confiados a cada um daqueles órgãos; mais do que uma delimitação material entre a função legislativa e a função administrativa, a Constituição concretiza a construção de um sistema de separação de poderes através da enumeração de normas de competência que – apenas nos casos expressamente previstos – permitem a acumulação de diferentes funções estatais pelo mesmo órgão de soberania[379].

Sustentando este entendimento, a tendencial recondução da competência do Governo ao exercício da função administrativa, inerente ao princípio da separação de poderes, não assume a natureza de obstáculo absoluto para o Governo *precisamente porque a Constituição o habilita especificamente, através das normas de competência* constantes do seu artigo 198.º, *à acumulação de funções administrativas com funções legislativas*[380].

E é justamente isso que não sucede no caso da Assembleia da República, que *não é especificamente habilitada à acumulação das suas funções legislativas com o exercício das competências administrativas reservadas ao Governo*. Aliás, tal necessidade de habilitação constitucional específica pode ser ilustrada, paradoxalmente, com a norma de habilitação para a prática de actos de amnistia pelo Parlamento, que o Tribunal Constitucional tentou invocar, no já referido Acórdão n.º 1/97, como fundamento da existência de uma competência parlamentar que, mesmo que residualmente, ultrapassasse o estrito âmbito da função legislativa. Mas é

---

[379] Cfr. NUNO PIÇARRA, "A Reserva de Administração", in *O Direito*, II, 1990, p. 342; BERNARDO DINIZ DE AYALA, *O (Défice de)*..., cit., p. 41.

[380] De resto, como é especialmente manifesto no próprio âmbito da privatização administrativa, o mesmíssimo fenómeno de recurso indiferenciado à forma de decreto-lei, de regulamento ou, até, de acto administrativo (pense-se precisamente no acto administrativo de privatização sob forma de lei) é tolerado pela Constituição porque a liberdade de escolhas de forma não acarreta qualquer violação do sistema constitucional de repartição de competências entre os órgãos de soberania. Esta habilitação constitucional expressa à cumulação de competências autoriza, por isso, o Governo a exercer uma liberdade formal que, no caso do Parlamento, seria constitucionalmente intolerável, não por força de um vício formal, mas muito simplesmente porque envolveria o exercício de competências que a Constituição não lhe confia.

precisamente porque o acto de amnistia produz efeitos jurídicos em situações individuais e concretas – e, por isso, não pode ser integrado na função legislativa confiada ao órgão parlamentar – que a Constituição teve de o consagrar expressamente na alínea f) do seu artigo 161.º. Se tal habilitação constitucional específica não fosse consagrada numa norma de competência, o Parlamento não estaria habilitado a praticar um acto que, materialmente, não é legislativo[381].

Por conseguinte, a flexibilização do sistema de separação de poderes pelo "sistema de freios e contrapesos" encontra-se, em qualquer caso, limitada pela necessidade de habilitação constitucional expressa para a actuação de um órgão de soberania por normas de competência. Ainda que o Tribunal Constitucional se tenha refugiado no argumento de que a Constituição concede ao Parlamento a competência para legislar sobre todas as matérias e que, por essa via, pode condicionar o exercício da actividade administrativa, é precisamente essa norma de competência que, afinal, limita o fundamento constitucional de actuação do Parlamento àquilo que pode ser considerado como a "actividade de legislar", isto é, à criação de critérios jurídicos normativos (mesmo que com um elevadíssimo grau de detalhe) que parametrizem o exercício futuro da actividade administrativa[382].

Quando, em lugar disso, sob a forma de lei parlamentar, se determine a solução jurídica para uma situação individual e concreta, tal intervenção formalmente legislativa será incompatível com o princípio da separação de poderes – não porque tal princípio assuma um perfil rigidificante na ordem constitucional, mas pela simples razão de que aquele princípio é constitu-

---

[381] Neste sentido, cfr. JORGE NOVAIS, *Separação de Poderes e Limites da Competência Legislativa da Assembleia da República,* Lex, Lisboa, 1997, p. 29.

[382] Poderia, para esse efeito, recorrer-se à definição de PIETRO GASPARRI, que reconduz a actividade de legislar à formulação de um "juízo jurídico abstracto, isto é, toda a enunciação valorativa, em termos de justiça, não de um comportamento particular realizado ou realizável numa determinada situação concreta, mas sim de todos os comportamentos de um determinado tipo realizado ou realizável num determinado tipo de situações". Cfr. *Corso di Diritto Amministrativo,* I, Zuffi, Bologna, 1953, p. 86.

Ou, conforme CASTANHEIRA NEVES, a actividade reconduzida à "função pela qual o Estado programará as suas finalidades políticas, prescrevendo os quadros institucionais e os critérios normativos tanto do projecto político-jurídico como da sua intervenção conformadora na ordem jurídico-social". Cfr. *O Instituto dos Assentos e a Função Jurídica dos Supremos Tribunais,* Coimbra Editora, Coimbra, 1983, p. 480.

cionalmente concretizado em normas de competência que exercem o papel de fundamento específico de actuação de qualquer órgão de soberania, sendo, no caso em apreço, tal acto praticado por um órgão que não dispunha de competência para tal[383-384].

Portanto, sendo incontestável que a competência materialmente administrativa de organização e estruturação da Administração Pública está competencialmente reservada pela Constituição ao Governo, na qualidade de "órgão superior da Administração Pública", deve concluir-se que a competência parlamentar para legislar sobre todas as matérias apenas habilita a Assembleia da República a fixar critérios normativos ou a estabelecer o enquadramento jurídico para as subsequentes decisões concretas de privatização; em contrapartida, qualquer acto concreto de privatização praticado sob a forma de lei parlamentar – pelo qual o Parlamento se arrogaria a "competência das competências", isto é, a competência para determinar a distribuição do exercício de funções administrativas pelas várias entidades administrativas, públicas e privadas – deve considerar-se ferido do vício de incompetência.

10.4.2 Mas, partindo dessa premissa, à mesma conclusão de inconstitucionalidade, por violação das regras constitucionais de competência dos órgãos de soberania, se deveria chegar quando a intervenção parlamentar na "competência das competências" tivesse lugar a *título sucessivo*, no âmbito do recurso ao instituto da apreciação parlamentar de actos legislativos, previsto no artigo 169.º da Constituição.

Curiosamente, tal conclusão está longe de recolher um apoio unânime na doutrina. Admitindo-se que as leis parlamentares com conteúdo administrativo padecem de inconstitucionalidade orgânica, conclui-se, em

---

[383] Assim, v. JORGE NOVAIS, *Separação de Poderes...*, cit., p. 43.

[384] Sublinhe-se que, mesmo no caso das leis individuais ou leis-medida, a reserva competencial imposta pela Constituição implica a necessidade de indagar sobre uma eventual intenção de generalidade, procurando saber se tal acto parlamentar corresponde a um sentido objectivo ou a um princípio geral; nunca se abdica da distinção entre uma "lei individual ainda reconduzível ao cerne da generalidade" e um "acto administrativo sob forma de lei, simples decisão de um caso concreto e individual e que deve (ou deveria) ser simples aplicação de regra preexistente e só válido se com ela se conforma". Cfr. JORGE MIRANDA, *Manual...*, V, cit., p. 138; *Idem, Funções, Órgãos e Actos do Estado*, Lisboa, 1990, pp. 173 ss.

contrapartida, que o mesmo acto parlamentar, dotado do mesmíssimo conteúdo administrativo, é perfeitamente conforme com a Constituição pelo simples facto de ter sido praticado a título sucessivo. Alega-se, para o efeito, que deve ser essa a contrapartida pela disponibilidade conferida ao Governo para escolher a forma legislativa ou administrativa para a prática de actos administrativos, a qual pode, no limite, servir de elemento político dissuasor da utilização sistemática do decreto-lei[385].

Indo mais além, sustenta-se mesmo que este poder de fiscalização do Parlamento pode ser usado como instrumento de censura da maneira como o Governo faz um mau uso dos seus poderes e como procura "camuflar" condutas individuais e concretas, realçando-se que "a utilização abusiva da forma de lei não pode ser premiada com a impunidade"[386].

Ora, como é evidente, a consagração de um tal "instrumento de censura" não tem qualquer acolhimento constitucional. Sendo pacificamente entendido pela doutrina (só não o é, pelos vistos, pelo Tribunal Constitucional) que a Assembleia da República não tem competência, nos termos do disposto no artigo 161.º da Constituição, para a prática de actos materialmente administrativos, então o mesmo acto, dotado precisamente do mesmo conteúdo, não pode, em simultâneo, e dependendo tão-somente do momento em que é praticado, ser constitucionalmente admissível e constitucionalmente proibido; ofender o "núcleo essencial" da competência reservada do Governo ou deixar de o ofender; "subverter todos os poderes constitucionais"[387] ou passar a respeitar o princípio da separação de poderes.

É que, residindo o problema de constitucionalidade do acto parlamentar de privatização (ou de censura parlamentar superveniente à opção governamental de privatização) no respectivo conteúdo materialmente administrativo e no desrespeito pela separação orgânico-funcional dos poderes constitucionais, a prática, a título sucessivo, de um acto que, *prima facie*, era constitucionalmente vedado não pode transformar o conteúdo do acto de privatização ou alterar o quadro constitucional de competências dos órgãos de soberania.

---

[385] Cfr. JORGE MIRANDA, *Manual...*, V, cit., pp. 346 e 347.
[386] Assim, BERNARDO DINIZ DE AYALA, *O (Défice de)...*, cit., p. 50, nota 69. Em sentido contrário, pronunciando-se pela limitação de tal instituto aos "decretos-leis de conteúdo normativo", cfr. PAULO OTERO, *O Poder de Substituição...*, II, cit., p. 628.
[387] Parecer n.º 16/79, de 21 de Junho, da Comissão Constitucional.

É certo que, como têm afirmado, entre outros, JORGE MIRANDA e BERNARDO AYALA, a atribuição deste poder de apreciação parlamentar a título meramente sucessivo resultaria tão-somente de uma utilização indevida ou abusiva da forma de decreto-lei por parte do Governo, servindo assim como instrumento político dissuasor do "excesso de forma" dos actos administrativos[388].

Porém, não pode aceitar-se que a escolha governamental quanto à forma que um qualquer acto materialmente administrativo deve revestir possa condicionar ou alterar o sistema constitucional de competências. Atribuir ao Parlamento o poder de praticar actos materialmente administrativos como resposta a um eventual abuso governamental da forma de decreto-lei equivale a oferecer ao Governo o poder de alterar a separação orgânico-funcional de poderes que a Constituição concebeu e conceder ao Parlamento uma competência que este antes não tinha. A ser assim, a previsão constitucional de normas de competência que criam uma habilitação constitucional específica para a actuação dos órgãos de soberania deveria ter-se por tendencialmente irrelevante, pois que a simples liberdade de escolha da forma dos actos materialmente administrativos, exercida pelo Governo, seria tudo quanto bastaria para habilitar o Parlamento ao exercício de uma nova competência administrativa, não expressamente prevista pela Constituição, que acresceria àquelas outras competências exercidas com base em normas de habilitação expressas[389].

---

[388] Cfr. JORGE MIRANDA, Manual..., V, cit., pp. 346 e 347; BERNARDO DINIZ DE AYALA, O (Défice de)..., cit., p. 50, nota 69.

[389] Aliás, tal construção, que instrumentaliza o instituto da apreciação parlamentar de actos legislativos a uma mera forma de punição política da liberdade de escolha de formas pelo Governo, acaba, paradoxalmente, por desconsiderar a possibilidade de ser o próprio Governo que, no caso de dispor de uma maioria política na Assembleia, provoque um processo de apreciação parlamentar, introduzindo depois emendas da sua iniciativa, para dotar o acto administrativo da forma de lei parlamentar. Nesse caso, sob pretexto de punir o Governo pelo abuso no recurso à forma legislativa, estaria encontrada a forma de potenciar a mais flagrante subversão das regras formais e competenciais da Constituição: era o Parlamento que, sem habilitação constitucional para o efeito, praticava um acto administrativo que se inseria na competência reservada do Governo, criando um *problema competencial* que antes não existia; paralelamente, o *problema formal*, que antes já existia, continuava sem ser resolvido, uma vez que o acto administrativo sujeito a apreciação parlamentar passava agora a revestir a forma de lei da Assembleia da República. Sobre a

Deve concluir-se, pois, que a reserva de organização e estruturação da Administração Pública, expressamente atribuída pela Constituição ao Governo, na qualidade de órgão superior da Administração, inclui, de forma necessária, uma reserva competencial para a prática de todos os actos tendentes à prossecução mais eficiente do interesse público, a qual, quando exercida em actos materialmente administrativos, não é partilhável, a título principal ou sucessivo, com a Assembleia da República.

10.4.3 Nem se diga que a recusa da apreciação parlamentar de decretos-leis de conteúdo materialmente administrativo seria contraditória com a possibilidade de, em contrapartida, o Presidente da República exercer o veto (jurídico ou político) na sequência da escolha, pelo Governo, da forma de lei para o acto concreto de privatização. Poderia invocar-se, então, que o Presidente da República passaria a estar habilitado para o controlo de um acto materialmente administrativo como simples resultado de uma escolha formal do Governo, exercendo uma competência que, à partida, a Constituição não lhe havia confiado. Concluir-se-ia, assim, que, ao passo que o conteúdo materialmente administrativo do acto de privatização havia prevalecido sobre a forma legislativa para o efeito de recusar a respectiva apreciação parlamentar, já seria a forma de decreto-lei a prevalecer sobre o seu conteúdo materialmente administrativo para o efeito de fundamentar a necessidade de promulgação deste acto por parte do Presidente da República.

Porém, as duas situações não são minimamente comparáveis. Embora se reconheça que o significado jurídico do instituto de apreciação parlamentar dos actos legislativos tenha variado ao longo da História Constitucional, é indiscutível que tal instituto sempre foi concebido pela necessidade de fiscalização parlamentar do exercício de competências materialmente legislativas pelo Governo[390].

---

admissibilidade de emendas da iniciativa do Governo no âmbito de uma apreciação parlamentar, v. JORGE MIRANDA, "O Governo e o Processo Legislativo Parlamentar", in JORGE MIRANDA/MARCELO REBELO DE SOUSA (org.), *A Feitura das Leis*, II, Instituto Nacional de Administração, Lisboa, 1986, p. 304.

[390] Era o que sucedia na vigência da Carta Constitucional, quando, no espaço que mediava a dissolução das Cortes e a realização de novas eleições, o Governo exercia reiteradamente competências legislativas sem dispor de base constitucional para o efeito, obtendo depois a aprovação, pelas novas Cortes, de *bills de indemnidade* que isentavam os

Pelo contrário, a intervenção presidencial sobre os actos formalmente legislativos praticados pelo Governo não reflecte apenas o exercício de uma competência de fiscalização da acção governativa que, de modo paralelo, a Assembleia da República também poderia exercer. Antes, tal intervenção consubstancia-se (também) na participação no complexo de actos constitutivos do procedimento legislativo, a qual visa conferir autenticidade ao acto legislativo e assegurar-lhe executoriedade[391], constituindo um requisito de perfeição sem o qual nenhum decreto do Parlamento ou do Governo pode existir juridicamente sob as vestes de acto legislativo[392].

Por outras palavras, ao contrário do que sucede com a apreciação parlamentar de decretos-leis, inserida na específica relação constitucional entre o Parlamento e o Governo, no âmbito de uma competência legislativa concorrencial, apurada por referência ao *conteúdo* do acto fiscalizado, a intervenção presidencial na conclusão do procedimento legislativo é inerente ao facto de um órgão de soberania (e não apenas o Governo) *ter a pretensão de dotar um acto jurídico-político da dignidade formal legislativa*, o que, por si só – e independentemente do seu conteúdo – despoleta a necessidade de confirmação da autenticidade do diploma aprovado, de submissão de tal diploma a um controlo preventivo da constitucionalidade e de conformação política da acção parlamentar ou governativa[393].

De resto, a relevância da *forma do acto* para o efeito de determinação dos actos submetidos a intervenção presidencial preventiva resulta bem evidente da enunciação dos actos que carecem de promulgação, constante da alínea b) do artigo 134.º da Constituição, a qual limita a intervenção

---

Ministros de responsabilidade pela violação da Constituição e convalidavam os diplomas inconstitucionais.

A longa evolução deste instituto alterou radicalmente as suas feições, transformando a ratificação-convalidação em ratificação-fiscalização. Mas aquilo que não mudou foi a sua inserção no âmbito da fiscalização parlamentar do exercício de competências legislativas pelo Governo, o que implica a sua inaptidão para a fiscalização do exercício de competências administrativas que, ao contrário do que sucede com a competência legislativa concorrencial, a Constituição reservou ao Governo. Cfr., com maior desenvolvimento, JORGE MIRANDA, "A Ratificação no Direito Constitucional Português", in *Estudos Sobre a Constituição*, III, obra colectiva, 1977, pp. 619 ss.

[391] Cfr. GOMES CANOTILHO/VITAL MOREIRA, *Constituição...*, 3.ª edição, cit., p. 602.
[392] Cfr. artigo 137.º da Constituição.
[393] Cfr. GOMES CANOTILHO/VITAL MOREIRA, *Constituição...*, 3.ª edição, cit., pp. 598 e 602.

presidencial a actos dotados de uma força jurídica particularmente relevante no quadro do sistema jurídico e que, por isso, mais carecem de um controlo preventivo e de uma necessidade de confirmação da sua autenticidade. Assim, tal intervenção é limitada aos actos legislativos, aos actos de aprovação de Tratados e de Acordos Internacionais e, ainda, aos Decretos Regulamentares do Governo que, justamente por poderem conter regulamentos independentes que não se limitam a uma mera execução de leis determinadas (cfr. n.º 6 do artigo 112.º da Constituição), recebem a particular relevância constitucional que justifica a sua submissão a um controlo constitucional e político preventivo.

Portanto, a intervenção presidencial guia-se por um *critério formal* que é indiscutivelmente distinto daquele que leva à apreciação parlamentar de actos legislativos, a ser exercida por referência ao *conteúdo materialmente legislativo* do acto fiscalizado – e exercida por um órgão de fiscalização cuja competência estritamente legislativa não o habilita a estender os seus poderes de fiscalização ao exercício da competência administrativa reservada do Governo.

Além disso, esta intervenção presidencial preventiva, justamente por constituir um requisito de perfeição do acto legislativo, limita-se, em consequência, a um controlo jurídico e político de natureza meramente negativa, pelo qual o Presidente da República pode promulgar, requerer a intervenção do Tribunal Constitucional ou exercer o veto político, sem, contudo, exercer a faculdade de alterar o acto que lhe é submetido e estabelecer inovatoriamente o conteúdo de um acto dotado de dignidade formal legislativa.

É precisamente isso que não ocorre no caso da apreciação parlamentar de decretos-leis que, por não se inserir no âmbito do controlo preventivo de actos formalmente legislativos, mas sim no quadro das relações de concorrência entre dois órgãos de soberania que partilham uma competência materialmente legislativa, tanto admite a pura e simples recusa de ratificação (a qual sempre seria um acto administrativo, praticado sob a forma de resolução) como a alteração inovadora do acto fiscalizado (a qual, à partida, seria um acto materialmente legislativo, praticado sob a forma de lei).

Ora, sempre que o Parlamento procedesse à apreciação parlamentar de um decreto-lei de conteúdo materialmente administrativo, a alteração inovadora eventualmente introduzida no conteúdo do acto apreciado não corresponderia senão à determinação, sob forma de lei, da solução jurídica para uma situação individual e concreta – exactamente aquilo que a doutrina, contestando a posição do Tribunal Constitucional, entendia pacificamente ser vedado pela Constituição à Assembleia da República.

E, perante tal contradição, de nada serviria a solução "moderada" que JORGE MIRANDA propunha como "postura menos radical": admitir a possibilidade de a Assembleia da República recusar a ratificação ou suspender o acto administrativo sob forma de decreto-lei, impedindo-a, em contrapartida, de introduzir emendas ao seu conteúdo[394]. Sob essa perspectiva, o Parlamento assumiria um controlo meramente negativo, semelhante àquele que exerce o Presidente da República, sem poder estabelecer uma solução inovadora para o âmbito de uma situação individual e concreta.

Ora, por um lado, tal auto-limitação parlamentar aos poderes de apreciação de decretos-leis não tem qualquer fundamento constitucional; precisamente porque esse instituto se insere no âmbito das relações entre órgãos com competência materialmente legislativa, não existe nenhuma base para distinguir entre os diferentes casos em que o Parlamento aprecia actos legislativos aprovados por outro órgão. O seu poder de apreciação está indissociavelmente ligado à sua competência legislativa, não subsistindo sem ela, pelo que uma mera fiscalização sucessiva de um acto legislativo, quando desacompanhado da faculdade de alteração inovadora do acto fiscalizado, corresponde a uma verdadeira negação da natureza deste instituto.

Porém, mais importante ainda é a circunstância de tal solução "moderada" ser simplesmente *irrelevante* para o problema que se pretendia resolver. Com efeito, o maior problema de quem recusa a inconstitucionalidade, por violação das regras constitucionais de competência dos órgãos de soberania, do exercício, a título principal ou sucessivo, de funções administrativas pelo Parlamento não é tanto o da construção teórica ou académica que encontra para contornar a preterição das regras constitucionais, mas o de esquecer a inaptidão parlamentar intrínseca para a prossecução de funções administrativas que, em parte, também justifica a separação orgânico-funcional dos poderes dos órgãos de soberania operada pela Constituição.

Como sublinha JORGE REIS NOVAIS, tal separação não resulta de uma "atribuição mecânica de cada função ao órgão que tradicionalmente é

---

[394] Cfr. JORGE MIRANDA, *Manual*..., V, cit., p. 346.

suposto exercê-la", pela qual a restrição das competências parlamentares ao exercício de funções legislativas seria determinada por motivos formalísticos ou irracionais, mas resulta de uma legitimação da repartição das funções do Estado através do recurso a "critérios racionais objectivos"[395].

Pode admitir-se, efectivamente, um controlo presidencial preventivo que, enquanto requisito de perfeição e de reconhecimento da existência jurídica de um acto sob forma de lei, constitua uma condição intrínseca de aptidão para a produção de efeitos jurídicos e para a pretensão modificadora de posições subjectivas na ordem jurídica – um controlo exercido, portanto, no momento em que aqueles efeitos jurídicos não foram ainda produzidos e em que aquelas posições subjectivas não foram ainda modificadas.

Mas não pode, em contrapartida, admitir-se o exercício de uma competência parlamentar de modificação – mesmo que limitada à respectiva suspensão ou cessação de vigência – de um acto materialmente administrativo juridicamente perfeito e, pelo menos durante o período de tempo em que vigorou, vocacionado à alteração da ordem jurídica existente e à modificação reflexa de posições subjectivas afectadas pela opção de reestruturação ou reorganização administrativa.

Estando hoje já completamente ultrapassada a ideia de que os actos de organização e de estruturação da Administração produzem efeitos meramente intra-administrativos, e reconhecendo-se, pelo contrário, a susceptibilidade de afectação vantajosa ou desvantajosa das posições subjectivas dos administrados com base em tais actos, não pode discutir-se que o acto materialmente administrativo de privatização está dotado da vocação intrínseca para a produção de efeitos jurídicos directos ou reflexos na esfera subjectiva de todos os particulares que são afectados pelo interesse público abrangido pela privatização.

Ora, o acto materialmente administrativo de privatização constitui precisamente o exemplo ideal da concretização da "*separação funcional-estrutural*" dos poderes do Estado, isto é, da separação racional e objectiva das competências dos órgãos de soberania em razão da sua estrutura específica para a prossecução mais adequada de cada função estatal[396].

---

[395] V. JORGE REIS NOVAIS, *Separação*..., cit., p. 45.

[396] Cfr. JÜRGEN KUHL, *Der Kernbereich der Exekutive,* Nomos, Baden-Baden, 1993, pp. 116 ss. Aliás, também no caso do Parlamento, à salvaguarda da sua própria área de

Em tal cenário, a alteração inovadora – ou, insista-se, a simples suspensão ou cessação de vigência – do acto administrativo de privatização não é acompanhada da estrutura funcional – que, aqui, pertence a um órgão vocacionado para o procedimento legislativo – indispensável ao procedimento administrativo inerente aos efeitos jurídicos individuais e concretos que o Parlamento pretende que sejam produzidos.

Em concreto, tendo cumprido todos os requisitos de perfeição e de validade para a produção de efeitos jurídicos, o acto de privatização pode, em regra, já ter criado posições de vantagem em particulares que, agora, veriam a sua esfera jurídica desprotegida perante aquilo que, para todos os efeitos, corresponde a uma alteração ou revogação de um acto materialmente administrativo.

Poderia perguntar-se, então, até que ponto a *estrutura funcional* de um órgão parlamentar permitiria o cumprimento de todas as exigências inerentes a um procedimento tendente à aprovação, alteração ou revogação de um acto jurídico-público de natureza individual e concreta, incluindo, designadamente, as fases de instrução e, sobretudo, de audiência dos interessados, a qual é inerente a todo e qualquer procedimento administrativo, enquanto "pilar do Estado de Direito e da concepção político-constitucional sobre as relações entre a Administração e os particulares"[397]. É que, evidentemente, o exercício de uma competência materialmente administrativa acarreta o cumprimento das vinculações constitucionais inerentes à função administrativa – as quais pressupõem a estrutura funcional do órgão de soberania especialmente vocacionado para o efeito.

Mais: tendo em conta que a apreciação parlamentar em nada se identifica com uma fiscalização vocacionada para um controlo de estrita constitucionalidade ou legalidade, consistindo, antes, numa fiscalização de mérito, oportunidade e conveniência política[398], e que, portanto, se pressupõe que o acto fiscalizado seria um acto administrativo válido, teria mesmo de indagar-se até que ponto iriam os poderes parlamentares de alteração ou de revogação de um acto (eventualmente) constitutivo de direitos, não

---

competência assiste uma integração funcional, assente, entre, outros factores, num "procedimento institucional". Cfr. MANUEL AFONSO VAZ, *Lei e Reserva de Lei – A Causa da Lei na Constituição Portuguesa de 1976*, Porto, 1992, pp. 502 e 503.

[397] Cfr. MÁRIO ESTEVES DE OLIVEIRA/PEDRO COSTA GONÇALVES/J. PACHECO DE AMORIM, *Código do Procedimento...*, cit., p. 452.

[398] Cfr. JORGE MIRANDA, *Manual...*, V, cit., p. 348.

apenas por referência ao regime legal constante do artigo 140.° do Código do Procedimento Administrativo, mas, sobretudo, por referência aos princípios da segurança jurídica e da tutela da confiança, inerentes à existência de um Estado de Direito, nos quais aquele regime legal se fundamenta[399].

Sendo assim, parece evidente que a construção do complexo quadro constitucional de competências não corresponde a uma mera delimitação tradicional ou irracional, fundamentando-se, antes, numa *separação funcional-estrutural* que justifica que, ao contrário do que sucede com a competência legislativa concorrencialmente destinada a dois órgãos de soberania, a competência administrativa seja exclusivamente confiada ao Governo.

Em consequência, só pode concluir-se que tal *separação funcional-estrutural*, concretizada em normas de habilitação constitucional específica ao exercício de competências públicas, acarreta a inconstitucionalidade, pelo vício de incompetência, de qualquer acto materialmente administrativo praticado, a título principal ou sucessivo, pela Assembleia da República – *maxime* quando o acto em causa se inscreva no exercício da "competência das competências" e, através de uma opção de privatização, proceda à redistribuição das competências administrativas e à reorganização e reestruturação administrativa.

---

[399] Note-se que, mesmo nos casos de inconstitucionalidade do acto de privatização, o Tribunal Constitucional pode salvaguardar as expectativas criadas pelos particulares em cuja esfera jurídica o acto (inconstitucional) de privatização havia produzido uma afectação vantajosa, recorrendo, se necessário, à restrição do alcance dos efeitos da declaração de inconstitucional, nos termos do disposto no n.° 4 do artigo 282.° da Constituição. Em contrapartida, no caso de o acto de privatização ser perfeitamente conforme com a ordem jurídica, fundamentando-se a sua alteração (ou revogação) num critério de mera oportunidade ou conveniência política, fica por saber até que ponto a Assembleia da República aceitaria restringir ou auto-limitar os poderes inerentes à apreciação parlamentar de actos legislativos, uma vez tendo assumido uma competência que, à partida, nem sequer resultaria da Constituição.

§ 11.º O CONTROLO DO ACTO FORMALMENTE ADMINISTRATIVO DE PRIVATIZAÇÃO

11.1 Ao iniciar o estudo do regime de controlo dos actos de privatização, antecipámos que tal regime tem como objecto privilegiado actos jurídico-públicos praticados sob forma legislativa. Essa circunstância não resulta apenas da necessidade de controlo dos actos prévios que, de facto, são materialmente legislativos e que, por vinculação constitucional[400] ou por opção do legislador, se destinam ao enquadramento jurídico das subsequentes decisões concretas de privatização, mas resulta, sobretudo, do recurso sistemático à forma de lei para a prática de actos que, sendo materialmente administrativos[401], pressupõem a criação de um regime estatutário singular que garanta a prossecução mais eficiente do interesse público e que, para estarem dotados da força jurídica necessária à derrogação sistemática das regras gerais de Direito Público e de Direito Privado, não podem revestir a *forma* de acto administrativo.

Esses factores acabaram por reduzir drasticamente o recurso à forma administrativa para a prática de actos de privatização, não faltando mesmo casos de exigência legal expressa de recurso à forma de decreto-lei para a concretização da privatização[402]. Por isso, tendo em conta a incipiente

---

[400] Cfr. artigo 293.º da Constituição.

[401] Porque praticados, como se viu, ao abrigo da competência materialmente administrativa de auto-organização e auto-gestão da Administração Pública, nos termos do disposto no artigo 182.º e nas alíneas d) e g) do artigo 199.º da Constituição.

[402] É o que sucede no já referido caso do artigo 24.º do Decreto-Lei n.º 558/99, de 17 de Dezembro, alterado pelo Decreto-Lei n.º 300/2007, de 23 de Agosto, que exige a forma de decreto-lei para a criação de entidades públicas empresariais. Como já se demonstrou, este caso de criação de uma entidade pública empresarial pode constituir um verdadeiro acto de privatização indirecta, uma vez que, sem prejuízo da respectiva natureza formalmente pública, a opção de empresarialização implica uma privatização reflexa do Direito substantivo primariamente aplicável às novas entidades empresariais.

relevância prática do controlo de actos formalmente administrativos de privatização, optou-se por centrar a presente investigação no controlo dos actos de privatização sob forma de lei.

Mas a avaliação das vinculações constitucionais sobre o acto legislativo de privatização, entretanto realizada, reveste-se da maior utilidade para a subsequente fixação do preciso alcance da *liberdade de escolha da forma do acto de privatização*. É que, até ao momento, demonstrou-se que a utilização de tal liberdade de escolha para a atribuição de dignidade formal legislativa ao acto de privatização resulta, pelo menos, numa vantagem: na concessão da faculdade de criação de um regime estatutário privativo para a entidade privatizada ou para o exercício da tarefa administrativa sujeita a privatização.

O que então não se determinou foi até que ponto tal *aparente* liberdade na escolha desta *vantagem* inerente ao recurso à forma legislativa pode, afinal, corresponder a uma *tendencial vinculação* ou mesmo a uma obrigação de recurso sistemático à forma de lei aquando da decisão de privatizar.

Com efeito, tem-se discutido se a *reserva total de norma jurídica*, no âmbito da qual se entende que "a vinculação da Administração à prossecução do interesse público implica necessariamente a previsão normativa de todos os actos administrativos, ao menos através da atribuição de competência discricionária"[403], impõe que o recurso à forma de acto administrativo para a adopção da decisão de privatização seja fundamentado numa norma habilitante constante de um acto legislativo prévio, ou se, em contrapartida, se poderia entender que a alínea g) do artigo 199.º da Constituição corresponde a uma norma habilitante da competência do Governo dotada de uma natureza *self executing*, que o habilita a, fora do espaço de reserva de lei[404], determinar, mesmo por acto de natureza meramente

---

[403] Cfr. SÉRVULO CORREIA, *Legalidade...*, cit., p. 298. Ou, por outras palavras, "a Administração não pode praticar quaisquer outros actos que não aqueles para os quais esteja habilitada por acto legislativo". Cfr. CHARLES EISENMANN, *Cours de Droit Administratif*, II, L.G.D.J., Paris, 1983, p. 228.

[404] Reserva de lei que abrange, designadamente, as bases gerais do estatuto das empresas públicas (cfr. alínea u) do n.º 1 do artigo 165.º da Constituição). A *reserva de competência legislativa* da Assembleia da República criada por este preceito constitucional deve ser interpretada como impondo também uma reserva de regulação normativa por acto sob forma legislativa, pelo que a uma *reserva de competência parlamentar* se une uma *reserva de forma de lei*.

regulamentar, os critérios normativos de recurso a formas e instrumentos jurídico-privados de actuação administrativa[405].

Porém, tal dúvida deixa de assumir qualquer relevância prática perante o preciso âmbito do princípio da indisponibilidade das competências, consagrado no n.º 2 do artigo 111.º da Constituição, para o efeito de determinação do enquadramento jurídico-constitucional da margem de liberdade que subjaz à decisão de privatizar. Como antes se esclareceu, é verdade que, por um lado, daquele princípio não resulta qualquer indício quanto à admissibilidade constitucional de uma delegação de poderes de autoridade em entidades privadas. Pois, estando proibida a delegação de poderes públicos fora dos "casos e nos termos expressamente previstos na Constituição e na lei", aquilo que se pretende saber é justamente se a Constituição admite que a lei expressamente atribua poderes públicos a entidades privadas.

Mas, por outro lado, da análise das disposições constitucionais sobre a responsabilidade do Estado na prossecução de tarefas administrativas pode concluir-se que, em regra, o legislador constituinte se limita a confiar atribuições a entidades públicas (*maxime* ao Estado), deixando ao legislador ordinário a responsabilidade subsequente de repartir as competências necessárias à prossecução daquelas atribuições pelos vários órgãos das entidades públicas (e, se o achar conveniente, privatizar o exercício de algumas dessas competências), sem que tal distribuição, sempre realizada através de acto legislativo, seja susceptível de lesar o princípio da indisponibilidade *legal* das competências.

Ora, partindo desta premissa, a decisão de privatizar consubstancia, para todos os efeitos, uma redistribuição das competências públicas que o legislador havia efectuado em concretização das regras constitucionais que fixavam as atribuições das entidades públicas.

Por isso, independentemente do sentido que se atribua, no ordenamento jurídico português, ao princípio de sujeição dos actos administrativos à reserva total de norma jurídica e, em especial, da admissibilidade de uma actividade regulamentar do Governo directamente fundada na Constituição, do n.º 2 do artigo 111.º da Constituição resulta que *o acto de redistribuição das competências públicas previamente distribuídas por acto legislativo* – incluindo o acto de privatização – *também tem necessa-*

---

[405] Sustentando esta última posição, cfr. PAULO OTERO, *O Poder de Substituição...*, II, cit., pp. 821 ss.; *Idem, Vinculação...*, cit., pp. 254-256.

riamente de revestir a forma de lei; em alternativa, caso tal não suceda, devem o acto formalmente administrativo ou o contrato administrativo que concretizem a privatização ser *directamente fundados numa norma legal habilitante que enuncie de forma expressa, individual e concreta o preciso âmbito das competências privatizadas e da entidade ou entidades privadas a quem tais competências são confiadas.*

É certo que, como recorda PAULO OTERO, o recurso a um regulamento independente directamente fundado na alínea g) do artigo 199.º da Constituição, para a fixação de critérios normativos de enquadramento das privatizações, seguido de um acto administrativo, sob a forma de decreto simples, para a determinação do recurso a formas de actuação jurídico-privadas numa situação individual e concreta, teria a virtualidade de excluir a hipótese de apreciação parlamentar dos próprios critérios normativos fixados por acto de natureza regulamentar[406].

Mas, pelas razões expostas, pensamos que tal opção está excluída por força do princípio constitucional da indisponibilidade das competências: estando as competências públicas distribuídas e fixadas por acto legislativo, a sua redistribuição por um acto administrativo cujo fundamento de habilitação seja meramente regulamentar está vedada pelo princípio da legalidade administrativa.

Por isso, tal como a renúncia à titularidade ou ao exercício de competências públicas acarreteriam, nos termos do disposto no n.º 2 do artigo 29.º do Código do Procedimento Administrativo, a nulidade do acto ou do contrato administrativo que operasse a tal renúncia, deve considerar-se que também *o acto administrativo ou o contrato administrativo que proceda à privatização de competências públicas ou à privatização da natureza formal das próprias entidades que exercem tais competências é nulo por violação de lei constitucional* (princípios da indisponibilidade das competências e da legalidade administrativa) *e violação de lei ordinária* (a lei que procedeu à distribuição das competências públicas pelos órgãos de uma entidade administrativa), devendo os actos praticados ao abrigo de tais (putativas) competências públicas ser qualificados como *actos de Direito Privado* e submetidos à consequência jurídica que o ordenamento jurídico privado para eles determinar[407].

---

[406] Cfr. PAULO OTERO, *Vinculação...*, cit., pp. 255 e 257.

[407] Neste sentido, referindo-se a esta exigência constitucional como uma "condição constitucional de delegação", cfr. PEDRO GONÇALVES, *Entidades...*, pp. 1005 e 1006, que

Naturalmente, esta exigência de fundamento legal específico para o acto administrativo de privatização acarreta a quase total extinção dos actos concretos de privatização sob forma administrativa. Pois, se a decisão jurídico-pública de privatização só pode ser tomada na sequência de um acto legislativo que contenha a habilitação para o exercício da competência para tal decisão, então o simples recurso à forma de lei para a própria decisão de privatização permite evitar a duplicação de actos jurídicos no âmbito do procedimento privatizador. Através de tal legalização formal, o Governo não obtém apenas a faculdade de criação de um regime estatutário privativo e derrogatório do regime comum de Direito Público e Privado, mas dispensa, além disso, a dependência de uma norma habilitante da redistribuição de competências públicas constante de acto legislativo prévio e, ainda, a necessidade de sujeição a qualquer diploma que estabeleça um conjunto de critérios normativos, mais ou menos detalhados, que devessem, à partida, presidir à privatização.

Sendo assim, a decisão concreta de privatização assenta, em princípio, e de modo imediato, num *acto sob forma legislativa* que, em simultâneo, *determina o âmbito da privatização, enumera as competências públicas então redistribuídas e fixa o regime singularmente aplicável à entidade administrativa ou ao interesse público abrangidos pela privatização*. Tal acto legislativo poderá, se necessário, ser executado e concretizado por meio de um contrato administrativo ou de instrumentos jurídico-privados (tais como os instrumentos societários de transmissão de participações sociais), mas em qualquer caso, tais instrumentos posteriores estarão sempre condicionados e limitados à mera execução prática da *decisão jurídico-pública de privatização sob forma legislativa*.

Por conseguinte, pode concluir-se que o actual enquadramento constitucional da decisão de privatização pressupõe (e não apenas admite ou faculta) o recurso à forma de lei para o exercício de competências materialmente administrativas de organização ou estruturação da Administração Pública – o que constitui o *regime típico de controlo dos actos legislativos de privatização* no verdadeiro *centro aglutinador* dos instrumentos jurídicos de fiscalização da fuga para o Direito Privado.

---

acrescenta que o princípio da legalidade vale também para o âmbito autárquico, sustentando que a autonomia das autarquias locais não inclui um poder próprio de emissão de regulamentos autónomos que constituam fundamento habilitante para a delegação de poderes públicos pelos órgãos autárquicos em entidades privadas.

11.2 De resto, a relevância prática do estudo do controlo dos actos de privatização sob forma de lei é tanto maior quanto maiores mostram ser, tradicionalmente, as reticências da doutrina na aplicação de um *regime típico de controlo de actos legislativos discricionários*, aplicável aos casos em que a Constituição predetermina o fim que preside ao acto legislativo e, portanto, reduz a autonomia legislativa de *execução* de fins constitucionalmente vinculados.

De facto, admitindo que o fim é um aspecto sempre vinculado do acto administrativo submetido ao princípio da legalidade[408], não custaria admitir a submissão do acto administrativo de privatização a um controlo de legalidade do fim do acto e de adequação entre tal fim e o respectivo conteúdo. Mais difícil parecia ser a tarefa de controlar um acto legislativo que, aparentemente, seria emitido ao abrigo de uma ampla margem de conformação, avaliação e ponderação de incontáveis interesses constitucionalmente relevantes. Tal amplíssima margem de conformação reduziu os instrumentos de controlo da fuga para o Direito Privado à simples confirmação formal de que cada acto de privatização, visto isoladamente, não violentava a reserva constitucional de Administração – sem relevarem quais os efeitos que, em termos globais, o movimento de privatização pudesse implicar para tal invocada reserva.

Mas, como se demonstrou, o acto de privatização (tal como qualquer outro acto de reorganização ou reestruturação administrativa) é finalisticamente dirigido à potenciação da eficiência administrativa; sendo o seu fim constitucionalmente vinculado, ao legislador assiste uma mera margem de *execução constitucional*, a que corresponde:

    i) A atribuição da liberdade de eleição de *determinantes autónomas*[409] que presidam à decisão de actuar ou não actuar para privatizar uma entidade administrativa ou o exercício e a gestão de uma tarefa administrativa – da mesma forma que ao autor do acto administrativo assiste a liberdade de eleição de *pressupostos autónomos de decisão* que, quando aditados aos pressupostos heterónomos que a lei já predeterminava, o habilita a decidir[410];

---

[408] Cfr. FREITAS DO AMARAL, *Curso...*, II, cit., p. 92.
[409] Cfr. GOMES CANOTILHO, *Constituição dirigente...*, cit., pp. 225 s.
[410] Cfr. HANS-JOACHIM KOCH, *Unbestimmte Rechtsbegriffe und Ermessensermächtigungen im Verwaltungsrecht*, Frankfurt, 1979, pp. 138 ss.; em Portugal, v. SÉRVULO CORREIA, *Legalidade...*, cit., p. 483, em especial nota 299.

ii) A liberdade de selecção do meio mais adequado ou idóneo para a prossecução do fim constitucionalmente vinculado.

Não se pretendendo, naturalmente, discutir até que ponto a *posição jurídico-constitucional* do legislador perante a Constituição poderia ser equiparada – apenas e tão-somente nos casos de estrita execução constitucional – à posição do administrador perante a lei[411], daqui resulta, em qualquer caso, uma equiparação dos elementos vinculados, na sua vertente de parâmetros de controlo judicial, dos actos formalmente legislativos e administrativos de privatização, a qual permite a respectiva submissão a um regime unitário de fiscalização judicial.

Sendo assim, sem prejuízo da incipiente relevância do controlo dos actos formalmente administrativos de privatização no quadro da fuga para o Direito Privado, pode concluir-se, com toda a segurança, que o regime de controlo dos actos legislativos discricionários de privatização acima enunciado pode ser inteiramente aplicado, por maioria de razão, aos actos de privatização com conteúdo e forma administrativa.

É certo que, constituindo o controlo dos vícios de desvio de poder legislativo (para aferição da conformidade do fim concreto do acto de privatização com o fim imposto pela Constituição) e de excesso de poder legislativo (para aferição da adequação do conteúdo do acto ao respectivo fim constitucionalmente vinculado) os parâmetros privilegiados de fiscalização dos actos de privatização sob forma legislativa, a doutrina administrativista veio progressivamente a alterar o âmbito e o alcance concreto do controlo de tais vícios no quadro da fiscalização judicial de actos formalmente administrativos[412].

Isto porque, na sequência da consagração do controlo do vício de excesso de poder no Regulamento do Conselho de Estado de 1850 e no Código Administrativo de 1896, o Decreto n.º 18.017, de 28 de Fevereiro de 1930, viria a esclarecer que o vício de desvio de poder – então definido como o "exercício de faculdades discricionárias fora do seu objecto e fim" – estava incluído dentro do próprio conceito de excesso de poder. Com o tempo, a doutrina viria a consagrar o desvio de poder como o parâmetro

---

[411] Sobre tal equiparação, cfr., de forma desenvolvida, GOMES CANOTILHO, *Constituição dirigente...*, cit., pp. 216 ss.; PETER LERCHE, *Übermass und Verfassungsrecht*, cit., pp. 61 ss.
[412] Cfr. FREITAS DO AMARAL, *Curso...*, II, cit., pp. 90 e 91.

privilegiado de controlo do exercício do poder discricionário para um fim diverso do fim imposto pela lei[413], afastando a dicotomia que, pelo contrário, ainda hoje preside, no Direito Constitucional, ao regime de controlo do fim e do conteúdo dos actos legislativos[414].

Contudo, a alteração no plano terminológico não viria a implicar a criação de um regime *dualista* de fiscalização de actos materialmente administrativos e, *in casu*, de actos materialmente administrativos de privatização: independentemente da forma que estes adoptem, ao juiz (constitucional ou administrativo) assiste o poder-dever de *i)* identificação da margem de autonomia conferida ao autor do acto e, subsequentemente, *ii)* sempre que a privatização não afecte uma reserva de soberania, na aferição da juridicidade do fim concreto do acto e da conformidade do respectivo conteúdo com aquele fim.

Por isso, também no caso (excepcional) de recurso à forma de acto administrativo, os parâmetros privilegiados de fiscalização do acto de privatização devem consistir no recurso ao *controlo do fim do acto* para aferição de um eventual *vício de desvio de poder* e no *controlo da adequação meio-fim* para aferição de uma eventual *violação do princípio da proporcionalidade administrativa*, na vertente do *subprincípio da adequação*.

A tais parâmetros privilegiados de controlo da privatização administrativa devem aditar-se, para o estrito âmbito do controlo dos *actos formalmente administrativos de privatização*, os dois casos de violação de lei constitucional e, ou, ordinária que resultam do incumprimento dos dois "ónus" que impendem sobre a Administração sempre que esta desaproveita a liberdade de recurso à forma de lei para a decisão de privatização.

Com efeito, como antes se comprovou, a decisão sobre o recurso à forma de acto legislativo ou administrativo que o acto de privatização deve revestir depende de dois factores essenciais:

a) A possibilidade de aceitação pura e simples do regime legal comum, geral e abstracto, que disciplina o âmbito da realidade social na qual se insere a actividade privatizada ou, pelo contrário, a necessidade de derrogação sistemática de tal regime comum, em virtude da sua inidoneidade para a prossecução eficiente do interesse público afectado pela privatização;

---

[413] *Idem, ibidem*, p. 91.
[414] Cfr. MARCELO REBELO DE SOUSA, *O Valor Jurídico...*, cit., pp. 124 e 137.

b) A existência de uma norma habilitante, constante de acto legislativo, que enuncie *de forma expressa, individual e concreta* o preciso âmbito das competências privatizadas e da entidade ou entidades privadas a quem tais competências são confiadas, na qual o acto administrativo de privatização possa fundamentar-se.

Por outras palavras, o simples facto de a Administração recorrer a um acto formalmente administrativo para a decisão de privatização implica, de forma automática:

a) A aceitação implícita do regime comum previamente estabelecido por actos materialmente legislativos como parâmetro primário de regulação da actividade de prossecução do interesse público afectado pela privatização e, em consequência, a abdicação da prerrogativa de criação de um regime privilegiado e singular de prossecução do interesse público;

b) A aceitação da enumeração das competências e do regime, do alcance e da extensão da privatização que previamente tenha sido operada por uma norma legal habilitante, correspondendo então a decisão de privatização a uma mera execução dos parâmetros já vinculativamente estabelecidos pela norma habilitante.

Por conseguinte, deve concluir-se que é *ilegal, por vício de violação de lei substantiva*, o acto formalmente administrativo de privatização que *estabeleça um regime estatutário privativo* para a prossecução do interesse público afectado pela privatização ou para a gestão comum da entidade privatizada e, bem assim, que *não se fundamente em norma legal habilitante da redistribuição de competências públicas* ou que *ultrapasse o âmbito, o alcance e a extensão da privatização* determinados por tal norma habilitante.

§ 12.° AS ESPECIFICIDADES DO REGIME PROCESSUAL DE CONTROLO DOS ACTOS DE PRIVATIZAÇÃO

12.1 Não estando a presente investigação dirigida tanto ao estudo das especificidades processuais do controlo judicial dos actos de privatização quanto à identificação dos próprios parâmetros jurídicos substantivos de fiscalização da "fuga para o Direito Privado" – os quais urge consolidar na actual Ciência do Direito Administrativo perante a tradicional ineficácia do enquadramento jurídico e do controlo jurisdicional de tal fenómeno –, aquelas especificidades processuais acabam, contudo, por assumir uma excepcional relevância em virtude da ambivalência do controlo judicial e da dualidade das "competências contenciosas da jurisdição constitucional e administrativa" sobre o mesmo acto jurídico-público de privatização[415].

Com efeito, a atractividade do recurso à forma de lei para a atribuição da faculdade de definição de um regime estatutário privativo para a prossecução do interesse público e, bem assim, a necessidade de habilitação legal expressa, por força dos princípios da indisponibilidade das competências e da legalidade administrativa, para o exercício do poder de redistribuição de competências públicas determinaram a criação de uma prática sistemática de exercício da competência materialmente administrativa de privatização através de um acto sob forma legislativa.

A tal acto legislativo é, assim, confiada a tripla função de determinação do âmbito da privatização, de enumeração das competências públicas então redistribuídas e de fixação do regime singularmente aplicável à entidade administrativa ou ao interesse público abrangidos pela privatização.

Esta prerrogativa "exorbitante" de criação de um regime estatutário privativo através do recurso a *actos administrativos sob forma de lei* viria

---

[415] Cfr. BLANCO DE MORAIS, *Justiça Constitucional*, I, cit., p. 465.

a suscitar a reacção da jurisprudência constitucional que, em contrapartida, reconheceu a susceptibilidade de um duplo controlo jurisdicional:

i) Por um lado, adoptando o conceito funcional de norma propugnado pelo Tribunal Constitucional, a simples circunstância de recorrer à forma de lei implica a submissão de tal acto materialmente administrativo ao regime de controlo da inconstitucionalidade dos actos legislativos[416];

ii) Por outro lado, estando perante um acto cujo conteúdo é materialmente administrativo, o recurso instrumental à forma de lei não pode prejudicar a possibilidade de recurso à jurisdição administrativa para a impugnação da decisão de privatização, sob pena de restrição indevida do direito fundamental à impugnação de actos administrativos lesivos[417].

Perante tal dualidade de competências jurisdicionais, a identificação de um *regime substantivo unitário* de controlo judicial do acto de privatização sob forma de lei não permite, apesar de tudo, dispensar a análise da *heterogeneidade* do respectivo *regime processual* – e, eventualmente, as vantagens e os inconvenientes que, por força de tal dualidade, possam resultar da opção pelo recurso à jurisdição constitucional ou à jurisdição administrativa.

É verdade que a reforma do contencioso administrativo, realizada em 2002-2003, veio equiparar boa parte do regime processual e, sobretudo, dos efeitos da declaração de invalidade de normas jurídicas pelo Tribunal Constitucional e pelos Tribunais Administrativos[418]; poderia, então, admitir-se que as especificidades do processo constitucional e do processo administrativo não assumiriam especial relevância no âmbito do controlo dos actos de privatização, porquanto o respectivo regime processual sempre visaria a fiscalização do mesmo objecto: o acto materialmente administrativo e formalmente legislativo de privatização.

Porém, precisamente em ordem a justificar aquela "cumulação de competências", o Tribunal Constitucional veio esclarecer (entre outros, no

---

[416] Cfr. o Acórdão n.º 26/85, de 15 de Fevereiro, do Tribunal Constitucional.

[417] Cfr. n.º 4 do artigo 268.º da Constituição e n.º 1 do artigo 52.º do Código de Processo nos Tribunais Administrativos. V. JORGE MIRANDA, "Decreto", cit., pp. 129 e 130.

[418] V., em especial, a idêntica redacção dos n.os 1 e 4 do artigo 282.º da Constituição e dos n.os 1 e 2 do artigo 76.º do Código de Processo nos Tribunais Administrativos.

Acórdão n.º 26/85, de 15 de Fevereiro) que o conflito positivo de competências é eliminado pela distinção entre o respectivo objecto: à jurisdição constitucional caberia o controlo da norma e à jurisdição administrativa caberia o controlo do acto de aplicação da mesma norma.

Evidentemente, tal distinção do objecto do processo é não poucas vezes forçada ou, mesmo, virtualmente impossível: o conceito funcional de norma adoptado pelo Tribunal Constitucional foi concebido justamente para reagir à instrumentalização da dignidade formal do decreto-lei para a prática de determinados actos materialmente administrativos; logo, quando, no caso em análise, o acto jurídico-público fiscalizado é uma simples decisão de privatização da natureza jurídica de uma entidade administrativa ou do exercício de uma tarefa administrativa, o que se fiscaliza só pode ser uma decisão de natureza individual e concreta e não um qualquer critério normativo de decisão[419].

Naturalmente, norma em sentido próprio a fiscalizar no âmbito de um processo perante o Tribunal Constitucional só existirá quando se pretende reagir contra o próprio acto materialmente legislativo que estabelece o enquadramento geral e abstracto para um conjunto de privatizações concretas a realizar subsequentemente ou, em alternativa, quando se põe em crise uma particular norma do regime estatutário singular aprovado pelo próprio acto de privatização que, de forma geral e abstracta, tem a pretensão de regular a prossecução do interesse público afectado pela privatização.

Portanto, aquilo que o Tribunal Constitucional pretende com tal distinção no plano do objecto é tão-somente viabilizar a submissão ao regime de fiscalização jurídico-constitucional de todos e cada um dos actos dotados de dignidade formal legislativa, independentemente de deles constarem ou não constarem verdadeiros critérios normativos de regulação de um particular âmbito da realidade social.

Por outras palavras, o juiz constitucional submete aos *parâmetros substantivos* – mas também *ao regime processual vocacionado para o controlo de normas*, e não de actos individuais e concretos – qualquer acto sob forma legislativa, independentemente do seu conteúdo. Em contrapartida, apesar de o juiz administrativo submeter o acto administrativo sob

---

[419] Cfr., sobre o problema do "critério normativo de decisão" que, aparentemente, o Tribunal Constitucional afirma vislumbrar em múltiplos actos de natureza individual e concreta, JORGE REIS NOVAIS, *Direitos Fundamentais...*, cit., pp. 164 e 170 ss.

forma de lei aos mesmos *parâmetros substantivos* a que o juiz constitucional recorre – porque é isso que resulta de o Governo, com o recurso à dignidade formal legislativa, não ter outros parâmetros de vinculação que não os que resultam da Constituição –, a sua fiscalização judicial é exercida no quadro de um regime processual vocacionado para o controlo de actos administrativos, e não de normas.

Isso implica que o *regime substantivo unitário* de fiscalização de actos de privatização sob forma de lei é acompanhado por uma *dualidade absoluta* quanto à legitimidade, à impugnabilidade e aos próprios efeitos da declaração da invalidade dos actos de privatização[420].

12.2 Em face do exposto, o regime processual de controlo dos actos de privatização adquire, em primeiro lugar, uma relativa simplicidade (pelo menos uma homogeneidade) quando aquilo que se coloca em crise é, ainda, o acto materialmente legislativo de enquadramento normativo de um conjunto de privatizações ou, por outro lado, uma verdadeira "norma" do regime estatutário de prossecução do interesse público aprovado pelo acto de privatização.

É que, nesse caso, o autor do acto de privatização não tem, pelas razões acima enunciadas, qualquer outra alternativa que não a de atribuir a este acto jurídico-público a forma de lei; além disso, ainda que não o fizesse, a circunstância de estar em causa uma verdadeira norma jurídica implicaria que um eventual recurso perante os tribunais administrativos tivesse como objectivo uma declaração de invalidade que produz, no essencial, os mesmos efeitos jurídicos que resultariam de uma declaração de inconstitucionalidade ou de ilegalidade perante o Tribunal Constitucional[421].

Portanto, neste primeiro cenário de correspondência necessária entre o conteúdo materialmente legislativo e a dignidade formal legislativa do acto jurídico-público (*rectius*, da norma) impugnado, a reacção processual perante o Tribunal Constitucional é dirigida à obtenção de uma declaração

---

[420] Daí resulta a "disfunção do regime" que é denunciada por JORGE MIRANDA, *Manual...*, V, cit., pp. 153 e 154.

[421] Cfr. MÁRIO AROSO DE ALMEIDA/CARLOS ALBERTO CADILHA, *Comentário ao Código de Processo nos Tribunais Administrativos*, 2.ª edição, Almedina, Coimbra, 2007, pp. 450 ss.; MÁRIO ESTEVES DE OLIVEIRA/RODRIGO ESTEVES DE OLIVEIRA, *Código de Processo...*, I, cit., pp. 450 e 451.

de invalidade de uma norma jurídica com efeitos *ex tunc* (desde a respectiva entrada em vigor) e eficácia repristinatória (repondo em vigor as normas revogadas pela norma invalidada). A sentença do Tribunal Constitucional deveria, pois, implicar a cassação *ab origine* da norma fiscalizada e, reflexamente, a destruição de todas as situações jurídicas nela fundadas, restaurando o *status quo* do ordenamento jurídico que subsistia ao tempo da sua aprovação.

Contudo, as especificidades da norma invalidada – uma norma inserida num acto de alteração da organização ou da estruturação da Administração Pública – fazem do controlo judicial da privatização administrativa um dos âmbitos da justiça constitucional em que maior relevância pode assumir o regime de *nulidade atípica* ou *sui generis* da declaração de invalidade de normas inconstitucionais e ilegais[422].

Efectivamente, longe de revestir um alcance meramente intra-administrativo, a alteração das formas de organização ou de actuação administrativa corresponde a uma equivalente alteração do exercício de competências públicas com significativos reflexos nas posições subjectivas dos administrados. Por isso, salvo nos casos em que, nos termos acima enunciados, a declaração de invalidade resulta de um processo despoletado pelo Presidente da República no âmbito da sua função de protecção preventiva da juridicidade, a pura e simples remoção da ordem jurídica de uma norma inserida num acto de privatização pode consubstanciar a destruição de um significativo conjunto de posições subjectivas já definitivamente consolidadas na esfera jurídica de muitos administrados.

É nesse quadro que recebe uma relevância decisiva a aplicação do regime de *nulidade atípica* da declaração de inconstitucionalidade ou ilegalidade da norma submetida à apreciação do Tribunal Constitucional, restringindo, para protecção da segurança jurídica, por razões de equidade ou de interesse público de excepcional relevo, os efeitos *ex tunc* da declaração de invalidade, nos termos do disposto no n.° 4 do artigo 282.° da Constituição.

Nesse cenário, ao Tribunal Constitucional é confiada a tarefa de, com base na significativa "densidade" das três "figuras jurídicas pré-constitu-

---

[422] Cfr. JORGE MIRANDA, *Manual...*, VI, cit., p. 95; MARCELO REBELO DE SOUSA, *O Valor...*, cit., p. 231; GOMES CANOTILHO/VITAL MOREIRA, *Constituição...*, 3.ª edição, cit., p. 996; RUI MEDEIROS, *A Decisão de Inconstitucionalidade*, Universidade Católica Editora, Lisboa, 1996, p. 275.

cionais" constantes do referido preceito[423], conformar ou "manipular" a relevância social da declaração de invalidade, podendo, com base numa ponderação concreta[424], insusceptível de controlo exógeno[425], sobre o sacrifício excessivo para o interesse público privatizado ou para os interesses particulares dos administrados, reportar os efeitos da sentença a um qualquer momento após a entrada em vigor da norma fiscalizada[426]. Decisivo é que, sem jamais transformar a excepção (restrição dos efeitos *ex tunc* da declaração) em regra[427], o Tribunal Constitucional salvaguarde a posição particularmente desprotegida dos administrados afectados pela decisão de privatização sem, para tal, impor uma ofensa excessiva ao *princípio da constitucionalidade em sentido estrito*[428].

Esclareça-se, porém, que uma eventual limitação dos efeitos *ex tunc* da declaração de inconstitucionalidade ou de ilegalidade não serve de obstáculo a que os particulares a quem o acto de privatização tenha afectado desvantajosamente (e, portanto, a quem a restrição dos efeitos da sentença foi prejudicial) venham a impugnar quaisquer actos jurídicos entretanto praticados ao abrigo daquela primeira norma e que tenham sido salvaguardados pela restrição de efeitos. De facto, a restrição de efeitos da sentença não visa, como é evidente, a convalidação de uma norma que era inválida, mas tão-somente a limitação genérica do "abalo" que a sua pura e simples eliminação poderia representar para a ordem jurídica. Por isso, é admissível que, em concreto, algum particular venha, por exemplo, a requerer a sua desaplicação, a título incidental, no âmbito de um processo de impugnação de um acto administrativo fundado naquela norma[429] ou, até, de um processo instaurado na sequência da celebração de um contrato administrativo de concessão de poderes públicos ou da alienação de participações sociais através de instrumentos jurídico-privados.

---

[423] A expressão é de GOMES CANOTILHO/VITAL MOREIRA, *Constituição...*, 3.ª edição, cit., p. 1043.
[424] Cfr. RUI MEDEIROS, *A Decisão...*, cit., p. 716.
[425] Cfr. GOMES CANOTILHO/VITAL MOREIRA, *Constituição...*, 3.ª edição, cit., p. 1043.
[426] Cfr. RUI MEDEIROS, *A Decisão...*, cit., pp. 724 ss.
[427] Prática que foi denunciada por GOMES CANOTILHO/VITAL MOREIRA, *Constituição...*, 3.ª edição, cit., pp. 1043 e 1044.
[428] Cfr. RUI MEDEIROS, *A Decisão...*, cit., p. 731.
[429] Neste sentido, cfr. MÁRIO AROSO DE ALMEIDA/CARLOS ALBERTO CADILHA, *Comentário...*, cit., p. 452.

12.3 Em contrapartida, é ainda no âmbito dos *efeitos da declaração de invalidade do acto de privatização* que esta homogeneidade no regime do processo constitucional e do processo administrativo se perde, sempre que o objecto da fiscalização judicial não é uma *norma* constante do acto materialmente legislativo de enquadramento normativo da privatização administrativa ou do regime estatutário privativo de prossecução do interesse público, mas sim a própria *decisão* materialmente administrativa e formalmente legislativa de privatização.

É então que a dualidade das competências contenciosas da jurisdição constitucional e administrativa maior relevância assume, porquanto, como se pôde concluir do entendimento reiteradamente suportado pelo Tribunal Constitucional, a superação de um eventual conflito positivo de competências é alcançada através da submissão do acto administrativo sob forma de lei ao regime típico de fiscalização jurídico-constitucional de *normas*, deixando aos Tribunais Administrativos a tarefa de apreciação dos pedidos de impugnação daquilo que, para todos os efeitos, continua a ser um acto administrativo dotado de "conteúdo individual e concreto" e susceptível de ser impugnado com base "em qualquer dos vícios específicos do acto administrativo"[430].

De tal entendimento decorre que, sempre que o objecto de fiscalização judicial seja a própria decisão individual e concreta de privatização sob forma legislativa, a sua eventual inconstitucionalidade pode, por um lado, resultar na aplicação do mesmíssimo regime de *nulidade atípica* inerente ao processo jurídico-constitucional de fiscalização de normas, isto é, uma declaração de inconstitucionalidade dotada de eficácia *ex tunc*, susceptível de restrição no âmbito da ponderação prevista no n.º 4 do artigo 282.º da Constituição.

Mas, por outro lado, da natureza materialmente administrativa da decisão de privatização resulta, em contrapartida, a abertura de uma *via processual alternativa* perante os Tribunais Administrativos, cujos efeitos para a ordem jurídica são *radicalmente diversos*.

Efectivamente, o recurso ao processo administrativo para o combate à eventual inconstitucionalidade de um acto materialmente administrativo de privatização implica a aceitação de um regime de fiscalização da juridicidade da conduta da Administração que é profundamente marcado e

---

[430] Cfr. JORGE MIRANDA, "Decreto", cit., pp. 129 e 130.

moldado pela concepção do Direito Administrativo como Direito de privilégio da Administração. É, com efeito, na fase patológica de reacção da ordem jurídica à ilegalidade administrativa que – justamente por estar em causa um Direito de génese pretoriana e desenhado na fase patológica da prossecução do interesse público – mais marcado se torna o regime estatutário privilegiado de que goza a Administração Pública na actividade de satisfação de necessidades colectivas.

Ao contrário da intensidade com que, em regra[431], a ordem jurídica combate a violação, pelos particulares, das normas que constituem um *parâmetro meramente negativo* de conformação da sua autonomia privada, desprovendo os actos e negócios jurídico-privados daí resultantes da virtualidade intrínseca ou da aptidão *prima facie* para a produção de quaisquer efeitos jurídicos, aceita-se, em contrapartida, que as "razões de interesse público justificativas de uma actuação contrária ao padrão normativo de conduta" da Administração[432] podem ser suficientemente fortes para, também em regra[433], dotar os actos administrativos desconformes com o *parâmetro negativo e positivo* de actuação administrativa da mesma aptidão *prima facie* para a produção de efeitos jurídicos de que gozaria qualquer acto administrativo perfeitamente válido.

Por outras palavras, aceita-se que os valores e interesses salvaguardados pela atribuição de estabilidade à actuação administrativa são suficientemente importantes para, por sua vez, reduzir a relevância de boa parte dos valores e interesses protegidos pelas normas que a Administração Pública desrespeita com uma actuação desconforme com a juridicidade[434-435], pelo que, em consequência, se atribui, tanto à *actuação admi-*

---

[431] Cfr. artigos 280.º, 281.º e 294.º do Código Civil.
[432] Cfr. PAULO OTERO, *Legalidade...*, cit., p. 1025.
[433] Cfr. artigo 135.º do Código do Procedimento Administrativo.
[434] Pelo menos todos os valores e interesses não protegidos pelas normas excepcionais constantes do artigo 133.º do Código do Procedimento Administrativo.
[435] Recorrendo à bem significativa expressão de PAIS DE VASCONCELOS, o juízo de invalidade e as consequências jurídicas dos actos inválidos resultam de uma apreciação de *dever-ser* ou de um juízo valorativo emitido pela ordem jurídica quanto à actuação humana juridicamente *desvaliosa*; por isso se entende que a ordem jurídica fulmina com a nulidade a conduta humana cujo vício não pode ser tolerado e cuja eficácia e validade têm pura e simplesmente de ser recusadas, enquanto que, pelo contrário, não faz mais do que conferir a certos interessados a faculdade de requererem ao Tribunal a libertação das consequências jurídicas de um acto que, sendo desconforme com o Direito, é meramente anulável porque

nistrativa legal como, em regra, *à actuação administrativa ilegal*, a mesma relevância jurídica, a mesma imperatividade – com o correspondente dever de obediência pelos administrados –, a mesma susceptibilidade de imposição coactiva e o mesmo privilégio de execução prévia inerentes à "*privata lex*" administrativa[436-437].

Sendo assim, do regime privilegiado de desvalor da actuação administrativa desconforme com o Direito resulta que, quando a fiscalização judicial do acto materialmente administrativo de privatização tem lugar, não perante o Tribunal Constitucional e no quadro do regime de fiscalização de normas dotadas de dignidade formal legislativa, mas perante os Tribunais Administrativos e no quadro do regime típico de controlo de actos administrativos, de tal regime privilegiado resultam dois enquadramentos processuais radicalmente diversos.

a. Em primeiro lugar, do conjunto de parâmetros identificados, ao longo da presente investigação, para controlo de constitucionalidade e legalidade do acto de privatização, pode resultar a verificação, a título

---

a sua eficácia originária não afecta interesses de ordem pública que requeiram a recusa da sua validade. Cfr. *Teoria Geral...*, cit., pp. 578 ss.

É justamente esta apreciação de *dever-ser*, que a ordem jurídica emite quanto ao desvalor da conduta humana e o juízo valorativo quanto aos interesses de ordem pública carentes de protecção, que não pode ser ignorada quando à Administração Pública é atribuída a prerrogativa de conformação de uma actividade de prossecução do interesse público que, sendo ilegal, é, em regra, dotada da mesma aptidão intrínseca para a produção de efeitos jurídicos, não se admitindo, assim, a "perpétua ameaça de sanções radicais" sobre a conduta que a Administração considerou mais idónea para a prossecução do imperativo de eficiência na prossecução do interesse público. Cfr. RAMÓN PARADA, *Derecho Administrativo*, I, cit., p. 177.

[436] Assim, PAULO OTERO, *Legalidade...*, cit., pp. 1023-1025.

[437] Sob outra perspectiva, poderia dizer-se que o modelo de Administração Executiva seria contrariado e diluído por um regime de desvalor do acto administrativo contrário à juridicidade, paralelo ao regime próprio do Direito Civil, que implicasse a "improdutividade automática e imediata" da conduta administrativa, conduzindo a um enfraquecimento da posição da Administração, que não poderia executar o acto nem pretender que os seus destinatários lhe obedecessem". Cfr. MÁRIO ESTEVES DE OLIVEIRA/PEDRO COSTA GONÇALVES//J. PACHECO DE AMORIM, *Código do Procedimento...*, cit., p. 656.

Daqui resulta que o legislador prefere, em alternativa, impor um substancial agravamento do ónus de impugnação por parte dos lesados do que obstaculizar a actividade administrativa de busca da solução mais eficiente para a prossecução do interesse público. Cfr. GARCÍA DE ENTERRÍA/TOMÁS-RAMÓN FERNÁNDEZ, *Curso...*, I, cit., pp. 613 e 614.

excepcional, de uma das circunstâncias que, pela relevância do interesse de ordem pública afectado pela conduta administrativa desvaliosa e pela intolerabilidade da produção de efeitos lesivos[438], é fulminado pela ordem jurídica com a nulidade.

Tal pode suceder, designadamente, com o acto de privatização de uma competência expressamente confiada pela Constituição a um órgão concreto – por exemplo, privatização de actividades de alta administração – ou com o acto (neste caso, apenas se não estiver dotado de forma de lei ou não expressamente habilitado por lei para o efeito) de privatização de uma competência legalmente distribuída a um órgão de uma entidade pública, o que representaria uma violação do princípio da indisponibilidade das competências, punida com a sua nulidade, nos termos do disposto nos artigos 29.º, n.º 2, e 133.º, n.º 1, ambos do Código do Procedimento Administrativo.

Mas será também esse o caso de um acto de privatização praticado pela Assembleia da República: como se demonstrou, a Constituição não admite, salvo nos casos nela expressamente previstos, o exercício de competências materialmente administrativas pelo Parlamento; logo, uma decisão individual e concreta de privatização sob a forma de lei (ou, até, de resolução) da Assembleia da República consubstancia a prática de um acto administrativo ferido de nulidade por usurpação de poderes, nos termos do disposto no artigo 133.º, n.º 2, alínea a) do Código do Procedimento Administrativo[439].

Sendo certo que a prática processual tem demonstrado que a reacção à prática de actos administrativos pelo Parlamento usualmente se dá com o pedido de fiscalização da constitucionalidade de tais actos pelo Tribunal Constitucional, também é verdade que a progressiva inoperatividade da jurisdição constitucional no combate à usurpação de poderes por parte da Assembleia da República pode, hoje, ser perfeitamente ultrapassada com a via alternativa de recurso aberta pelo Estatuto dos Tribunais Administrativos e Fiscais[440], o qual, pela alínea c) do n.º 1 do seu artigo 4.º,

---

[438] Cfr. PAIS DE VASCONCELOS, *Teoria Geral...*, cit., pp. 578 ss.

[439] Sustentando esta posição, cfr. MÁRIO ESTEVES DE OLIVEIRA/PEDRO COSTA GONÇALVES/J. PACHECO DE AMORIM, *Código do Procedimento...*, cit., pp. 643 e 644.

[440] Aprovado pela Lei n.º 13/2002, de 19 de Fevereiro, com as alterações introduzidas pela Lei n.º 4-A/2003, de 19 de Fevereiro, e pela Lei n.º 107-D/2003, de 31 de Dezembro.

submete à jurisdição administrativa a fiscalização dos "actos materialmente administrativos praticados por quaisquer órgãos do Estado ou das regiões autónomas, ainda que não pertençam à Administração Pública". Adoptando-se um conceito material de acto administrativo, tais actos sob forma de lei não são, assim, abrangidos pela exclusão, operada pela alínea a) do n.º 2 do mesmo artigo 4.º, da fiscalização de "actos praticados no exercício da função política e legislativa", pois que "não se deve confundir acto praticado no exercício da função legislativa com acto formalmente legislativo"[441].

Nestes casos excepcionais de incapacidade intrínseca do acto materialmente administrativo para a produção de efeitos jurídicos, o Autor do processo de impugnação pode obter uma declaração da "impotência jurídica *ab initio*" do acto de privatização para a produção de qualquer efeito jurídico[442]. Contudo, também é certo que, tal como sucedia com a declaração de inconstitucionalidade ou ilegalidade de uma "norma" pelo Tribunal Constitucional, cuja eficácia *ex tunc* poderia produzir resultados intoleráveis na esfera jurídica dos administrados positivamente afectados nas suas posições subjectivas pela privatização, também o processo administrativo contém a solução para a salvaguarda das posições subjectivas que seriam intoleravelmente lesadas pela pura e simples demolição de todos os efeitos produzidos pelo acto nulo de privatização.

Por isso, o n.º 3 do artigo 134.º do Código do Procedimento Administrativo admite a possibilidade de "juridificação" de situações de facto geradas com fundamento no acto nulo de privatização. É que o "rigor dogmático da proposição" de inaptidão intrínseca do acto nulo para a produção de efeitos jurídicos dificilmente pode corresponder à realidade, em razão da "supremacia jurídica da Administração face ao destinatário dos seus actos", que "lhe permite ir procedendo, muitas vezes, na prática, como se o acto não fosse nulo"[443]. Na verdade, os meios com que a Administração conta na sua actividade quotidiana transformam, *de facto*, o acto

---

[441] Cfr. MÁRIO ESTEVES DE OLIVEIRA/RODRIGO ESTEVES DE OLIVEIRA, *Código de Processo...*, I, cit., p. 66.

[442] Cfr. n.º 1 do artigo 134.º do Código do Procedimento Administrativo. V. MÁRIO ESTEVES DE OLIVEIRA/PEDRO COSTA GONÇALVES/J. PACHECO DE AMORIM, *Código do Procedimento...*, cit., p. 652.

[443] Cfr. MÁRIO ESTEVES DE OLIVEIRA/PEDRO COSTA GONÇALVES/J. PACHECO DE AMORIM, *Código do Procedimento...*, cit., pp. 652 e 653.

nulo num acto susceptível de modificar a ordem jurídica nos mesmos termos de um acto válido, pelo que o postulado clássico que proclama a carência de efeitos do acto nulo não pode ser aceite sem reservas[444].

Esta aptidão *de facto* para a modificação da ordem social, que contraria a incapacidade *de iure* para a produção de efeitos jurídicos, é potenciada no caso de a nulidade afectar precisamente aquele acto que, no âmbito da "competência das competências", visa a distribuição, por entidades públicas ou privadas, do poder de satisfação das necessidades colectivas e de afectação da esfera jurídica dos administrados. Tal acto de distribuição de competências ou poderes públicos está especialmente vocacionado para se constituir como fundamento de modificações múltiplas da ordem social que rapidamente se consolidam como factos consumados e não podem ser revertidas sem uma ofensa intolerável dos valores essenciais do ordenamento jurídico.

Por isso mesmo se pode admitir que, apesar de aquele preceito legal apenas admitir a juridificação de efeitos de facto consolidados pelo "simples decurso do tempo", a especificidade do acto nulo de privatização seja susceptível de motivar a estabilização de factos sociais consumados com fundamento noutros "factores de estabilidade das relações sociais", como os da protecção da confiança, da boa fé, da igualdade ou mesmo da simples prossecução de interesses públicos de excepcional relevo, em ordem a "colmatar situações de injustiça derivadas da aplicação estrita do princípio da legalidade e da absolutidade" das consequências jurídicas do regime de nulidade dos actos administrativos[445].

Assim, tal como, no âmbito da justiça constitucional, os princípios fundamentais do ordenamento jurídico impõem a criação de um regime atípico ou *sui generis* de nulidade da norma declarada inconstitucional, também os princípios gerais do ordenamento jurídico-administrativo podem constituir fundamento bastante para a preservação de (alguns dos) efeitos de facto do acto de privatização declarado nulo.

b. Mas, salvo em tais casos excepcionais, o regime típico de fiscalização de actos materialmente administrativos, profundamente marcado

---

[444] Cfr. GARCÍA DE ENTERRÍA/TOMÁS-RAMÓN FERNÁNDEZ, *Curso...*, I, cit., p. 615.

[445] Neste sentido, cfr. MÁRIO ESTEVES DE OLIVEIRA/PEDRO COSTA GONÇALVES/ /J. PACHECO DE AMORIM, *Código do Procedimento...*, cit., p. 655; MARCELO REBELO DE SOUSA, "Regime do Acto Administrativo", in *Revista de Direito e Justiça*, Faculdade de Direito da Universidade Católica Portuguesa, volume VI, 1992, p. 48.

pelos privilégios inerentes à *"privata lex"* administrativa, impõe um conjunto de consequências jurídicas radicalmente diversas para o acto de privatização desconforme com a vasta maioria das vinculações jurídico--públicas *supra* identificadas.

Como se referiu, as "razões de interesse público justificativas de uma actuação contrária ao padrão normativo de conduta" administrativa[446] justificam, em regra, a atribuição aos actos administrativos da mesma aptidão *prima facie* para a produção de efeitos jurídicos de que gozaria qualquer acto administrativo perfeitamente válido.

Por isso, a mesma conduta administrativa que, quando fiscalizada pelo Tribunal Constitucional, seria considerada nula (ou, pelo menos, submetida a um regime de nulidade atípica) e inapta *prima facie* para a produção de efeitos jurídicos[447] é considerada, perante os Tribunais Administrativos, como meramente anulável e originariamente apta à produção dos mesmos precisos efeitos *de iure*.

Em concreto, ao passo que a desconformidade com as vinculações jurídico-constitucionais, aferidas, nos termos acima enunciados, por referência aos vícios de *i)* desvio de poder legislativo[448], *ii)* excesso de poder legislativo[449] e *iii)* violação de lei constitucional[450] resulta, em princípio, numa simples declaração, de natureza não constitutiva, de nulidade da norma invalidada[451], a mesma desconformidade substantiva, aferida perante os Tribunais Administrativos, respectivamente, por referência aos vícios de *i)* desvio de poder, *ii)* violação de lei constitucional substantiva por lesão do princípio da proporcionalidade, na vertente de adequação entre o conteúdo e o fim do acto, e *iii)* violação de lei constitucional substantiva por lesão de uma reserva estatal de funções de soberania, acarreta a mera anulabilidade do acto de privatização, a qual, em qualquer caso, só releva através de uma sentença de natureza constitutiva que destrua os

---

[446] Cfr. PAULO OTERO, *Legalidade...*, cit., p. 1025.

[447] Cfr. JORGE MIRANDA, *Manual...*, VI, cit., p. 95; MARCELO REBELO DE SOUSA, *O Valor...*, cit., p. 231; GOMES CANOTILHO/VITAL MOREIRA, *Constituição...*, 3.ª edição, cit., p. 996; RUI MEDEIROS, *A Decisão de Inconstitucionalidade*, cit., p. 275.

[448] Cfr. JORGE MIRANDA, *Manual...*, VI, cit., pp. 41 e 42; MARCELO REBELO DE SOUSA, *O Valor Jurídico...*, cit., pp. 124 e 137; GIANNINI, "L'illegittimità...", cit., pp. 41 ss.

[449] Cfr. MARCELO REBELO DE SOUSA, *O Valor Jurídico...*, cit., pp. 124 e 137.

[450] Cfr. JORGE MIRANDA, *Manual...*, VI, cit., pp. 40 e 41.

[451] Cfr. GOMES CANOTILHO/VITAL MOREIRA, *Constituição...*, 3.ª edição, cit., pp. 1039 e 1040.

seus efeitos *erga omnes* para que "tudo se passe, na ordem jurídica, como se o acto nunca tivesse sido praticado"[452].

Significa isso que, salvo no caso do Ministério Público, a quem é atribuído o prazo de um ano para a impugnação do acto anulável, a todos os interessados – e mesmo a entidades a quem estatutariamente cumpre defender interesses colectivos ou, ainda, a pessoas e entidades que poderiam exercer o direito de acção popular para defesa de interesses difusos[453] – é atribuído, nos termos do disposto no n.º 2 do artigo 58.º do Código de Processo nos Tribunais Administrativos, um prazo de três meses para o exercício de um direito de acção que visa impedir a consolidação definitiva e inapelável de um acto de privatização ilegal na ordem jurídica.

A insuficiência desse prazo pode ser especialmente evidente nos casos em que os interessados – "titulares de um interesse directo e pessoal" por serem "lesados pelo acto nos seus direitos e interesses legalmente protegidos"[454] –, identificados por retirarem um "benefício específico imediato para a [sua] esfera jurídica"[455] ou, segundo a jurisprudência do Supremo Tribunal Administrativo, por "o benefício resultante da anulação do acto se repercutir de imediato" na sua esfera jurídica[456], não poderem conhecer de imediato qual o verdadeiro impacto da redistribuição das competências administrativas privatizadas.

Assim, pode concluir-se que, apesar de o recurso à prerrogativa de atribuição da forma de lei a actos materialmente administrativos ser combatido pela submissão do acto formalmente legislativo a um duplo controlo jurisdicional e a uma dualidade de competências contenciosas, a criação, em paralelo, de um regime de privilégio para as próprias consequências jurídicas da conduta administrativa desconforme com a juridicidade acaba por, decorrido um curto prazo de tempo, reduzir as opções

---

[452] Cfr. MARCELLO CAETANO, *Manual de Direito Administrativo*, I, 10.ª edição, 7.ª reimpressão, Almedina, Coimbra, 2001, p. 518; ENTERRÍA/FERNÁNDEZ, *Curso...*, I, cit., pp. 639-642.

[453] Cfr., respectivamente, as alíneas c) e f) do n.º 1 do artigo 55.º do Código de Processo nos Tribunais Administrativos.

[454] Cfr. alínea a) do n.º 1 do artigo 55.º do Código de Processo nos Tribunais Administrativos.

[455] Cfr. MÁRIO ESTEVES DE OLIVEIRA/RODRIGO ESTEVES DE OLIVEIRA, *Código de Processo...*, I, cit., p. 364.

[456] Cfr. Acórdão de 3 de Abril de 2001 (Processo n.º 42.330).

de recurso contra o acto de privatização inconstitucional ou ilegal às vias de recurso jurídico-constitucional.

Com efeito, salvo no caso (muitíssimo) excepcional de nulidade do acto de privatização, é absolutamente seguro que:

i) Por um lado, o acto de privatização é absolutamente inatacável perante os Tribunais Administrativos após o decurso do prazo de um ano;
ii) Mas, por outro lado, da combinação das regras de caducidade do direito de acção perante os Tribunais Administrativos e de restrição da legitimidade processual activa para a impugnação de normas perante o Tribunal Constitucional resulta que, após o decurso de três meses, a todos os administrados afectados pelo acto de privatização não resta outra opção que não a de:
 • suscitar a inconstitucionalidade do acto de privatização, a título incidental, no âmbito de um processo em que o exercício de uma competência privatizada tenha sido lesiva para a sua esfera jurídica e, na sequencia disso, recorrer para o Tribunal Constitucional em sede de fiscalização concreta da inconstitucionalidade; ou,
 • em casos excepcionais e para efeitos muito limitados, suscitar a questão da invalidade do acto de privatização para sua apreciação incidental com eficácia inter-partes, nos termos previstos no artigo 38.º do Código de Processo nos Tribunais Administrativos.

12.4 Porém, esta "disfunção do regime"[457] de Direito Processual Constitucional e de Direito Processual Administrativo pode ser potenciada pela subsequente combinação das *regras de legitimidade processual activa* para desencadear um processo de fiscalização de actos de privatização perante o Tribunal Constitucional ou perante os Tribunais Administrativos, as quais acabam, afinal, por aumentar exponencialmente a relevância da apreciação meramente incidental da constitucionalidade e legalidade daqueles actos.

a. Com efeito, no caso do recurso perante o Tribunal Constitucional, e além da já referida função preventiva de controlo da constitucionalidade

---

[457] Cfr. JORGE MIRANDA, *Manual...*, cit., pp. 153 e 154.

atribuída ao Presidente da República[458], a legitimidade para despoletar um processo de fiscalização abstracta da inconstitucionalidade do acto de privatização sob forma de lei é muito restrita, sendo limitada em razão da "titularidade de cargos particularmente vocacionados para a defesa e garantia do princípio da constitucionalidade e da legalidade democrática" (Presidente da República, Presidente da Assembleia da República, Primeiro-Ministro, Provedor de Justiça, Procurador-Geral da República); vocacionados para defender a autonomia regional (Assembleias Legislativas das Regiões e respectivos presidentes, bem como os presidentes dos governos regionais) ou para "fazer observar os seus limites" (Representantes da República); bem como para a salvaguarda do direito de oposição e do princípio da protecção das minorias (um décimo dos deputados)[459].

Evidentemente, não podendo desvalorizar-se a possibilidade de os cidadãos, no exercício do seu direito de petição[460], virem a "dinamizar o processo de fiscalização da constitucionalidade"[461], parece claro que a protecção das garantias dos administrados perante um acto inconstitucional de privatização no âmbito da justiça constitucional é primariamente oferecida pela simples possibilidade de ser suscitada a questão de inconstitucionalidade por via meramente incidental, pelo que, sendo tal questão "enxertada" no processo principal, jamais se autonomiza do caso concreto em que surgiu, donde decorre a correspondente limitação dos seus efeitos[462].

---

[458] Orientada pela *forma* do acto e abrangendo, portanto, os actos materialmente administrativos sob forma de lei. Como se demonstrou, *a pretensão, de um órgão constitucional, de dotar um acto jurídico-político da dignidade formal legislativa*, despoleta, por si só, e independentemente do seu conteúdo, a necessidade de confirmação da autenticidade do diploma aprovado, de submissão de tal diploma a um controlo preventivo da constitucionalidade e de conformação política da acção parlamentar ou governativa. Cfr. Gomes Canotilho/Vital Moreira, *Constituição...*, 3.ª edição, cit., pp. 598 e 602.

[459] Cfr. n.º 2 do artigo 281.º da Constituição. V., com maior desenvolvimento, Gomes Canotilho/Vital Moreira, *Constituição...*, 3.ª edição, cit., p. 1035.

[460] Cfr. n.º 1 do artigo 52.º da Constituição.

[461] Cfr. Gomes Canotilho/Vital Moreira, *Constituição...*, 3.ª edição, cit., p. 1034.

[462] Obviamente, isso não prejudica a possibilidade de apreciação, por iniciativa do Ministério Público ou de qualquer dos juízes do Tribunal Constitucional, da inconstitucionalidade com força obrigatória geral da "norma" do acto de privatização julgada inconstitucional ou ilegal em três casos concretos. Cfr. n.º 3 do artigo 281.º da Constituição e artigo 82.º da Lei do Tribunal Constitucional.

Sublinhe-se que esta limitação a um recurso "incidental" ou "enxertado" é tanto mais grave quanto, como se referiu, tal recurso é o único a que, em regra, os administrados poderão recorrer no prazo de três meses (e, no caso do Ministério Público, no prazo de um ano) após a prática do acto formalmente legislativo de privatização.

Apesar de tudo, deve admitir-se que tal recurso "incidental" pode revestir uma importância decisiva para a salvaguarda das posições subjectivas de todos os administrados afectados pela prossecução de um interesse público abrangido pela privatização, uma vez que, como se demonstrou, aquela decisão jurídico-pública de privatização, constituindo o centro aglutinador do regime de controlo da fuga para o Direito Privado – porque é essa opção materialmente administrativa que se encontra integralmente submetida às vinculações jurídico-públicas e é praticada sob a forma de acto jurídico-público –, pode, ainda assim, carecer de um subsequente recurso a instrumentos jusprivatísticos para a transferência de posições jurídicas legal ou contratualmente adquiridas.

Com efeito, a decisão jurídico-pública de privatização pode ser executada através de casos de alienação de participações sociais ou, até, de constituição de novas entidades societárias a partir de uma "sociedade-mãe" dominada por capitais públicos, sendo aquela decisão, em si mesma, insuficiente para operar uma transferência automática da prossecução de uma tarefa administrativa para o sector privado da propriedade dos meios de produção.

Assim, a reacção contenciosa contra um contrato administrativo que execute a decisão de concessionar o exercício de uma tarefa administrativa a uma entidade privada ou, até, contra o próprio acto de transmissão de participações sociais de uma entidade empresarial que, até então, era maioritariamente constituída por capitais públicos[463] pode, mesmo quando os lesados já não disponham de qualquer via de recurso para uma apreciação a título principal do acto jurídico-público de privatização, permitir a suscitação de um incidente de apreciação da inconstitucionalidade do acto materialmente administrativo de privatização ou, ainda, do acto material-

---

[463] Recorde-se que estamos aqui perante duas manifestações distintas do mesmo fenómeno de privatização directa: no primeiro caso, confia-se a um particular a satisfação de uma determinada necessidade colectiva (privatização material); no segundo caso, procede-se a uma transferência do sector público para o sector privado de propriedade dos meios de produção.

mente legislativo que estabeleceu o enquadramento normativo para a realização de um conjunto de privatizações, no qual aquela privatização em concreto se inseria. Pois seguro é que a inconstitucionalidade ou ilegalidade do acto jurídico-público que decidiu a privatização – e que sempre precede a utilização de instrumentos jurídico-privados para a mera execução da decisão de privatizar – acarreta a invalidade de todos os actos jurídicos subsequentes que se destinam a executar materialmente a privatização, pelo que a invocação, a título incidental, da invalidade originária da decisão jurídico-pública de privatizar nunca estará vedada aos administrados por ela lesados[464-465].

---

[464] É que, sublinhe-se, por mais necessário que seja o recurso a instrumentos jusprivatísticos de actuação para executar a decisão de privatizar, aquela decisão jurídico-pública existe sempre; a título de exemplo, por detrás de uma opção de alienar participações sociais de acordo com os mecanismos de Direito Societário tem forçosamente de identificar-se uma decisão jurídico-pública de proceder a tal alienação, a qual também determina o seu âmbito e extensão (v.g., competências confiadas à entidade privatizada ou montantes envolvidos na alienação de participações sociais) e escolhe os instrumentos públicos ou privados de execução de tal decisão. Portanto, mesmo quando o interessado reage contenciosamente contra os próprios instrumentos jusprivatísticos de execução da privatização – o que pode suceder porque, tendo ocorrido alguma das circunstâncias acima indicadas, ele já não dispõe de qualquer via de recurso contra a decisão jurídico-pública de privatização –, nunca lhe estará vedada a invocação, a título incidental, de qualquer dos parâmetros de aferição da inconstitucionalidade ou ilegalidade da privatização administrativa acima identificados. Sobre tal acto jurídico-público prévio (e necessário) ao recurso a instrumentos jurídico-privados, cfr., por todos, SÉRVULO CORREIA, *Legalidade...*, cit., p. 549; PAULO OTERO, *Vinculação....*, cit., pp. 258-261.

[465] Questão radicalmente diversa é a de saber quais os instrumentos de reacção contra a própria decisão jurídico-pública de privatização (e não contra os instrumentos jurídico-privados que a executam) por uma eventual violação de parâmetros jurídico-privados a que tal decisão devesse estar submetida. Porém, sem prejuízo de a presente investigação estar dirigida à identificação das vinculações jurídico-públicas, e não jurídico-privadas, do acto de privatização (por força da evidente natureza e extensão do estudo em que se insere), pensamos que as conclusões acima apresentadas não se alteram perante tal cenário.

Com efeito, a relevância do fim de eficiência administrativa (que, como vimos, preside a qualquer acto de privatização) que justifica um juízo valorativo quanto à necessidade ou conveniência de privatização de uma entidade administrativa ou de meios de produção até então integrados no sector público de propriedade prevalece sobre os obstáculos eventualmente colocados por direitos privados de natureza patrimonial; *desde que* a ablação de tais direitos, que, quando muito, teriam um fundamento legal (se não somente contratual), seja também realizada por acto sob a forma de lei (e, como vimos, é isso que tendencial-

b. Já no caso do recurso perante os Tribunais Administrativos, a fortíssima restrição dos prazos de recurso contra os actos de privatização (em especial quando, como se disse, a percepção dos efeitos lesivos do acto de privatização não é imediata) é, paradoxalmente, acompanhada por uma abertura extraordinária da legitimidade processual para a impugnação do acto materialmente administrativo.

Efectivamente, além da legitimidade conferida ao Ministério Público e aos presidentes dos órgãos colegiais para defesa da legalidade administrativa[466], a lei reconhece a legitimidade para a defesa de três grandes grupos de interesses.

b1. Primeiro, reconhece-se a legitimidade a quem "alegue ser titular de um interesse directo e pessoal" por, "designadamente" – mas não exclusivamente –, ter sido lesado na sua esfera jurídica pelo acto de privatização[467]. O recurso à qualificação do interesse invocado como sendo *directo* e *pessoal* pode, no entanto, supor uma importantíssima restrição nas possibilidades de reacção a um acto que redistribui as competências ou os poderes públicos anteriormente confiados a entidades públicas.

De facto, partindo da interpretação, pelo Supremo Tribunal Administrativo, de que a consagração de tal pressuposto processual limita o direito de acção a quem pode retirar um "benefício resultante da anulação do acto" que se vai "repercutir de imediato" na sua esfera jurídica[468], o legis-

---

mente ocorrerá em qualquer acto de privatização), a sua tutela considera-se satisfeita com o pagamento de uma justa indemnização, nos termos do disposto no n.º 2 do artigo 52.º da Constituição.

Sobre a redução do conteúdo jusfundamental da garantia da propriedade e, em consequência, dos direitos de conteúdo patrimonial a uma mera garantia de não privação arbitrária da propriedade e ao pagamento de uma justa indemnização no caso de expropriação, cfr., por todos, JOSÉ DE MELO ALEXANDRINO, *A Estruturação do Sistema de Direitos, Liberdades e Garantias na Constituição Portuguesa*, II, Almedina, Coimbra, 2006, pp. 656 ss.

[466] Cfr., respectivamente, as alíneas b) e e) do n.º 1 do artigo 55.º do Código de Processo nos Tribunais Administrativos. Sublinhe-se que a alínea e) esclarece expressamente que a legitimidade atribuída aos presidentes dos órgãos colegiais se destina, tal como sucede com o Ministério Público, à "defesa da legalidade administrativa", estando-se, por isso, também naquele caso, perante uma acção pública para defesa do interesse da legalidade objectiva.

[467] Cfr. alínea a) do n.º 1 do artigo 55.º do Código de Processo nos Tribunais Administrativos.

[468] Cfr. Acórdão de 3 de Abril de 2001 (Processo n.º 42.330).

lador impede a invocação de interesses meramente *eventuais*, *hipotéticos*, *mediatos*, *indirectos* ou *diferidos*[469]. Daí resulta, a título de exemplo, que os próprios associados de uma pessoa colectiva a quem foi confiado o exercício de uma tarefa administrativa não poderiam invocar tal qualidade de associados para impugnar o respectivo acto de privatização, pois que a eles não lhes é reconhecido o benefício *pessoal* para a sua esfera jurídica que poderia resultar da procedência de tal acção[470].

b2. Porém, esta restrição à legitimidade "pessoal" para impugnação de actos administrativos é claramente compensada pelo alcance primariamente *objectivista* do preceito em análise[471] e pela abertura à defesa dos interesses meta-individuais qualificados[472]. Com efeito, em segundo lugar, a lei abre as portas à legitimidade para a defesa de *interesses colectivos* através da atribuição do direito de impugnação dos actos lesivos dos interesses, públicos ou privados, para cuja prossecução a pessoa colectiva, autora no processo, foi constituída e que, por força do princípio da especialidade, são abrangidos pelo seu fim estatutário[473].

Daí decorre a possibilidade de impugnação, ao abrigo do referido preceito, de um acto de privatização que se considera lesivo para os interesses da colectividade protegida por uma pessoa colectiva de Direito Privado (pense-se no caso do Automóvel Clube Português, no caso de privatização de competências que afectassem os interesses dos automobilistas[474]) ou dos próprios interesses individuais dos membros das pessoas colectivas privadas[475] e, bem assim, para a defesa do interesse

---

[469] Cfr. MÁRIO ESTEVES DE OLIVEIRA/RODRIGO ESTEVES DE OLIVEIRA, *Código de Processo...*, I, cit., p. 364; Acórdãos do Supremo Tribunal Administrativo de 8 de Maio de 1990 (Processo n.º 16.380) e de 27 de Novembro de 1996 (Processo n.º 28.321).

[470] Neste sentido, referindo-se a um caso paralelo julgado pelo Acórdão do Supremo Tribunal Administrativo de 2 de Junho de 1999 (Processo n.º 39.682), cfr. VIEIRA DE ANDRADE, *A Justiça Administrativa*, cit., p. 215 e, em especial, nota 442.

[471] Cfr. VIEIRA DE ANDRADE, *A Justiça Administrativa*, cit., p. 215.

[472] Cfr. SÉRVULO CORREIA, *Direito do Contencioso Administrativo*, I, cit., p. 725.

[473] Cfr. alínea c) do n.º 1 do artigo 55.º do Código de Processo nos Tribunais Administrativos.

[474] Cfr. MÁRIO ESTEVES DE OLIVEIRA/RODRIGO ESTEVES DE OLIVEIRA, *Código de Processo...*, I, cit., p. 366.

[475] É o que resulta da jurisprudência constitucional e administrativa que tem entendido que a legitimidade processual activa é atribuída também para defesa de um só associado de uma entidade constituída para defesa de interesses meta-individuais. Cfr. MÁRIO

público subjacente às atribuições de uma pessoa colectiva de Direito Público.

Mas, além disso, é também reconhecida a legitimidade para a impugnação dos actos praticados por outro órgão da mesma pessoa colectiva[476], o que permite a garantia "dos interesses funcionais adstritos ao núcleo de competências administrativas de que dispõe"[477]. Ora, sendo tal preceito primariamente dirigido à defesa da esfera de competência de cada órgão administrativo, que pode ter sido violada ou obstruída por uma conduta administrativa praticada no seio da mesma pessoa colectiva[478], deve entender-se que qualquer órgão administrativo cujas competências tenham sido abrangidas por uma decisão de privatização – ou mesmo cujo exercício possa ser afectado ou perturbado por tal decisão[479] – pode recorrer aos Tribunais Administrativos para obter a anulação do acto administrativo de privatização, desde que praticado pela mesma pessoa colectiva[480].

b3. Em terceiro lugar, particularmente relevante para a reacção processual ao acto materialmente administrativo de privatização é a abertura

---

AROSO DE ALMEIDA/CARLOS ALBERTO CADILHA, *Comentário...*, cit., p. 335, citando, entre outros, para o caso das associações sindicais, os Acórdãos do Tribunal Constitucional n.ºs 75/85 e 118/97, publicados, respectivamente, no Diário da República, I Série, de 23 de Maio de 1985 e de 24 de Abril de 1997.

[476] Cfr. alínea d) do n.º 1 do artigo 55.º do Código de Processo nos Tribunais Administrativos.

[477] Cfr. MÁRIO AROSO DE ALMEIDA/CARLOS ALBERTO CADILHA, *Comentário...*, cit., p. 336.

[478] Cfr. PEDRO GONÇALVES, "A Justiciabilidade dos Litígios entre Órgãos da Mesma Pessoa Colectiva", in *Cadernos de Justiça Administrativa*, n.º 35, pp. 10 ss.

[479] Cfr. MÁRIO AROSO DE ALMEIDA/CARLOS ALBERTO CADILHA, *Comentário...*, cit., pp. 336 e 337.

[480] Não tendo a lei dissociado, no âmbito deste preceito, os conceitos de pessoa colectiva e de ministério, ao contrário do que fez no artigo 10.º, n.º 2, do Código, pode questionar-se se os órgãos integrados num ministério podem impugnar, quer os actos praticados por órgãos integrados no mesmo ministério, quer por órgãos integrados noutro ministério – pois essa é, de facto, a solução que resulta da própria letra do preceito. Para MÁRIO ESTEVES DE OLIVEIRA/RODRIGO ESTEVES DE OLIVEIRA, a solução mais conforme com a letra do preceito é a da legitimidade para a impugnação dos actos praticados por órgãos integrados noutro ministério, reservando-se a resolução dos litígios no seio do mesmo ministério para a decisão hierárquica do respectivo Ministro, nos termos do disposto na alínea c) do n.º 2 e no n.º 3 do artigo 42.º do Código do Procedimento Administrativo. Cfr. *Código de Processo...*, I, cit., pp. 368 e 369.

da legitimidade processual para a defesa de *interesses difusos*, uma vez que a lei confere a "qualquer pessoa", a todas as "associações e fundações defensoras dos interesses" em causa, às autarquias locais e ao próprio Ministério Público o direito de acção, independentemente do "interesse pessoal na demanda", para a "defesa de bens e interesses constitucionalmente protegidos"[481].

É esta abertura exponencial da legitimidade processual activa que representa o maior contributo que a Justiça Administrativa pode dar no âmbito da salvaguarda das vinculações jurídico-públicas que parametrizam o acto de privatização: sem exigir a demonstração de benefícios directos e imediatos que resultariam, com a anulação do acto, para a esfera jurídica do autor do processo, admite-se a fundamentação da acção popular em valores tão abrangentes e indeterminados como a "saúde pública", a "qualidade de vida" ou "os bens do Estado, das Regiões Autónomas e das autarquias locais"[482].

Aliás, precisamente pela extraordinária abrangência da letra do preceito, a sua interpretação deve pautar-se por duas cautelas.

Em primeiro lugar, tem-se entendido que a utilização do vocábulo «como» antes da enumeração dos «valores e bens constitucionalmente protegidos» que podem ser tutelados pela acção popular se destina a esclarecer que tal enumeração é meramente exemplificativa, podendo, assim, «qualquer pessoa» encontrar outro valor ou bem constitucionalmente protegido, não enunciado no preceito, para fundamentar a sua legitimidade processual[483]. Sucede, porém, que tal interpretação fundada no elemento literal do preceito poderia resultar no inconcebível alargamento da legitimidade processual para impugnação de praticamente todos os actos administrativos com eficácia supra-individual reflexa, uma vez que, como é bom de ver, praticamente todos os interesses juridicamente protegidos podem, hoje, ser associados ou fundamentados num interesse directa ou indirectamente tutelado pela Constituição.

---

[481] Cfr. n.º 2 do artigo 9.º do Código do Procedimento Administrativo, por remissão da alínea f) do n.º 1 do artigo 55.º do mesmo Código.

[482] O que, em parte, já resulta da enumeração constante do n.º 3 do artigo 52.º da Constituição.

[483] Cfr., por todos, MÁRIO ESTEVES DE OLIVEIRA/RODRIGO ESTEVES DE OLIVEIRA, *Código de Processo...*, I, cit., p. 163.

Ora, é seguro que não pode ser esse o alcance de um preceito que visa a consagração de um direito de tutela de interesses meta-individuais necessariamente *qualificados* pela Constituição – *maxime* quando os interesses efectivamente enunciados no preceito já comportam uma enorme abrangência e amplitude. Assim, poderá defender-se que, embora recorrendo a uma lamentável redacção, o legislador pretendia ampliar o âmbito do preceito a outras causas de pedir em acções do mesmo tipo enunciadas em diplomas especiais, tal como sucede com a Lei de Defesa dos Consumidores (Lei n.º 24/96, de 31 de Julho)[484]. E, sendo assim, à acção popular deve ficar reservada a defesa de interesses meta-individuais especialmente qualificados pela Constituição, os quais, sendo, em todo o caso, especialmente abrangentes, oferecem a "qualquer pessoa" o instrumento processual adequado para, no âmbito da presente investigação, reagir contra um acto de privatização cuja desconformidade com as vinculações jurídico--públicas possa resultar na lesão de valores e bens especialmente tutelados pela Constituição.

Em segundo lugar, este último esclarecimento permite sublinhar que, apesar da sua vocação expansionista, a acção popular não pode abranger todos os casos de simples inconstitucionalidade ou ilegalidade do acto impugnado. Como bem se vê, é igualmente inconcebível uma acção susceptível de ser proposta "por qualquer pessoa" contra qualquer acto administrativo inconstitucional ou ilegal que, pelo vício de que padeça, possa lesar a legalidade administrativa.

Antes, é nisto que se distingue a acção popular da acção pública, atribuída, como se referiu, ao Ministério Público, aos presidentes de órgãos colegiais e a outras autoridades: em tais casos, tudo o que se exige para a existência de um direito de acção é uma conduta administrativa que se reputa de ilegal e cuja anulação é necessária para a reposição da legalidade. No âmbito da acção popular, pelo contrário, a causa de pedir deve ser composta pela mesma conduta inconstitucional ou ilegal e, além disso, pela consequência necessária de lesão de um interesse meta-qualificado constitucionalmente relevante; é em função de tal causa de pedir complexa que, paralelamente, se desenha a legitimidade processual activa para o recurso à Justiça Administrativa[485].

---

[484] Sustentando este entendimento, cfr. SÉRVULO CORREIA, *Direito do Contencioso Administrativo*, I, cit., p. 729.
[485] Cfr. SÉRVULO CORREIA, *Direito do Contencioso Administrativo*, I, cit., p. 723.

Portanto, o recurso ao processo administrativo para reacção contenciosa a um acto de privatização inconstitucional ou ilegal dependerá da interferência que as competências privatizadas possam assumir para a prossecução de algum dos interesses públicos ou para a satisfação de alguma das necessidades colectivas com particular relevância constitucional.

c. Ora, é perante tal extraordinária abertura da legitimidade para desencadear um processo impugnatório perante os Tribunais Administrativos, operada pelo alcance primariamente *objectivista* das regras definidoras da legitimidade processual activa e pela abertura à defesa dos interesses metaindividuais qualificados, que maior relevância assume a diluição do acesso à via processual administrativa para a reacção contenciosa a um acto de privatização ilegal ou inconstitucional.

Com efeito, estando o acto materialmente administrativo de privatização, mesmo ilegal, dotado, salvo em casos excepcionais, da mesma aptidão *prima facie* para a produção de efeitos jurídicos que assiste a qualquer acto conforme com a juridicidade, a generalidade dos administrados, que não tem uma percepção imediata dos efeitos lesivos daquele acto para a sua esfera jurídica, vê o seu direito de acção caducar no prazo de três meses; em contrapartida, a legitimidade para desencadear um processo perante a justiça constitucional – onde, de facto, tal direito de acção não caducaria, em virtude da aplicação do regime típico de nulidade (ainda que *sui generis*) de normas jurídicas – é reduzida aos titulares de cargos particularmente vocacionados para a defesa da integridade da ordem constitucional.

Logo, na vasta maioria dos casos, o duplo controlo da jurisdição constitucional e da jurisdição administrativa sobre o acto de privatização sob forma de lei dilui-se para o efeito de salvaguarda dos direitos e interesses dos administrados, resumindo-se as suas hipóteses de reacção contenciosa à suscitação de um incidente enxertado de inconstitucionalidade do acto de privatização no âmbito da:

    i) Impugnação do acto jurídico-público (*v.g.*, contrato administrativo de concessão) ou do acto jurídico-privado (*v.g.*, alienação de participações sociais) de execução da decisão jurídico-pública de privatização, pelo qual esta última decisão produz o efeito modificativo da organização ou da estruturação administrativa[486]; ou, ainda,

---

[486] Sendo que, como é evidente, apenas no primeiro daqueles casos (impugnação do acto jurídico-público) a reacção contenciosa pode ter lugar perante a jurisdição adminis-

ii) Impugnação do exercício concreto de uma competência pública fundada no título habilitante do acto de privatização.

12.5 Conclui-se, pois, que a criação e consolidação de um regime substantivo unitário de controlo dos actos de privatização, cujos parâmetros de fiscalização se procurou identificar e desenvolver no âmbito da presente investigação, é acompanhada pela ambivalência de um regime processual (também qualificada como "disfunção do regime"[487]) cujas especificidades não raro colocam em perigo tanto a operatividade dos instrumentos de garantia do ordenamento jurídico e do respeito pelas vinculações da ordem constitucional como a eficácia da tutela judicial das posições subjectivas dos administrados.

Por conseguinte, a submissão integral do fenómeno de privatização administrativa, em todas as suas manifestações, ao mundo da juridicidade deve passar tanto pela sedimentação, na Ciência do Direito Administrativo, dos parâmetros substantivos de controlo da conformidade da "fuga para o Direito Privado" com as vinculações jurídico-constitucionais e jurídico-administrativas como pela criação de um regime processual coerente e racional, que ofereça aos titulares da função de defesa da legalidade objectiva, aos portadores dos interesses colectivos e difusos, bem como, em geral, a todos os administrados os instrumentos processuais de utilização operativa dos parâmetros de controlo da privatização administrativa.

Apesar disso, sublinha-se que a mera consolidação dos *parâmetros substantivos de controlo dos actos de privatização*, identificados ao longo da presente investigação, já constituirá, só por si, um passo decisivo no percurso que visa dotar a nossa jurisprudência de todos os instrumentos necessários ao cumprimento do poder-dever de fiscalização do imperativo de eficiência administrativa, inerente ao Estado de Bem-estar, sem com isso abdicar do "respeito pelos direitos e interesses legalmente protegidos dos cidadãos"[488] – justamente aquilo que caracteriza a Administração Pública de um Estado social que também é Estado de Direito.

---

trativa – o que equivale a dizer que, quando a decisão de privatização seja executada através de instrumentos jurídico-privados, o duplo controlo da jurisdição constitucional e da jurisdição administrativa é substituído por um mero controlo incidental suscitado perante a jurisdição comum.

[487] Cfr. JORGE MIRANDA, *Manual...*, V, cit., pp. 153 e 154.
[488] Cfr. n.º 1 do artigo 266.º da Constituição.

§ 13.º CONCLUSÕES

A investigação acima exposta permite formular as seguintes conclusões:

1.ª A actual "fuga para o Direito Privado" não corresponde a mais do que a uma inversão do movimento de "*fuga para o Direito Público*", ocorrido há mais de dois séculos atrás, pelo qual se assistiu a uma progressiva submissão dos serviços públicos e da prossecução das funções administrativas a um Direito diferente e autónomo daquele a que os particulares se submetiam:

   a) Procurando impedir que o "governo de juízes", que tanto havia obstaculizado a concentração do poder real no Antigo Regime, pudesse constituir, agora, um "rival do poder administrativo" e um incómodo na implementação da sua própria concepção de Estado, os revolucionários conceberam um sistema de imunidade judicial do executivo, recorrendo, para esse efeito, à mesma fórmula que o monarca havia encontrado para resistir aos "parlamentos": à criação do Conselho de Estado enquanto tribunal privativo da Administração, isto é, enquanto "Administração consultiva" que recebe competências consultivas e contenciosas e que subtrai os litígios resultantes do exercício do poder administrativo ao controlo judicial;

   b) A criação do Direito Processual Administrativo foi acompanhada, como mera inevitabilidade lógica, pela correspondente criação de um Direito substantivo de privilégio, para, assim, salvaguardar a conformidade com a ordem jurídica de uma conduta do Poder que, submetida ao Direito comum, seria indiscutivelmente inválida;

   c) Por isso, o administrador-juiz elaborou um novo sistema de normas jurídicas que, num momento imediatamente subsequente, ele próprio aplicaria para julgar a Administração na qual ainda estava integrado e para a qual servia como juiz privativo.

2.ª Dois séculos depois, a "fuga para o Direito Público" foi substituída pela "fuga para o Direito Privado", como consequência lógica da evolução radical da natureza da *"privata lex"* administrativa, que viria a transformar o Direito atractivo para a função administrativa num Direito extraordinariamente repulsivo para a satisfação das necessidades colectivas:

a) A progressiva *subjectivização* do Direito Administrativo e a consolidação do respeito pelas garantias dos administrados só foram alcançados à custa de uma correspondente *perda da eficiência* na prossecução do interesse público e da *racionalização* dos meios e dos procedimentos utilizados na satisfação das necessidades colectivas, transformando a lei de privilégio da Administração num ramo de Direito *genericamente ineficiente para a prossecução do interesse público*;

b) O desenvolvimento pretoriano do Direito Administrativo, *no âmbito de pronúncias judiciais repressivas da actividade administrativa*, emitidas na *fase patológica da prossecução da função administrativa*, impediu a *"privata lex"* administrativa de desempenhar a função para que havia nascido e de, mais do que defender (*repressivamente*) os interesses dos administrados das condutas administrativas ilegais, procurar solucionar as necessidades (*positivas*) de prossecução do interesse público.

3.ª Tendo a Administração Pública progressivamente rejeitado a respectiva *"privata lex"* e tentado a auto-submissão alternativa ao Direito Privado, os administrativistas encontraram a primeira solução de enquadramento jurídico da "fuga para o Direito Privado" através de uma publicização do Direito Privado da Administração:

a) Foi ensaiada, em primeiro lugar, uma distinção entre os casos em que *i)* por não prosseguir qualquer tarefa administrativa e actuar no tráfego jurídico-privado nas mesmas condições de qualquer particular (no âmbito da sua "actividade fiscal"), a Administração estaria sujeita ao Direito Privado também nas mesmas condições a qualquer particular se sujeitaria, e *ii)* os casos em que, pelo facto

de o recurso ao Direito Privado corresponder a um mero instrumento de prossecução do interesse público, o Direito Privado Administrativo seria sujeito a uma publicização;
b) Admitindo-se, subsequentemente, que o interesse público seria o único "norte da Administração Pública" e o fim exclusivo da sua actuação, e negando-se, em consequência, a possibilidade de a Administração actuar para a satisfação de fins livremente seleccionados ao abrigo da sua autonomia privada – pois que esta nunca encontra nas entidades públicas o "fundamento ético-ontológico" habilitante do exercício da "arbitrariedade privada" –, toda a actividade administrativa privada foi submetida à aplicação dos seguintes parâmetros de publicização:
 i) Direitos, Liberdades e Garantias dotados de eficácia imediata na actividade administrativa pública e privada;
 ii) Princípios gerais reguladores da actividade administrativa;
 iii) Vinculação genérica ao princípio da constitucionalidade;
 iv) Publicização, procedimentalização e burocratização do processo de escolha dos co-contratantes no âmbito da gestão pública ou privada, acompanhada de uma submissão de todos os litígios resultantes das respectivas relações contratuais à jurisdição administrativa.

4.ª A publicização do Direito Privado Administrativo é insuficiente para o enquadramento jurídico do fenómeno de privatização administrativa, pois, ocorrendo a jusante do momento da decisão jurídico-pública de privatização, deixa de controlar a opção primária, também ela submetida às vinculações jurídico-constitucionais, da qual resulta:
a) A permissão constitucional, legal e estatutária para a conciliação dos fins de interesse público com os fins de interesse privado;
b) A alteração restritiva do título, dos requisitos e das condições de normalidade/excepcionalidade do exercício de poderes públicos;
c) A alteração do regime de controlo governamental, ingerência e garantia de prossecução do interesse público – cuja intensidade não é acompanhada por uma correspondente intensidade do controlo parlamentar sucessivo sobre o órgão superior da Administração Pública;
d) A substituição do Direito Público pelo Direito Privado como parâmetro regulador primário da sua actividade; e

e) A restrição da capacidade formal de Direito Público da entidade privatizada e, portanto, da aptidão para o recurso normal a instrumentos de prossecução do interesse público típicos do Direito Administrativo.

5.ª Só tardiamente a doutrina administrativista ensaiou o enquadramento jurídico da própria decisão de privatização, identificando uma reserva constitucional de Administração Pública e de Direito Administrativo *i)* prosseguida por entidades formalmente dotadas de personalidade jurídica pública, *ii)* submetida a um regime substantivo de Direito Administrativo e *iii)* cujos litígios dela emergentes sejam julgados pelos Tribunais Administrativos.

6.ª Reconhecendo a falta de operatividade de uma simples "reserva constitucional" como instrumento eficaz de fiscalização da privatização por juízes que só podem controlar *actos jurídico-públicos concretos de privatização*, e não *movimentos globais de privatização*, a doutrina veio a criar uma regra artificial que substituiu a liberdade preferencial do legislador por um "grau zero" de autonomia legislativa, segundo a qual *a privatização do exercício de poderes de autoridade a título principal ou corrente é inconstitucional* – a qual não tem qualquer fundamento constitucional, porquanto:

a) A regra de tipicidade legal objectiva e subjectiva dos poderes de autoridade, decorrente do n.° 2 do artigo 111.° da Constituição, não permite determinar quais os casos em que, recorrendo à forma de lei, o executivo pode *redistribuir* os poderes públicos que já haviam sido *distribuídos* por acto dotado da mesma dignidade formal legislativa;

b) Tão-pouco o n.° 6 do artigo 267.° da Constituição permite identificar os poderes públicos susceptíveis de privatização, limitando-se a admitir que, quando, de facto, a privatização tenha lugar, o exercício de tais poderes possa ser sujeito a fiscalização administrativa;

c) Tão-pouco das referências constitucionais à delegação de tarefas públicas nas organizações de moradores, constantes dos artigos 248.° e 265.°, n.° 2, da Constituição, que não pretendem mais do que incentivar a participação dos administrados nas estruturas de decisão locais, será legítimo retirar, *a contrariu sensu*, uma "regra

geral" de proibição de privatização de poderes de autoridade, *maxime* quando a Constituição nem sequer se pronuncia sobre a eventual natureza privada de tais entidades e, sobretudo, proíbe precisamente o respectivo exercício de poderes de autoridade;
d) Acima de tudo, se tal regra geral parte da *premissa* de *inadequação do Direito Privado para a regulação do exercício de funções autoritárias*, a conclusão de *proibição genérica de privatização do exercício de funções autoritárias* só pode corresponder a um salto lógico, uma vez que a inadequação não é uma característica absoluta que possa ser apreciada estaticamente; um meio só carece de adequação quando analisado numa *perspectiva relacional e dinâmica* com o fim que deveria prosseguir, pelo que uma sentença judicial que dispense um *juízo relacional* sobre a idoneidade do *meio concreto* para prosseguir o *fim concreto* subjacente ao acto de privatização está desprovida da *pretensão de correcção* exigível a qualquer acto jurisdicional.

7.ª Assim, uma fiscalização judicial do acto de privatização logicamente congruente e sustentada numa *pretensão de correcção* deve partir da identificação da margem de autonomia que assiste ao executivo quando recorre à forma de lei, concluindo que, tal como sucede com qualquer acto de reorganização ou reestruturação administrativa, o acto de privatização (o "se" da privatização, isto é, a decisão de privatizar ou não privatizar) consiste na estrita execução de um fim constitucionalmente predeterminado: *o fim de adopção da solução de organização administrativa que permita a prossecução mais eficiente do interesse público.*

8.ª A redução da autonomia legislativa a uma *margem de execução constitucional de fins predeterminados pelo legislador constituinte* habilita o juiz a recorrer ao *regime típico de controlo dos actos legislativos de natureza meramente discricionária*, que se consubstancia nos seguintes parâmetros de fiscalização:
a) *Desvio de poder legislativo*, que se verifica pela *contradição entre o fim concreto que preside ao acto de privatização e o fim vinculado pela Constituição*, ou, por outras palavras, pela prática de um acto legislativo cujo motivo principalmente determinante não é o de potenciar a eficiência administrativa, mas sim o de autorizar uma subtracção às vinculações jurídico-públicas não

acompanhada por qualquer vantagem substancial na utilização de formas de actuação jurídico-privadas que possa ser racionalmente demonstrada;

b) *Excesso de poder legislativo*, que se verifica pela *desconformidade entre o conteúdo e o fim concreto do acto legislativo*, identificável através de uma operação trifásica que incide sobre a relação dinâmica meio-fim do acto de privatização, pela qual se determina:

   i) O fim concreto do acto de privatização (a maior eficiência da prossecução de uma tarefa administrativa determinada);

   ii) O meio concreto para atingir tal fim (incluindo o tipo de privatização em causa; o tipo, o âmbito e a extensão de poderes de autoridade sejam inerentes à tarefa privatizada ou às atribuições da entidade privatizada; os reflexos da decisão de privatização para os administrados); e

   iii) Um *juízo relacional* de idoneidade ou de inidoneidade do *meio concreto* para prosseguir o *fim concreto*, recorrendo à referência das vantagens e desvantagens comparativas dos instrumentos jusadministrativistas usados para a prossecução da tarefa administrativa até à decisão de privatizar;

c) Tal juízo relacional ou dinâmico não pode ser aplicado, contudo, nas situações – muito excepcionais e com um âmbito muito mais restrito do que aquele que tradicionalmente lhe é atribuído – de *violação de lei constitucional*, apurada por uma *operação meramente subsuntiva*, que incide sobre o *conteúdo estático do acto de privatização*, nos casos de:

   i) Violação de uma *reserva constitucional de soberania*, pela qual o Estado abdica da prossecução directa da tarefa de preservação da soberania da comunidade política – em que se funda a própria legitimidade do poder constituinte – e privatiza:

   - o exercício da *função de defesa* contra agressões armadas;
   - o poder de decisão – mas não de gestão corrente – quanto à *prossecução dos interesses diplomáticos do Estado;*
   - a função de *manutenção da segurança interna* da comunidade e da *ordem pública*, sempre que o seu exercício envolva o emprego potencial ou efectivo da força e de meios coactivos;

- a função de *resolução de litígios para manutenção da paz jurídica* – o que não impede que, no exercício da liberdade contratual e da autonomia privada, os particulares exerçam também – sublinhe-se, quanto aos seus direitos disponíveis – o poder de decisão quanto a quem exerce a competência para a resolução dos litígios emergentes de tais direitos;

ii) *Redistribuição* (mesmo por acto legislativo) de uma competência *directamente distribuída* pela Constituição a um órgão determinado, isto é, privatização de uma competência que a Constituição expressamente confiou a um órgão concreto;

d) Cabe, ainda, uma operação subsuntiva para controlo de um eventual vício de *violação de lei constitucional* por preterição de duas *condições específicas de constitucionalidade* do acto de privatização:

i) Atribuição de poderes públicos a uma entidade que, por força de uma *circunstância subjectiva própria*, não oferece as garantias mínimas de objectividade, imparcialidade e neutralidade que devem rodear a prossecução de interesses públicos por entidades privadas;

ii) Privatização do exercício de tarefas administrativas sem uma correspondente *previsão dos instrumentos de controlo preventivo ou sucessivo do exercício privado de funções públicas*, que atribuam ao Governo, na qualidade de órgão superior da Administração Pública, *o poder de decisão final sobre os parâmetros de exercício da actividade privatizada*.

e) Por último, tem ainda lugar o controlo do vício de *incompetência* para a fiscalização de:

i) Actos de privatização praticados pelo Governo, mesmo *sob a forma de decreto-lei*, na *ausência de lei* (ou para além dos limites fixados por lei) da Assembleia da República, sempre que a Constituição faça depender a decisão de privatização de um *enquadramento normativo fixado pelo Parlamento*;

ii) Actos concretos de privatização praticados *sob a forma de lei parlamentar* que, sem fixar quaisquer critérios normativos ou estabelecer um enquadramento jurídico para as subsequentes decisões concretas de privatização, determinem, a título principal, a redistribuição do exercício de tarefas administrativas por entidades públicas ou privadas, a reorganização e reestruturação administrativa ou a modificação da natureza jurídico-formal de entidades administrativas ou, ainda, procedam, a título sucessivo, a uma censura parlamentar das mesmas opções tomadas, mesmo que sob a forma de acto legislativo, pelo Governo.

9.ª Uma vez que, mesmo quando recorre à forma de lei, ao Governo apenas assiste uma estrita margem de execução de fins constitucionalmente vinculados, os parâmetros substantivos de fiscalização do acto de privatização tão-pouco se alteram quando tal acto reveste a simples *forma de acto administrativo*:

a) O acto formalmente administrativo de privatização é judicialmente sindicável por referência aos vícios de desvio de poder, violação de lei ordinária por desrespeito do princípio da proporcionalidade, na vertente da adequação entre o conteúdo concreto e o fim concreto do acto de privatização, e violação de lei constitucional por lesão de uma reserva constitucional de soberania ou de normas de competência directamente fixadas pela própria Constituição;

b) Contudo, a tais parâmetros comuns a qualquer acto de privatização acrescem dois parâmetros de fiscalização específica do acto de privatização sob forma administrativa:

  i) Violação de lei substantiva por criação de um *regime estatutário privativo* para a prossecução do interesse público afectado pela privatização ou para a gestão comum da entidade privatizada, derrogando, desse modo, o regime comum previamente estabelecido por acto legislativo;

  ii) *Redistribuição* de competências públicas previamente *distribuídas por acto legislativo* e não fundamentada em norma legal habilitante ou, ainda, redistribuição que ultrapasse o âmbito, o alcance e a extensão da privatização determinados por tal norma habilitante.

10.ª Em contrapartida, ao *regime substantivo unitário* de fiscalização de actos de privatização opõe-se a *dualidade* de um regime processual "disfuncional", a qual incide sobre a legitimidade, a impugnabilidade e os próprios efeitos da declaração da invalidade dos actos de privatização:

a) À prerrogativa "exorbitante" de criação de um regime estatutário privativo através do recurso a *actos administrativos sob forma de lei,* a jurisprudência constitucional reage pela admissão de um duplo controlo jurisdicional:
   i) O conceito funcional de norma habilita o Tribunal Constitucional a submeter qualquer acto materialmente administrativo, pela simples circunstância de ser praticado sob a forma de lei, ao regime de controlo da inconstitucionalidade dos actos legislativos;
   ii) Mas, estando o acto dotado de um conteúdo materialmente administrativo, o recurso instrumental à forma de lei não pode prejudicar a possibilidade de recurso à jurisdição administrativa para a impugnação da decisão de privatização, sob pena de restrição indevida do direito fundamental à impugnação de actos administrativos lesivos.
b) Isso implica que, quando o acto impugnado é o acto materialmente legislativo de enquadramento de um conjunto de privatizações ou, ainda, uma verdadeira "norma" do regime estatutário de prossecução do interesse público:
   i) Essa "norma" em sentido próprio só pode ser submetida ao *regime processual* justamente vocacionado para o *controlo de normas*, dirigido à emissão de uma declaração de invalidade de normas jurídicas com efeitos *ex tunc* e eficácia repristinatória;
   ii) Tal eficácia *ex tunc* é sujeita, porém, a um regime de *nulidade atípica* ou *sui generis* e é, portanto, susceptível de ser restringida para protecção da segurança jurídica, por razões de equidade ou de interesse público de excepcional relevo – algo de relevância máxima perante uma decisão de privatização que tem por efeito a distribuição do poder de satisfação das necessidades colectivas e de afectação da esfera jurídica dos administrados;
c) Pelo contrário, quando o objecto de fiscalização é a própria *decisão* materialmente administrativa e formalmente legislativa de privatização, a sua fiscalização tanto pode ser exercida no quadro

do mesmo regime processual vocacionado para o controlo de normas como no quadro de uma via processual alternativa perante os Tribunais Administrativos, a qual implica que:
   i) Excepcionalmente, no caso de nulidade por usurpação de poderes ou por violação do princípio da indisponibilidade das competências, a impugnação do acto formalmente administrativo não esteja sujeita a qualquer prazo e resulte numa declaração de "impotência jurídica *ab initio*" do acto de privatização para a produção de efeitos jurídicos, só mitigada por uma eventual juridificação de situações de facto consumadas;
   ii) Regra geral, o acto de privatização, mesmo ilegal, esteja, ao invés, dotado da mesma aptidão *prima facie* para a produção de efeitos jurídicos que assiste a qualquer acto conforme com a juridicidade, consolidando-se tais efeitos na ordem jurídica após o decurso do prazo de um ano – sendo que, para a generalidade dos administrados, que podem não ter uma percepção imediata dos respectivos efeitos lesivos para a sua esfera jurídica, o acto torna-se inimpugnável ao fim de três meses;
d) Tal dualidade processual acaba mesmo por ser potenciada pelas regras que definem a legitimidade processual activa para a impugnação dos actos de privatização:
   i) A extraordinária abertura da legitimidade para desencadear um processo impugnatório perante os Tribunais Administrativos – que inclui "qualquer pessoa", sempre e quando a causa de pedir seja constituída por uma violação da legalidade objectiva e por uma lesão de um interesse constitucionalmente qualificado – é diluída, salvo nos casos excepcionais de nulidade, pela caducidade do direito de acção, que impede os administrados de obterem a tutela dos seus direitos no momento em que efectivamente se apercebem dos efeitos lesivos do acto de privatização;
   ii) Pelo contrário, a legitimidade para desencadear um processo perante a justiça constitucional – onde, de facto, tal direito de acção não caducaria, em virtude da aplicação do regime típico de nulidade *sui generis* de normas jurídicas – é reduzida aos titulares de cargos particularmente vocacionados para a defesa da integridade da ordem constitucional;

iii) Por isso, na vasta maioria dos casos, a garantia das posições subjectivas dos administrados não reside num duplo controlo (a título principal) da jurisdição constitucional e administrativa – inexistente ao fim de três meses – mas na hipótese de suscitação de um incidente enxertado de inconstitucionalidade no âmbito da reacção contenciosa contra o acto jurídico-público (*v.g.*, contrato administrativo de concessão) ou o acto jurídico-privado (*v.g.*, alienação de participações sociais) de execução da decisão jurídico-pública de privatização, ou, ainda, contra o exercício concreto de uma competência pública, cujo título habilitante é o acto de privatização, lesiva de uma posição subjectiva.

BIBLIOGRAFIA

ACHTERBERG, Norbert
- "Privatrechtsförmige Verwaltung", in *Juristiche Arbeitsblätter*, Alfred Metzner, Frankfurt, 1985, pp. 503 ss.

ALEXANDRINO, José de Melo
- *A Estruturação do Sistema de Direitos, Liberdades e Garantias na Constituição Portuguesa*, II, Almedina, Coimbra, 2006.

ALEXY, Robert
- *El Concepto y la Validez del Derecho*, Gesida, Barcelona, 1994;
- *Epílogo a la Teoría de los Derechos Fundamentales*, Centro de Estudios Políticos y Constitucionales, Madrid, 2004;
- *Teoría de los Derechos Fundamentales*, Centro de Estudios Políticos y Constitucionales, Madrid, 2002.

ALMEIDA, João Amaral e
- "Os «Organismos de Direito Público» e o Respectivo Regime de Contratação: Um Caso de Levantamento de Véu", separata de *Estudos em Homenagem ao Professor Doutor Marcello Caetano*, Coimbra Editora, Coimbra, 2006, pp. 633 ss.

ALMEIDA, Mário Aroso de
- "A publicidade, o notariado e o registo público de direitos privados – Problemas substantivos, contenciosos e procedimentais", in *Estudos em Homenagem ao Professor Doutor Rogério Soares*, Coimbra Editora, Coimbra, 2001.

ALMEIDA, Mário Aroso de/CADILHA, Carlos Alberto
- *Comentário ao Código de Processo nos Tribunais Administrativos*, 2.ª edição, Almedina, Coimbra, 2007.

AMARAL, Diogo Freitas do
- *Curso de Direito Administrativo*, I, 3.ª edição, Almedina, Coimbra, 2006; II, 4.ª reimpressão, Almedina, Coimbra, 2004;
- *Direito Administrativo* (lições policopiadas), IV, Lisboa, 1988.

ANDRADE, José Carlos Vieira de
- *A Justiça Administrativa (Lições)*, 7.ª edição, Almedina, Coimbra, 2005;
- *Os Direitos Fundamentais na Constituição Portuguesa de 1976*, 3.ª edição, Almedina, Coimbra, 2004.

ASCENSÃO, José de Oliveira
- *Direito Civil – Teoria Geral*, II, Coimbra Editora, Coimbra, 2000.

AUBY, Jean-Marie/DRAGO, Roland
- *Traité de Contentieux Administratif*, I, 3.ª edição, 1984.

AYALA, Bernardo Diniz de
- *O (Défice de) Controlo da Margem de Livre Decisão Administrativa*, Lex, Lisboa, 1995.

BERNAL PULIDO, Carlos
- *El Princípio de Proporcionalidad y los Derechos Fundamentales*, 3.ª edição actualizada, Centro de Estudios Políticos y Constitucionales, Madrid, 2007.

BODIN, Jean
- *Les Six Livres de la République*, Paris, 1576.

BORRAJO INIESTA, Ignacio
- "El intento de huir del derecho administrativo" in *Revista Española de Derecho Administrativo*, n.º 78 (1993), Civitas, Madrid, pp. 233-249.

BRAYBANT, Guy/STIRN, Bernard
- *Le Droit Administratif Français*, 5.ª edição, Presses de Sciences Po et Dalloz, Paris, 1999.

BURDEAU, François
- *Histoire du Droit Administratif*, Presses Universitaires de France, Paris, 1995.

CAETANO, Marcello
- *Manual de Direito Administrativo*, I, 10.ª edição, 7.ª reimpressão, Almedina, Coimbra, 2001.

CANOTILHO, J. J. Gomes
- *Constituição Dirigente e Vinculação do Legislador – Contributo para a Compreensão das Normas Constitucionais Programáticas*, 2.ª edição, Coimbra Editora, Coimbra, 2001;
- *Direito Constitucional e Teoria da Constituição*, 7.ª edição, Almedina, Coimbra, 2003.

CANOTILHO, J. J. Gomes/MOREIRA, Vital
- *Constituição da República Portuguesa Anotada*, I, 4.ª edição, 2007; 3.ª edição, 2003, Coimbra Editora, Coimbra.

CASSESE, Sabino
- "La Costruzione del Diritto Amministrativo", in SABINO CASSESE (org.), *Trattato di Diritto Amministrativo – Diritto Amministrativo Generale*, I, Giuffrè, Milano, 2000, pp. 1 ss.;
- *Le Basi del Diritto Amministrativo*, 2.ª edição, Torino, 1991.

CHAPUS, René
- *Droit Administratif Général*, I, 12.ª edição, Montchrestien, Paris, 1998;
- *Droit du Contentieux Administratif*, 9.ª edição, Montchrestien, Paris, 2001.

CORDEIRO, António de Menezes
- "Contratos Públicos", in *Cadernos O Direito*, n.º 2 (2007);
- *Tratado de Direito Civil Português*, Parte I, Tomo I, 3.ª edição; Tomo III, 2.ª edição, Almedina, Coimbra, 2005 e 2007.

CORREIA, Fernando Alves
- "Formas Jurídicas de Cooperação Intermunicipal", in *Estudos em Homenagem ao Professor Doutor Afonso Rodrigues Queiró*, I, Coimbra, 1984, pp. 61 ss.

CORREIA, José Manuel Sérvulo
– *Direito do Contencioso Administrativo*, I, Lex, Lisboa, 2005;
– *Direitos Fundamentais – Sumários,* Lisboa, 2002;
– *Legalidade e Autonomia Contratual nos Contratos Administrativos*, reimpressão, Almedina, Coimbra, 2003.
DEBBASCH, Charles
– *Institutions et Droit Administratifs*, I, 4.ª edição, 1991; II, 3.ª edição, 1992, Presses Universitaires de France, Paris.
DUPUIS, Georges/GUÉDON, Marie-José/CHRÉTIEN, Patrice
– *Droit Administratif*, 9.ª edição, Armand Colin, Paris, 2004.
EHLERS, Dirk
– "Die Handlungsformen bei der Vergabe von Wirtschaftssubventionen", in Verwaltungs Archiv, Carl Heymanns, Köln/Berlin, 1983, pp. 422 ss.;
– "Rechtsstaatliche und prozessuale Probleme des Verwaltungsprivatrecht", in *Deutsches Verwaltungsblatt*, Carl Heymanns, Köln/Berlin, 1983, pp. 422 ss.
EISENMANN, Charles
– *Cours de Droit Administratif*, II, L.G.D.J., Paris, 1983.
ESTORNINHO, Maria João
– *A Fuga Para o Direito Privado*, Almedina, Coimbra, 1999;
– *Direito Europeu dos Contratos Públicos – Um Olhar Português*, Almedina, Coimbra, 2006;
– *Requiem pelo Contrato Administrativo*, reimpressão, Almedina, Coimbra, 2003.
FERNANDES, Luis Carvalho
– *Teoria Geral do Direito Civil*, I, 4.ª edição, Universidade Católica Editora, Lisboa, 2007.
FERRI, Luigi
– *La Autonomia Privada*, Madrid, 1969.
FLEINER, Fritz
– *Institutionen des Deutschen Verwaltungsrechts*, 8.ª edição, J.C.B. Mohr, Tübingen, 1928
FOILLARD, Philippe
– *Droit Administratif,* 10.ª edição, Paradigme, Orléans, 2005.
FONSECA, Rui Guerra da
– *Autonomia Estatutária das Empresas Públicas e Descentralização Administrativa*, Almedina, Coimbra, 2005.
GARCÍA DE ENTERRÍA, Eduardo
– *Hacia una Nueva Justicia Administrativa*, 2.ª edição, Civitas, Madrid, 1992.
GARCÍA DE ENTERRÍA, Eduardo/RAMÓN FERNÁNDEZ, Tomás
– *Curso de Derecho Administrativo*, I, 11.ª edição, Civitas, Madrid, 2002.
GARCIA, Maria da Glória
– *Da Justiça Administrativa em Portugal – Sua Origem e Evolução*, Lisboa, 1994.
GARRIDO FALLA, Fernando
– *Tratado de Derecho Administrativo*, I, 10.ª edição, Tecnos, Madrid, 1987.
GASPARRI, Pietro
– *Corso di Diritto Amministrativo*, I, Zuffi, Bologna, 1953.

GIANNINI, Massimo
- *Diritto Amministrativo*, II, 2.ª edição, Giuffrè Editore, Milano, 1988;
- "L'illegittimità degli atti normativi e delle norme", in *Rivista Italiana di Scienza Giuridica*, 1954, pp. 39 ss.;
- *Istituzioni di Diritto Amministrativo*, Giuffrè Editore, Milano, 1981.

GIMENO FELIÚ, José María
- *Contratos Públicos: Ámbito de Aplicación y Procedimiento de Adjudicación*, Civitas, Madrid, 2003;
- *La Nueva Contratación Pública Europea y su Incidencia en la Legislación Española*, Civitas, Madrid, 2006.

GONÇALVES, Pedro
- *Entidades Privadas com Poderes Públicos*, Almedina, Coimbra, 2005;
- "A Justiciabilidade dos Litígios entre Órgãos da mesma Pessoa Colectiva", in *Cadernos de Justiça Administrativa*, n.º 35.

GONZÁLEZ-VARAS IBÁÑEZ, Santiago
- *El Derecho Administrativo Privado*, Montecorvo, Madrid, 1996.

GRAMM, Christof
- *Privatisierung und notwendige Staatsaufgaben,* Duncker & Humblot, Berlin, 2001.

GRECO, Guido
- *I Contrati dell'Amministrazione tra Diritto Pubblico e Privatto – I Contratti ad Evidenza Pubblica*, Giuffrè Editore, Milano, 1986.

GROSS, Thomas
- *Das Kollegialprinzip in der Verwaltungsorganisation*, Mohr Siebeck, Tübingen, 1999.

GUSY, Cristoph
- "Die Bindung privatrechtlichen Verwaltungshandelns an das Öffentliche Recht – Zugleich ein Beitrag zur Freiheit der Formenwahl", in *Die Öffentliche Verwaltung*, Kohlhammer, Stuttgart, 1984, pp. 872 ss.

HESSE, Konrad
- *Grundzüge des Verfassungsrechts der Bundesrepublik Deutschland*, 20.ª edição, C.F.Müller, Heidelberg, 1995.

KEMPEN, Bernhard
- *Die Formenwahlfreiheit der Verwaltung*, Franz Vahlen, München, 1989.

KNAPP, Blaise
- *Précis de Droit Administratif*, 2.ª edição, Helbing & Lichtenhahn, Bâle/Frankfurt, 1982.

KOCH, Hans-Joachim
- *Unbestimmte Rechtsbegriffe und Ermessensermächtigungen im Verwaltungsrecht*, Frankfurt, 1979.

KUHL, Jürgen
- *Der Kernbereich der Exekutive,* Nomos, Baden-Baden, 1993.

LAFERRIÈRE, Edouard
- *Cours Théorique et Pratique de Droit Public et Administratif*, I, 4.ª edição, Cotillon, Paris, 1854.

- *Traité de la Juridiction Administrative et des Recours Contentieux*, I, 1.ª edição, reimpressão, Paris, 1989.

LAGUNA DE PAZ, José Carlos
- "La Renuncia de la Administración Pública al Derecho Administrativo", *Revista de Administración Pública*, n.º 136, 1995, pp. 201 ss.

LAUBADÈRE, André de/VENEZIA, Jean-Claude/GAUDEMET, Yves
- *Traité de Droit Administratif*, I, 14.ª edição, LGDJ, Paris, 1996.

LEBRETON, Gilles
- "L'Origine des Cas d'Ouverture du Recours pour Excès de Pouvoir d'après les Remontrances des Parlements au XVIIIème Siècle", in *Revue de Droit Public*, 1986, n.º 6, pp. 1509 ss.

LERCHE, Peter
- *Übermass und Verfassungsrecht. Zur Bindung des Gesetzgebers an die Grundsätze der Verhaltnismässigkeit und der Erforderlichkeit*, Köln/Berlin/München/Bonn, 1961.

MALBERG, Carré de
- *Teoría General del Estado*, 2.ª edição, Universidad Nacional Autónoma de México, 1998.

MALLMANN, Walter
- "Schranken nichthoheitlicher Verwaltung", *VVDStRL*, 1961, pp. 165 ss.

MARTÍN-RETORTILLO, Sebastián
- "Sentido y Formas de la Privatización de la Administración Pública", in *Os Caminhos da Privatização da Administração Pública – IV Colóquio Luso-Espanhol de Direito Administrativo*, Coimbra, 2001, pp. 19 ss.

MATTARELLA, Bernardo Giorgio
- "Provvedimento", in SABINO CASSESE (org.), *Trattato di Diritto Amministrativo – Diritto Amministrativo Generale*, I, Giuffrè, Milano, 2000, pp. 705 ss.

MAURER, Hartmut
- *Droit Administratif Allemand*, tradução de *Allgemeines Verwaltungsrecht*, C.H.Beck, München, 1992, por MICHEL FROMONT, L.G.D.J., Paris, 1994.

MEDEIROS, Rui
- *A Decisão de Inconstitucionalidade*, Universidade Católica Editora, Lisboa, 1996.

MESTRE, Jean-Louis
- *Introduction Historique au Droit Administratif Français*, P.U.F., Paris, 1985.

MIRANDA, Jorge
- *As Associações Públicas no Direito Português*, Cognitio, Lisboa, 1985;
- "Decreto", separata do *Dicionário Jurídico da Administração Pública*, Coimbra, 1974;
- *Funções, Órgãos e Actos do Estado*, Lisboa, 1990;
- "O Governo e o Processo Legislativo Parlamentar", *in* JORGE MIRANDA/MARCELO REBELO DE SOUSA (org.), *A Feitura das Leis*, II, Instituto Nacional de Administração, Lisboa, 1986;
- *Manual de Direito Constitucional*, I, 7.ª edição, 2003; II, 5.ª edição, 2003; IV, 3.ª edição, 2000; V, 3.ª edição, 2004; VI, 2001, Coimbra Editora, Coimbra;

– "As Privatizações na Revisão Constitucional de 1989 e na Lei n.º 11/90, de 5 de Abril", in *Direito e Justiça*, 1990;
– "A Ratificação no Direito Constitucional Português", in *Estudos Sobre a Constituição*, III, obra colectiva, Lisboa, 1977, pp. 619 ss.

MIRANDA, Jorge/MEDEIROS, Rui
– *Constituição Portuguesa Anotada*, I, Coimbra Editora, Coimbra, 2005; II, Coimbra Editora, Coimbra, 2006.

MORAIS, Carlos Blanco de
– *Justiça Constitucional*, I, Coimbra Editora, Coimbra, 2002.

MORAND-DEVILLER, Jacqueline
– *Cours de Droit Administratif*, 9.ª edição, Montchrestien, Paris, 2005.

MOREIRA, Vital
– *Administração Autónoma e Associações Públicas*, reimpressão, Coimbra Editora, Coimbra, 2003.

MORELL OCAÑA, Luis
– *Curso de Derecho Administrativo*, I, 5.ª edição, Universidad Complutense de Madrid, Madrid, 2002.

MÜNCH, Ingo von/EHLERS, Dirk
– "Verwaltung und Verwaltungsrecht im democrtischen und sozialen Rechtsstaat", *in* HANS-UWE ERICHSEN/WOLFGANG MARTENS (org.), *Allgemeines Verwaltungsrecht*, 9.ª edição, Berlin/New York, 1992, pp. 1 ss.

NEVES, António Castanheira
– *O Instituto dos Assentos e a Função Jurídica dos Supremos Tribunais*, Coimbra Editora, Coimbra, 1983.

NIETO GARCÍA, Alejandro
– *Estudios Históricos de Administración y Derecho Administrativo*, Instituto Nacional de Administración Pública, Madrid, 1986.

NIGRO, Mario
– *Giustizia Amministrativa*, 6.ª edição, Il Mulino, Bologna, 2002.

NOVAIS, Jorge Reis
– *Direitos Fundamentais – Trunfos Contra a Maioria*, Coimbra Editora, Coimbra, 2006;
– *Separação de Poderes e Limites da Competência Legislativa da Assembleia da República*, Lex, Lisboa, 1997.

OLIVEIRA, Mário Esteves de
– *Direito Administrativo*, I, Almedina, Coimbra, 1980.

OLIVEIRA, Mário Esteves de/GONÇALVES, Pedro Costa/AMORIM, Pacheco de
– *Código do Procedimento Administrativo Comentado*, 2.ª edição, 6.ª reimpressão, Almedina, Coimbra, 2006.

OLIVEIRA, Mário Esteves de/OLIVEIRA, Rodrigo Esteves de
– *Código de Processo nos Tribunais Administrativos e Estatuto dos Tribunais Administrativos e Fiscais Anotados*, I, Almedina, Coimbra, 2004.

OSSENBÜHL, Fritz
– "Daseinsvorsorge und Verwaltungsprivatrecht", in *Die Öffentliche Verwaltung*, Stuttgart, 1971, pp. 513 ss;

- "Die Handlungsformen der Verwaltung", in *Juristiche Schulung*, Beck, München, 1979, pp. 681 ss.

OTERO, Paulo
- *Conceito e Fundamento da Hierarquia Administrativa*, Coimbra Editora, Coimbra, 1992;
- "Da criação de Sociedades Comerciais por Decreto-lei", Separata de *Estudos em Homenagem ao Professor Doutor Raul Ventura*, Coimbra Editora, Coimbra, 2003;
- *Legalidade e Administração Pública*, Almedina, Coimbra, 2003;
- *O Poder de Substituição em Direito Administrativo: enquadramento dogmático-constitucional*, I e II, Lex, Lisboa, 1995;
- *Vinculação e Liberdade de Conformação Jurídica do Sector Empresarial do Estado*, Coimbra Editora, Coimbra, 1998.

PARADA, Ramón
- *Derecho Administrativo*, I, 15.ª edição, Marcial Pons, Madrid, 2004.

PIÇARRA, Nuno
- "A Reserva de Administração", in *O Direito*, II, 1990.

PINTO, Carlos Alberto da Mota
- *Teoria Geral do Direito Civil*, 4.ª edição, Coimbra Editora, Coimbra, 2005.

RHINOW, René
- "Verfügung, Verwaltungsvertrag und privatrechtlicher Vertrag – Zur Problematik der administrativen Handlungsformen", in *Festgabe zum Basle Juristentag*, 1985, pp. 295 ss.

RIVERO, Jean
- *Direito Administrativo*, Almedina, Coimbra, 1978.

ROMANO, Alberto
- "Diritto Amministrativo – Introduzione", in MAZZAROLLI/PERICU/ROMANO/ROVERSI MONACO/SCOCA (org.), *Diritto Amministrativo*, I, 4.ª edição, Monduzzi Editore, Bologna, 2005, pp. 1 ss.

SANTAMARÍA PASTOR, Juan Alfonso
- *Fundamentos de Derecho Administrativo*, I, Editorial Centro de Estudios Ramón Areces, Madrid, 1988;
- *Princípios de Derecho Administrativo*, I, 2.ª edição, Editorial Centro de Estudios Ramón Areces, Madrid, 1998.

SAZ, Silvia del
- "Desarrollo y Crisis del Derecho Administrativo. Su Reserva Constitucional", in CARMEN CHINCHILLA/BLANCA LOZANO/SILVIA DEL SAZ, *Nuevas Perspectivas del Derecho Administrativo. Tres Estudios*, Civitas, Madrid, 2002, pp. 99 ss.

SERNA BILBAO, María Nieves de la
- *La privatización en España. (Fundamentos constitucionales y comunitários)*, Aranzadi, Pamplona, 1995.

SILVA, Vasco Pereira da
- *Para um contencioso administrativo dos particulares – Esboço de uma Teoria Subjectivista do Recurso Contencioso de Anulação*, Almedina, Coimbra, 1997;
- *Em busca do acto administrativo perdido*, reimpressão, Almedina, Coimbra, 2003.

SOARES, Rogério
- *Interesse Público, Legalidade e Mérito*, Coimbra, 1955;
- "Princípio da Legalidade e Administração Constitutiva", *Boletim da Faculdade de Direito da Universidade de Coimbra*, 1987.

SOUSA, Marcelo Rebelo de
- *Lições de Direito Administrativo*, Lex, Lisboa, 1999;
- *O Valor Jurídico do Acto Inconstitucional*, Lisboa, 1988;
- "Regime do Acto Administrativo", in *Revista de Direito e Justiça*, Faculdade de Direito da Universidade Católica Portuguesa, volume VI, 1992, pp. 37-52.

SOUSA, Marcelo Rebelo de/MATOS, André Salgado de
- *Direito Administrativo Geral*, I, 2.ª edição, Dom Quixote, Lisboa, 2006.

STOBER, Rolf
- "Die Privatrechtlich organisierte öffentliche Verwaltung – Zur Problematik privatrechtlicher Gesellschaften und Beteiligung der öffentlichen Hand", in *Neue Juristische Wochenschrift*, Beck, München, 1984, pp. 449 ss.

TOCQUEVILLE, Alexis de
- *O Antigo Regime e a Revolução*, Editora Fragmentos, Lisboa, 1989.

VARELA, Antunes
- *Das Obrigações em Geral*, I, 10.ª edição, 4.ª reimpressão, Almedina, Coimbra, 2006.

VASCONCELOS, Pedro Pais de
- *Teoria Geral do Direito Civil*, 4.ª edição, Almedina, Coimbra, 2007.

VAZ, Manuel Afonso
- *Lei e Reserva de Lei – A Causa da Lei na Constituição Portuguesa de 1976*, Porto, 1992.

WEIL, Prosper
- *Le Droit Administratif*, 4.ª edição, Paris, 1971 (Na tradução portuguesa, *O Direito Administrativo*, Coimbra, 1977).

WOLFF, Hans/BACHOF, Otto/STOBER, Rolf
- *Direito Administrativo*, I, Fundação Calouste Gulbenkian, Lisboa, 2006.

ZIPPELIUS, Reinhold
- *Teoria Geral do Estado*, 3.ª edição, Fundação Calouste Gulbenkian, Lisboa, 1997.

ÍNDICE

Nota prévia 5

§ 1.º Introdução e razão de ordem 7

CAPÍTULO I
A *"PRIVATA LEX"* DA ADMINISTRAÇÃO PÚBLICA E A FUGA PARA O DIREITO PRIVADO

§ 2.º "Fuga para o Direito Público" e "Fuga para o Direito Privado" – A génese da *"privata lex"* administrativa 15

§ 3.º "Fuga para o Direito Privado" – Uma *"privata lex"* repulsiva 25

§ 4.º Âmbito do regime de controlo da privatização administrativa 35

CAPÍTULO II
OS PARÂMETROS CLÁSSICOS DE CONTROLO DA PRIVATIZAÇÃO ADMINISTRATIVA

§ 5.º A publicização do Direito Privado Administrativo 45

§ 6.º Os instrumentos concretos de publicização do Direito Privado Administrativo 61

§ 7.º As insuficiências do Direito Privado Administrativo e a carência de parâmetros de controlo da privatização administrativa 73

§ 8.º Limites genéricos de controlo da privatização – A busca de um "último reduto" de defesa do Direito Administrativo 91

CAPÍTULO III
OS PARÂMETROS DE CONTROLO DO ACTO DE PRIVATIZAÇÃO

§ 9.º A margem de autonomia legislativa e os parâmetros de vinculação na decisão de privatização – execução simples e qualificada, aplicação e conformação constitucional 103

§ 10.º Parâmetros de controlo do acto legislativo de privatização 123

§ 10.1 Desvio de poder legislativo 123

§ 10.2 Excesso de poder legislativo 127

§ 10.3 Violação de lei constitucional 148
    A) Funções inerentes à soberania do Estado 149
    B) Competências expressamente conferidas pela Constituição a órgãos concretos 158
    C) Condições específicas de constitucionalidade do acto de privatização 160

§ 10.4 Incompetência 167

§ 11.º O controlo do acto formalmente administrativo de privatização 183

§ 12.º As especificidades do regime processual de controlo dos actos de privatização 193

§ 13.º Conclusões 219

Bibliografia 231